W0347660

L'intelligence de l'enfant

Cet ouvrage est composé de textes inédits et d'articles actualisés initialement parus dans le magazine Sciences Humaines.

Coordination éditoriale : Emmanuelle Garcia

Conception de la maquette et mise en pages intérieure : PolyPAO

Conception de la couverture : Arnaud Lhermitte

Lecture-correction : Marie-Agnès Jassionnesse

Fabrication : Natacha Reverre

Droits d'auteur : Sandra Millet

Diffusion et promotion : Nadia Latreche

Diffusion Presses universitaires de France

En application de la loi du 11 mars 1957, il est interdit de reproduire intégralement ou partiellement, par photocopie ou tout autre moyen, le présent ouvrage sans autorisation de l'éditeur ou du Centre français du droit de copie.

Sciences Humaines Éditions, 2006.
38 rue Rantheaume, BP 256,
89004 Auxerre Cedex
Tel : 03 86 72 07 00 / Fax : 03 86 52 53 26
http://www.scienceshumaines.com
ISBN : 2-912601-37-1

L'intelligence de l'enfant

Coordonné par

Martine Fournier et Roger Lécuyer

Collection « Les dossiers de l'Éducation »

Dirigée par Martine Fournier

raient fournir une aide pertinente et efficace. » Les mêmes se sentent le devoir de rappeler ce qui devrait être banalité, mais, hélas, est oublié : « *Les données chiffrées tirées d'un test, qu'il s'agisse de QI ou du rang obtenu par le sujet dans un échantillon de référence, ne sont pas un but en soi. Elles représentent le point de départ d'hypothèses... L'application du code de déontologie des psychologues est plus que jamais la référence nécessaire de tous ceux qui exercent dans le domaine de l'évaluation intellectuelle et mentale de l'enfant* [7]. »

[7] R. Voyazopoulos *et al.*, « Des psychologues s'interrogent sur le QI et certains de ses usages », *Le Journal des psychologues*, n° 230, septembre 2005.

2005 : un centenaire pour l'intelligence

Tel est, tracé à grands traits, le contexte dans lequel il faut situer le colloque du 6 au 8 octobre 2005 sur « l'intelligence de l'enfant » dont plusieurs contributions sont présentées dans cet ouvrage. La Fédération française des psychologues et de psychologie (FFPP), chargée de l'aspect scientifique du colloque, jeune organisation, dans une jungle organisationnelle française où peu se retrouvent, manquait *a priori* de visibilité pour une telle entreprise. Pourtant, grâce entre autres à son dynamisme et particulièrement celui de Robert Voyazopoulos, cheville ouvrière du projet, les meilleurs spécialistes, français et mondiaux, ont fait preuve du même enthousiasme pour participer à ce rendez-vous.

Ce succès fut aussi dû à l'intérêt du projet : marquer le centenaire du travail du psychologue français le plus connu dans le monde, Alfred Binet, et faire le point, cent ans après, sur la question de l'intelligence de l'enfant était un beau programme.

Si les cadres théoriques des intervenants étaient fort divers et si donc on put entendre dans ce colloque des discours eux-mêmes très variés, il est remarquable de constater à quel point le comité scientifique fut ouvert, les intervenants également, dont très peu manquèrent à l'appel, dont beaucoup restèrent tout le temps du colloque, phénomène assez exceptionnel pour être signalé. Ces intervenants, même les plus prestigieux, avaient donc eux aussi besoin de faire le point. Peut-être en outre l'effet essentiel de ce congrès a-t-il été de permettre au psychologue d'être de nouveau à l'aise dans la Cité.

Le présent ouvrage est construit à partir d'une part de textes rédigés à la suite du colloque par les présidents des symposiums ou par des conférenciers – certains l'ont fait en collant aux communications présentées, d'autres ont pris plus de distance – et d'autre part de textes publiés dans le magazine *Sciences Humaines*, ainsi que de tout l'appareillage – points de repères, glossaire, bibliographie – qui caractérise l'esprit des éditions du même nom et notamment de sa nouvelle collection à caractère pédagogique, « Les dossiers de l'éducation », dirigée par Martine Fournier.

Si ce colloque a réussi parce que dans l'air du temps, un livre qui en est principalement issu doit lui-même refléter l'air du temps. Le chapitre final de Jacques Lautrey, rédigé à partir d'une synthèse à chaud des communications qu'il a entendues... et de sa culture personnelle sur le sujet, en dégage les grandes tendances scientifiques. A la relecture des textes présentés ci-dessous, il me semble, pour reprendre et détourner une expression de Jacques Lautrey, que les points chauds et les points froids de la question de l'intelligence ont changé. Le point traditionnellement le plus chaud, le débat inné-acquis, et sa traduction méthodologique : « Mais qu'est-ce que mesure le test ? », est considérablement refroidi, avec l'aide des talents de Jacques Grégoire *(voir p. 141)* : au « scandale » du résumé de la richesse fonctionnelle de l'intelligence en une note unique, aux relents implicites d'un innéisme insidieux, il répond d'une part en comparant le test d'intelligence à un sondage d'opinion : sondage d'« d'aptitudes intellectuelles » ayant, lui aussi, les limites de tout sondage, et d'autre part en donnant toute son importance théorique à l'effet Flynn : bien que pour la Cité, l'intelligence ait un caractère totalement inné, il y est bien connu que le niveau baisse. *A contrario*, la montée régulière du QI moyen de la population dans tous les pays où l'effet a été mesuré interroge ces deux certitudes simples. De plus, le test de Binet est issu de l'école. Il rend compte des aptitudes que demande le système scolaire et si dès lors beaucoup d'efforts ont été faits pour le sortir de l'école, Claude Bastien *(voir p. 253)* achève de l'y renvoyer avec une question simple et quelques éléments solides de réponse positive : et si l'école rendait intelligent ?

D'un volcan à l'autre...

La température de ce volcan est donc en baisse (mais il faut se méfier des volcans) ; par contre, un nouveau volcan est né de la mesure et on le voit à l'œuvre dans tous les chapitres qui traitent de la clinique*, ainsi que dans le texte cité ci-dessus. Le clinicien est dans la Cité bien plus évidemment que le théoricien puisqu'il y rencontre une demande sociale aux sources diverses et qui parfois l'effraie. Que dire sans transformer un diagnostic en destin et sans introduire de l'idéologie dans le diagnostic ? Que faire d'une note dont la simplicité tragique fait croire à chacun qu'il la comprend, qu'il la soupèse, qu'il la compare, et, à la limite, que peut être acceptée tranquillement l'idée qu'un QI de 79 conduit « naturellement » vers une destinée à laquelle un QI de 80 permet d'échapper ou bien que si à 130 on est par définition « surdoué », ce qui peut expliquer des problèmes scolaires, on ne l'est pas à 129, ce qui rend les mêmes problèmes injustifiés ! Dans cette tourmente, la relativisation intelligente apportée par divers théoriciens est à ce clinicien du plus grand secours scientifique : une échelle qui ne comprend pas de 0 donne une mesure toute relative et comparative. Elle est aussi d'un grand secours politique : les politiques le savent, un sondage n'est pas un destin.

Ce qui précède pourrait laisser penser que tout est pour le mieux dans le meilleur des mondes de l'intelligence où le théoricien et le praticien se rencontrent et s'embrassent. C'est sans compter quelques empêcheurs de tourner en rond, comme les spécialistes du bébé qui, dans la suite logique du débat Piaget-Chomsky, rapporté ici par Jean-François Dortier, mettent en évidence des capacités toujours plus précoces et déplacent ce fameux débat inné-acquis. Dérangeante aussi la place accordée à la créativité dans les recherches et les positions théoriques sur l'intelligence, avec ce paradoxe intéressant : si, pour Piaget, l'intelligence est une véritable (re)création des savoirs, la psychologie de la créativité dont Chantal Pacteau et Todd Lubart nous donnent un aperçu n'est pas dans la filiation piagétienne. Dérangeantes enfin les questions posées par Robert Siegler : pourquoi la psychologie du développement nous dit-elle si peu sur les causes de changement ? Pourquoi tant d'efforts pour chercher des paliers et des constances dans le changement ?

S'éloigner de la Cité pour prendre du recul sur l'objet que l'on décrit est une nécessité pour le chercheur sur l'intelligence. Cela le conduit-il nécessairement à tenter d'immobiliser le développement sous son instrument d'observation ? Ou bien est-ce au contraire qu'il n'est pas encore assez loin de la Cité, qui lui demande du simple, du contradictoire, du stable ?

Roger Lécuyer est professeur de psychologie du développement à l'université René-Descartes-Paris-V, et président de la Fédération française des psychologues et de psychologie. Il a notamment dirigé l'ouvrage *Le Développement du nourrisson. Du cerveau au milieu social et du fœtus au jeune enfant*, Dunod, 2004.

saisir des objets est amené à modifier sa manière de faire lorsqu'il est confronté à un objet plus lourd ou anguleux. Il aura ainsi enrichi sa capacité d'action. L'intelligence se construit par l'équilibration entre ces deux processus, provoquant une autostructuration du sujet.

Ainsi, J. Piaget invente un nouveau cadre théorique de référence pour la psychologie : le constructivisme*. S'appuyant sur l'exemple de la cybernétique, il décrira le développement comme « *une autorégulation, c'est-à-dire une suite de compensations actives du sujet en réponse aux perturbations extérieures et d'un réglage rétroactif* (feedback) *et anticipateur constituant un système permanent de telles compensations* », explique-t-il dans *La Psychologie de l'enfant* [1] où il affirme aussi que « *l'intelligence... est l'adaptation mentale la plus poussée, c'est-à-dire l'instrument indispensable des échanges entre le sujet et l'univers* ».

[1] J. Piaget, B. Inhelder, *La Psychologie de l'enfant*, 1966, rééd. Puf, 2004.

Piaget, psychologue malgré lui

Pourquoi, après une formation de biologiste, Jean Piaget est-il devenu le grand spécialiste de la psychologie enfantine ? Pour le comprendre, il faut revenir sur les étapes de son parcours intellectuel.

Son père, historien, lui transmet l'amour des connaissances ; sa mère, protestante, la foi. Passionné de biologie dès son enfance (à 11 ans, il étudiait déjà les limnées, ces petits mollusques d'eau douce que l'on trouve dans les lacs de sa Suisse natale), Jean Piaget, dans l'ambiance darwinienne du début du XXe siècle, estime que le hasard ne peut expliquer à lui seul l'évolution des organismes. Lecteur de Blaise Pascal, d'Emmanuel Kant et d'Henri Bergson (de son « élan vital »), le jeune Piaget est tourmenté par la question du bien, du mal et de Dieu. Pour lui, la solution est de fonder la morale sur la science. Il affirme en 1915, dans *La Mission de l'idée*, que la vie des idées et le progrès sont le propre du vivant.

Le projet initial de Piaget est philosophique. Il veut comprendre les conditions d'évolution des êtres vivants et, particulièrement, les progrès humains depuis les origines : en quoi, se demande-t-il alors, consiste l'intelligence et comment les connaissances se sont-elles constituées ? J. Piaget entreprend de construire ce qu'il appellera lui-même une « *épistémologie génétique* », qui consiste à reconstituer l'évolution de la pensée humaine. Son interrogation le conduit à étudier la genèse des fonctions cognitives dans le développement de l'enfant, car pour lui « *l'enfant explique l'homme autant et souvent plus que l'homme n'explique l'enfant* »... C'est ainsi qu'il deviendra l'un des plus grands psychologues du XXe siècle.

M.F.

Des stades pour le développement

Piaget est alors amené à découper le développement intellectuel en grandes périodes ou stades, dont l'ordre de succession est pour lui constant et dont chaque étape est issue de la précédente par processus intégratif, résultant de restructurations successives. Cette théorie des stades, radicalement remise en question par les recherches récentes, lui vaudra une grande notoriété. Tout comme Sigmund Freud avait décrit les étapes affectives du développement, J. Piaget en livrait les étapes cognitives, formulant ainsi la première grande théorie du développement de l'intelligence. Des activités motrices de la petite enfance à la pensée abstraite, pour lui, le développement de l'individu passait par une série de décentrations successives (révolutions coperniciennes) permettant à l'enfant ou à l'adolescent de sortir de sa subjectivité.

• **Le stade sensori-moteur**

Jusqu'à environ 2 ans, le nourrisson va commencer à construire son intelligence par les activités motrices. J. Piaget, qui observe attentivement ses trois enfants depuis leur naissance, montre que la pensée du nourrisson est d'abord complètement égocentrique et liée à ses propres actions (sucer son pouce, trouver le mamelon du sein maternel...). C'est progressivement qu'il se différencie de son environnement : il perçoit qu'un objet continue d'exister même lorsqu'il disparaît de sa vue ; il identifie ses parents, ses frères et sœurs... Ainsi, il se décentre de lui-même pour découvrir le monde. Vers la fin de cette période « sensori-motrice », l'émergence de la fonction symbolique va élargir son champ de pensée. Par l'imitation, le jeu, le dessin, la mémoire et le langage, il acquiert la maîtrise des représentations symboliques : il fait semblant de dormir, de se fâcher, il va chercher son manteau pour montrer qu'il veut sortir...

• **Le stade des opérations concrètes** (de 2 à 12 ans environ)

Lorsque l'on transvase de l'eau d'un bocal A dans un bocal B plus étroit sous les yeux d'enfants de 5 ans, ils affirment que la quantité d'eau a augmenté. Ce n'est que vers 7 ans que la notion d'invariance se construit graduellement. Le raisonnement logique se met en place (sériation, classification, perception du temps, de la vitesse), mais toujours par le moyen d'actions concrètes et matérielles. A la fin de cette période, que J. Piaget découpe en plusieurs étapes, le réalisme enfantin et l'égocentrisme sont de mieux en mieux surmontés. L'enfant a opéré une deuxième forme de décentration : il comprend que ce qui est à sa gauche peut être aussi à droite, et que la fourmi qui traîne une brindille plus grosse qu'elle est d'une force surprenante...

- **La préadolescence, stade des opérations formelles.**

Pour J. Piaget, ce stade constitue le point culminant de la pensée intellectuelle. Au terme de l'enfance s'accomplit une « *dernière décentration fondamentale* », qui permet au sujet de manier des hypothèses et des raisonnements détachés de la réalité concrète et immédiate : c'est la pensée « hypothético-déductive » qui définit l'intelligence adulte et permet de manier la pensée abstraite.

Les travaux de J. Piaget ont constitué un apport significatif à la psychologie du développement dans la mesure où il tentait de décrire le monde de l'enfant en se détachant des normes de l'adulte.

En outre, il témoignait d'une grande nouveauté : la méthode clinique* qui consistait à faire réaliser à l'enfant des expériences tout en le questionnant sur ce qu'il faisait. Cette méthode tenait à la fois de l'entretien psychiatrique (d'où le qualificatif de clinique) et de la psychologie expérimentale, qui vise à mettre en évidence ce qui est généralisable dans la conduite des sujets. Au fil des années, elle s'est enrichie des expériences acquises par les nombreux chercheurs qui travaillaient avec J. Piaget dans son école de Genève, et notamment ceux qui collaboraient avec lui comme Alina Szeminska et Bärbel Inhelder.

Controverses et prolongements

Au fur et à mesure de sa diffusion, la théorie piagétienne a donné naissance à de nombreuses critiques et même à de célèbres controverses.

En 1975, par exemple, une rencontre historique, organisée à l'abbaye de Royaumont en présence des plus brillants scientifiques de l'époque, oppose le psychologue J. Piaget au linguiste Noam Chomsky *(voir page 105)*. Celui-ci s'oppose radicalement à la théorie constructiviste de J. Piaget, avançant que le bébé humain est programmé génétiquement pour le langage – alors que son opposant soutient que le langage est une étape dans la construction de la pensée symbolique et de l'abstraction.

L'hypothèse de N. Chomsky, qui trouve ses prolongements dans les travaux de certains cognitivistes, va alors nourrir une forme nouvelle d'innéisme* chez certains spécialistes du bébé, appelée « nativisme* ». Pour ces chercheurs, des capacités présentes à 3 ou 4 mois n'ont pu faire l'objet d'un apprentissage *(voir page 73)*. Ils en concluent que nous naissons équipés de certaines capacités ou de certaines connaissances. Le courant nativiste connaît un développement important, notamment dans les pays anglo-saxons [2].

[2] Ces idées sont diffusées en français notamment par J. Mehler et E. Dupoux dans *Naître humain*, Odile Jacob,1990, rééd. 2002.

Les études sur les compétences précoces du nourrisson contribuent à ébranler l'édifice piagétien et à apporter de l'eau au moulin des nativistes. De nouvelles méthodes d'observation du bébé sont utilisées. Elles se penchent non plus sur ses capacités motrices mais, à travers sa vision ou son audition, sur ses capacités d'observation et ses manifestations de surprise ou d'habituation à travers son regard. Des psychologues anglo-saxons et français comme Roger Lécuyer [3] mettent en évidence les « compétences précoces » du nourrisson, dès les premiers mois de la vie, en ce qui concerne l'imitation et la catégorisation d'objets de tailles, de formes et de couleurs différentes.

[3] R. Lécuyer, *Bébés astronomes, bébés psychologues*, Mardaga, 1989.

Bref, J. Piaget avait largement sous-estimé les capacités des bébés. Sa description des stades est, elle aussi, remise en question par de multiples expériences montrant que, dans des environnements stimulants, les enfants peuvent apprendre beaucoup plus tôt que ne le prévoyait sa théorie *(voir page 43)*.

Que reste-t-il de Piaget aujourd'hui ?

Car une autre critique adressée à J. Piaget, déjà dans les années 30, par Henri Wallon et Lev S. Vygotski, est qu'il ne tient pas compte de l'environnement social. Il s'est intéressé à la cognition*, laissant de côté le rôle des affects et de la culture. Or, chez le nourrisson, c'est sur son entourage social que le bébé exerce ses premières actions : s'il pleure, il peut faire apparaître sa maman... Comme l'explique R. Lécuyer, les parents et les autres humains sont des sources d'informations infinies.

Malgré ces remises en question, certains psychologues continuent de se référer à J. Piaget, tout en aménageant et en actualisant ses idées. La psychologie cognitive* et la neuropsychologie* ont accumulé des connaissances sur les différentes fonctions mentales, le langage, la mémoire, le calcul, la lecture, le raisonnement... Mais cette approche relativement cloisonnée de ces différentes fonctions ne produit pas de théorie générale du développement, alors que la théorie de J. Piaget en offrait une. En ce sens être piagétien aujourd'hui peut consister à revendiquer une théorie générale du développement intellectuel, quitte à en corriger la plupart des résultats.

Ainsi, les néopiagétiens actuels **[4]** tentent d'intégrer aux concepts de J. Piaget à la fois les connaissances accumulées sur les compétences précoces, les conceptions nativistes et les sciences cognitives.

[4] Voir notamment O. Houdé, C. Meljac (dir.), *L'Esprit piagétien*, Puf, 2000.

Malgré donc les nombreuses critiques qui ont été émises, la théorie de J. Piaget et les autres théories constructivistes de cette période de l'histoire de la psychologie de l'enfant sont encore au centre des discussions. Tout simplement parce qu'elles mettaient en avant une chose simple mais résolument nouvelle à leur époque : étudier l'enfant et la manière dont se construit son psychisme est la meilleure façon de comprendre la pensée humaine.

Hélène Vaillé

Pour Piaget, le raisonnement logico-mathématique était au centre du développement cognitif de l'enfant... Aujourd'hui, les recherches tous azimuts ont remis ce modèle partiellement ou totalement en question et privilégient l'idée d'une pensée en contexte.

L'intelligence de l'enfant : théories actuelles

Il y a trente ans, à la question de savoir comment se développe l'intelligence de l'enfant, était invariablement associé un nom, et souvent un seul, celui de Jean Piaget. Celui-ci a été le premier à considérer le bébé comme un sujet de recherche et à lui attribuer une intelligence. On lui doit d'avoir élaboré ce qui restera longtemps la théorie du développement de l'intelligence. Un monument.

Aujourd'hui, la question de savoir comment se développe l'intelligence suscite plutôt l'embarras. Le cadre du développement cognitif proposé par J. Piaget ne fait plus l'unanimité. Nombre d'autres modèles – néopiagétiens, évolutionnistes, connexionnistes, dynamiques, psychométriques – briguent la place. Voilà pour le « gros œuvre », les théories générales du développement. A côté, il y a le travail des artisans du détail. Ces chercheurs-là s'intéressent au développement précoce du bébé sur des fonctions bien précises. Leurs études ont révolutionné nos connaissances sur le monde mental du bébé. On trouve enfin les tenants de l'environnement social et culturel. Ils tentent de raccorder la « pensée » longtemps contenue dans la demeure piagétienne au monde extérieur.

Pour Piaget, l'intelligence évolue par bonds, d'un stade à l'autre, du concret vers l'abstrait. Au début, l'intelligence du bébé est pratique, Piaget l'appelle sensori-motrice car elle est liée au toucher, à la vision et à l'action. Au terme de son développement et après plusieurs phases intermédiaires, l'enfant, alors âgé de 14-15 ans, atteint le stade « formel », celui des opérations abstraites, logiques, mathématiques. Ce modèle de développement est souvent comparé à la montée des marches d'un escalier. D'un stade à l'autre, la pensée de l'enfant change, ses raisonnements sont à la fois meilleurs et d'un autre type. Ce modèle a longtemps orienté les recherches en psychologie, qui cherchaient à définir le mode de raisonnement (égocentrique, holistique...) propre à chaque stade.

C'est au début des années 1980 qu'apparaissent les premières alternatives sérieuses à la théorie du développement cognitif de Piaget. L'arrivée des sciences cognitives donne un regain de vigueur aux recherches sur le développement de l'intelligence. Plusieurs familles de théories fortement teintées de psychologie cognitive voient le jour. Les théories néopiagétiennes, parmi les plus influentes, ont pour objectif de concilier l'approche piagétienne et la psychologie cognitive.

L'héritage piagétien

Le psychologue américain Robbie Case (décédé prématurément en 2000 à l'âge de 55 ans) sera l'un des premiers néopiagétiens à tenter d'opérer cette synthèse. Il propose un modèle où la mémoire de travail, alors au centre des recherches en psychologie cognitive, est un élément clef du développement. La mémoire de travail* (située dans le lobe frontal) est le centre de traitement des opérations mentales les plus complexes – planification, calculs, réflexion consciente, stratégie... C'est elle qui est sollicitée lorsque vous jouez aux échecs ou lorsque vous lisez ce texte. Elle combine les informations en provenance de la mémoire sensorielle (la vision des mots sur la page) avec les informations stockées en mémoire à long terme (le sens des mots), puis transforme ces informations (ce qui permet d'en déduire la signification de l'ensemble du texte).

Comment concilier cette approche de l'intelligence avec la théorie du développement de J. Piaget ? R. Case voit dans l'utilisation de plus en plus efficiente de la mémoire de travail un élément déterminant de la croissance cognitive. La mémoire de travail telle qu'il la conçoit pourrait être comparée à une malle de rangement dont l'enfant apprend, avec l'expérience, à optimiser l'usage. Au départ, il n'arrive à y ranger que dix jouets. Puis il comprend qu'en les rangeant mieux, il peut en inclure davantage. La capacité de rangement de la malle n'a pas augmenté, son utilisation est simplement optimisée.

Comment ce changement se produit-il ? Deux facteurs seraient à l'origine de l'efficacité croissante de la mémoire de travail. Le premier, emprunté à la psychologie cognitive, est l'automatisation. R. Case explique comment certaines tâches devenues familières, finissent par être exécutées machinalement, ce qui libère de l'espace de stockage dans la mémoire de travail. Le second facteur est un facteur de maturation biologique. Les transitions entre les stades seraient liées à des changements au niveau de l'activité électrique des neurones dans le lobe frontal (partie du cerveau particulièrement active dans la résolution de problèmes et dans le raisonnement). Les preuves empiriques font encore défaut pour étayer cette hypothèse. Nombre de chercheurs ont quand même l'intuition que la mémoire de travail joue un rôle décisif dans le développement cognitif. Le psychologue néopiagétien Juan Pascual Leone est de ceux-là, qui en fait un moteur du développement cognitif avec sa « théorie des opérateurs constructifs* » [1].

[1] J.-P. Leone, « Reflexions on working memory : Are the two models complementary ? », *Journal of Experimental Child Psychology*, vol. LXXVII, 2000.

Tout en intégrant cette approche cognitive, R. Case n'a pas rompu avec l'héritage piagétien. Il conserve l'hypothèse d'un développement selon quatre stades et soutient l'idée que l'enfant est pourvu de modes de pensée spécifiques à certains types de connaissances (le nombre, l'espace et la narration). Reste que le modèle de l'escalier auquel il souscrit – l'un de ses livres, paru en 1992, s'intitule *The Mind's Staircase (L'Esprit en escalier)* – tend à disparaître dans les modèles de développement actuels...

De nouveaux modèles dynamiques

Les années 1990 s'ouvrent sur un « nouveau paradigme » [2], avec l'apparition de « modèles dynamiques du développement ». Finie la progression par stades chère à J. Piaget et à quelques néopiagétiens. La plupart des théories actuelles penchent en faveur d'une progression de l'intelligence graduelle, et de ce fait quasi continue : elle n'évolue plus par bonds et vers l'avant, mais par petits pas rapprochés, marqués d'arrêts, de retours en arrière et de faux pas.

[2] A. Demetriou et A. Raftopoulos, « Cognitive developmental change, theories, models and measurement », *Cambridge Studies in Cognitive and Perceptual Development*, n° 10, janvier 2005.

Cette conception dynamique de l'intelligence est au cœur des théories évolutionnistes du développement. Comme leur nom l'indique, ces théories font l'analogie entre l'évolution biologique et l'évolution cognitive. L'un de leurs représentants, le psychologue américain Robert Siegler, imagine le développement cognitif comme *« une série de vagues qui se chevauchent, chacune correspondant à un mode de pensée ou à une stratégie différente* [3] ». R. Siegler pense que la cognition est soumise, comme dans le monde biologique, à la compétition... Sauf qu'ici, la compétition ne se joue pas entre les espèces mais entre les modes de pensée. Les théories évolutionnistes du développement cognitif cherchent donc à décrire quelles compétences entrent en compétition et comment cette compétition conduit à des solutions « adaptées » *(voir page 35).*

[3] R. Siegler, *Enfant et raisonnement. Le développement cognitif de l'enfant*, 3e éd. De Boeck, 2000.

R. Siegler insiste sur la très grande diversité de stratégies mentales dont les enfants disposent pour résoudre les problèmes auxquels ils ont affaire.

L'exercice éveille différents modes de pensée qui entrent en compétition. L'enfant doit choisir la stratégie la plus adaptée à la situation. Notamment aux contraintes du milieu qui impliquent selon les cas d'être rapide, précis... Le choix de la stratégie et les mécanismes qui permettent la découverte d'une nouvelle stratégie sont une forme d'adaptation.

La pensée, une jungle !

Le psychologue Olivier Houdé partage cette approche évolutionniste. Il décrit la pensée comme une « jungle » où les compétences de l'enfant et de l'adulte se télescopent et se bousculent. Cet état d'effervescence permanent suppose l'existence d'un *« méca-*

nisme de blocage tout aussi puissant : l'inhibition ». Le psychologue de conclure : *« Le développement cognitif du bébé ne devrait pas seulement être conçu comme l'acquisition progressive de connaissances mais aussi relever d'une capacité d'inhibition de réactions qui entravent l'expression de connaissances déjà présentes* **[4]** *» (voir page 43).*

[4] O. Houdé, *Le Développement de l'enfant*, Puf, coll. « Que sais-je ? », 2004.

Les néopiagétiens offrent, comme on l'a vu, des modèles très généraux de développement. Trop généraux selon certains, qui proposent une approche complémentaire, à la fois plus locale et plus fonctionnelle. Cette approche correspond à un courant de recherche qui s'est développé après J. Piaget parallèlement au structuralisme : le cognitivisme développemental. Cette fois, les chercheurs étudient précisément, pour une tranche d'âge donnée, un domaine cognitif ou module particulier. Cette approche est dite fonctionnelle dans le sens où elle décrit le fonctionnement du sujet, sans se préoccuper des notions de structure et de stade.

Des compétences insoupçonnées

Ce courant de recherche est largement dominé par l'étude des compétences précoces du bébé, à l'origine de découvertes et de révisions importantes de la théorie piagétienne. J. Piaget avait su inventer des situations expérimentales ingénieuses comme les célèbres épreuves de conservation, d'inclusion des classes, de sériation. Il pratiquait aussi une méthode originale d'interrogation clinique qui consistait à parler librement avec l'enfant pendant les exercices et les jeux en lui demandant de justifier sa démarche. De nouvelles méthodes d'investigation permettront d'aller plus loin dans l'étude du jeune enfant. En 1970, le psychologue Robert L. Fantz met au point une méthode expérimentale qui révolutionne les connaissances sur le monde mental du bébé. Il fait le constat suivant : lorsqu'un bébé observe un phénomène nouveau, par exemple une girafe en plastique qu'il n'a jamais vue avant, il fixe intensément l'objet pendant plusieurs secondes. Au bout d'un laps de temps, l'enfant s'habitue à la présence de l'objet et détourne son regard. Si ensuite on présente un petit lapin en bois à côté de la girafe qu'il connaît déjà, le bébé porte son attention sur le lapin. Le chercheur en déduit que le temps de fixation du regard est un bon indicateur de l'intérêt que le bébé porte à la nouveauté.

La méthode se perfectionne et se généralise. On découvre que le bébé réagit non seulement à la nouveauté mais aussi à l'étrangeté des situations, comme le montre cette autre expérience avec des boules de billard : une boule rouge roule sur un tapis de billard et vient percuter une boule blanche, qui roule à son tour. Pour le bébé, c'est une découverte : quand une boule est percutée par une autre, elle se met à bouger. Le bébé fixe la scène puis il se lasse. Si on change le scénario, la boule rouge étant en mouvement mais la boule blanche bougeant avant d'avoir été touchée, alors le bébé manifeste son étonnement. Il semble avoir compris que quelque chose d'étrange s'est produit. Tout se passe comme si le bébé comprenait qu'une loi physique a été violée. Une boule ne peut pas se déplacer sans avoir été percutée.

En 1985, ce protocole expérimental permet à Renée Baillargeon, Elisabeth Spelke et Stanley Wassermann de réaliser une expérience, aujourd'hui célèbre, sur la « permanence de l'objet » *(voir page 73)*. On dit qu'un enfant possède la permanence de l'objet s'il a compris que son jouet existe encore, même si on vient de le faire disparaître sous ses yeux derrière un mouchoir. J. Piaget pensait que l'enfant atteint cette compétence à 2 ans. Car quand on cache l'objet à un enfant plus jeune, il ne fait aucun geste pour soulever le mouchoir et reprendre l'objet. Cette interprétation est contestée : il est possible que l'enfant sache que son jouet est bien là, mais ne cherche pas à le prendre. L'expérience de R. Baillargeon, E. Spelke et S. Wassermann montre que, dès 3 à 5 mois, des nourrissons possèdent parfaitement la permanence de l'objet.

Une théorie de l'esprit pour les bébés

Les vingt dernières années ont vu se développer un domaine plus particulier des études sur les compétences du nourrisson : la « théorie de l'esprit* », cette capacité qu'ont les enfants à attribuer des sentiments et des croyances à eux-mêmes et à autrui. Cette approche explore les conceptions de l'enfant relatives aux croyances et aux désirs. Le psychologue américain John Flavell étudie quand et comment les enfants font appel à des entités mentales inobservables (croyances, désirs, intentions, connaissances, etc.) pour décrire, expliquer et prédire les conduites humaines observables. Au raisonnement de type logico-mathématique, le chercheur préfère le terme de pensée. Une pensée qu'il envisage comme le fruit d'interactions subtiles entre la perception, les croyances, les états mentaux et physiologiques, les émotions, les désirs, les intentions et les comportements **[5]**. Le rôle crucial des émotions dans tout processus de raisonnement avait déjà été mis au jour par le psychologue Antonio R. Damasio. Les expériences d'imagerie neuronale d'O. Houdé ont depuis confirmé et précisé ces informations. Le psychologue observe de moindres performances logico-mathématiques dans des cerveaux « froids » (lors d'une expérience qui ne sollicite pas d'émotions particulières) plutôt que « chauds ».

[5] J. Flavell, *Cognitive Development*, Englewood Cliffs/ Prentice-Hall, 1985.

La découverte de capacités précoces chez l'enfant réveille une épineuse question, celle de savoir si ces compétences sont innées. Le débat entre nativisme* et constructivisme* est toujours vif. Jacques Mehler et Emmanuel Dupoux, partisans du premier camp, expliquent que les facultés cognitives *« s'accroissent avec l'âge selon un calendrier prédéterminé et un schéma directeur spécifique à l'espèce, qui doit peu à l'expérience acquise, au milieu ou à des apprentissages* **[6]** ». D'autres, comme la psychologue Annette Karmiloff-Smith, refusent de choisir entre le constructivisme et le nativisme qu'ils jugent complémentaires : le développement cognitif aurait pour origine des prédispositions innées et spécifiques (contenues dans le cerveau sous forme de modules génétiquement déterminés). R. Baillargeon, O. Houdé, Pierre Mounoud s'accordent sur l'idée qu'il existe très tôt des capacités de raisonnement logique et arithmétique, associées à une faculté très précoce d'apprentissage par la perception (notamment visuelle) ou par des couplages entre perception et action.

[6] J. Mehler et E. Dupoux, *Naître humain*, Odile Jacob, 1990.

Environnement social et apprentissage

On reproche souvent à J. Piaget d'avoir négligé l'influence du milieu social et culturel sur le développement de l'enfant. Le psychologue Michel Deleau rappelle pourtant qu'*« aucun des pères fondateurs de la psychologie du développement – qu'il s'agisse de J. Piaget, Lev S. Vygotski ou Henri Wallon – n'a fait l'impasse sur l'existence d'un ensemble d'effets liés au milieu social. Mais ces effets sont considérés de façon très différente selon les perspectives théoriques » (voir page 249).* Pour J. Piaget, l'environnement social n'influence en effet que de manière marginale le développement cognitif. Il n'est pas constitutif de l'activité mentale. L.S. Vygotski considère au contraire que l'enfant grandit en interaction étroite avec deux aspects de la culture : les outils qu'elle produit (le langage oral et écrit par exemple) et les interactions sociales (entre adultes et enfants, entre enfants). L'apparente contradiction des approches de J. Piaget et L.S. Vygotski n'a en tout cas jamais dissuadé le psychologue américain Jerome Bruner d'en concilier les apports. Pionnier en sciences cognitives, il a développé le courant de la psychologie culturelle, qui décrit par exemple la façon dont le langage se construit lors des interactions entre l'enfant et ses parents.

Au plan international, divers courants très actifs en psychologie du développement tentent aujourd'hui de conceptualiser cette dimension de la vie sociale et des interactions sociales. Des chercheurs étudient le rôle joué par les interactions sociales sur le développement cognitif individuel. Pierre Mugny, Willem Doise, Anne-Nelly Perret-Clermont ont montré que les progrès développementaux (le passage d'un stade à un autre) sont plus importants lorsqu'un enfant résout une tâche en interaction avec un autre que lorsqu'il est seul pour le faire. Des recherches plus récentes soulignent également les vertus d'apprentissage du débat et de la collaboration. Outre les interactions de personne à personne, le monde social influence le développement cognitif en fournissant une variété d'outils pour la résolution de problèmes : dès 1 an, les enfants ont l'idée d'utiliser un râteau pour attraper un jouet ; à 11 ans, certains savent utiliser des cartes itinéraires pour expliquer à un ambulancier comment se rendre à destination… Un autre courant de recherche concerne les comparaisons interculturelles. Des expériences ont montré que l'utilisation du boulier influence la façon dont les enfants se représentent les nombres. On sait aussi que plusieurs systèmes de catégorisation des objets peuvent coexister au sein d'une même culture et entre des cultures différentes : ainsi par exemple des Yupno de Papouasie-Nouvelle-Guinée qui organisent leur univers en choses « chaudes » et « froides ».

Des théories néopiagétiennes aux tenants de la psychologie culturelle, en passant par les spécialistes du développement précoce, les principaux continuateurs de l'œuvre de J. Piaget présentent une diversité de points de vue sur « l'intelligence de l'enfant ». Les grandes tendances qui se dessinent suggèrent le rôle crucial de la mémoire de travail, font voir des modèles dynamiques et des jeux de compétition avec, en lieu et place du raisonnement logico-mathématique, l'idée plus large d'une pensée « en contexte ». Il paraît impossible d'extraire une seule théorie dominante de cette mosaïque d'idées. Tout laisse penser que la demeure piagétienne, portes et volets ouverts, restera en chantier pour longtemps.

Hélène Vaillé est journaliste scientifique.

Robert Siegler

Comment la pensée progresse-t-elle ? Des recherches montrent que les enfants utilisent une grande variété de stratégies cognitives, selon le moment ou le contexte. Au traditionnel modèle des stades de développement, R.Siegler oppose alors celui de vagues qui se chevauchent les unes les autres...

Á chaque âge son mode de pensée ?

Selon les théories classiques du développement cognitif, comme celles de Jean Piaget, Jerome Bruner ou Lawrence Kohlberg, l'âge et la pensée de l'enfant progressent de manière simultanée. Si à 5 ans il pense d'une certaine manière, à 8 ans puis à 12 ans il pensera encore différemment, adoptant au fur et à mesure de son développement des raisonnements de plus en plus sophistiqués.

A partir de nombreuses observations cliniques et empiriques, la théorie de J. Piaget décrit ainsi différents stades de développement : le stade sensori-moteur entre 0 et 2 ans, le stade préparatoire entre 2 et 7 ans, puis opératoire concret entre 7 et 12 ans, et enfin celui des opérations formelles au-delà de 12 ans, etc. J. Bruner a, lui, décrit différents stades dans les formes de représentations mentales chez l'enfant (d'abord énactives, c'est-à-dire basées sur l'action, puis iconiques avant d'être symboliques), tandis que L. Kohlberg s'est intéressé au développement moral de l'enfant, qu'il envisage également par stades. La plupart des théories classiques du développement sont donc ce qu'on peut appeler « stadistes ».

On peut comparer ces modèles à une métaphore visuelle : le développement cognitif ressemblerait à la montée de marches d'escalier. Les enfants penseraient d'une certaine manière pendant un certain temps, puis se mettraient tout à coup à penser différemment, de façon plus « élevée », pendant la période suivante. Ils progresseraient ainsi d'étape en étape, comme on monte un escalier marche par marche. La recherche en psychologie du développement a donc, depuis une trentaine d'années, consacré beaucoup d'efforts à identifier le mode de pensée propre à chaque âge. Par exemple, quel est le mode de pensée à 5 ans ? La pensée de l'enfant est dite à cet âge-là « égocentrique », « associative », « préconceptuelle », « holistique », etc.

Les enfants sont inconstants

Cependant, les recherches accumulées au fil des années ont remis en doute l'hypothèse d'un développement par stades successifs. Les exceptions se sont révélées toujours plus nombreuses. Si on a pu pendant un temps négliger ces exceptions, on a fini par se rendre à l'évidence : elles sont essentielles pour le changement, justement parce qu'elles ne s'insèrent pas parfaitement dans le modèle en escalier.

Critiquer les théories qui postulent une relation étroite entre l'âge et le mode de pensée ne signifie pas qu'on les discrédite totalement. Elles ont stimulé la création de méthodes de plus en plus ingénieuses pour démontrer que les bébés et les jeunes enfants « ont » ou « n'ont pas » les compétences en question. Enfin, elles ont généralement conduit à élaborer une base de données de plus en plus riche sur le développement. La critique vise plutôt à mettre au centre du débat un problème extrêmement important, qui a été trop négligé : la manière dont survient le changement, les mécanismes qui le rendent possible, et ceux qui en sont le moteur.

Avant de chercher à comprendre les mécanismes du changement, il faut se rendre à l'évidence sur un point majeur : la pensée des enfants est beaucoup plus variable que ce que les modèles classiques suggèrent.

Bien que cette variabilité se retrouve dans de nombreuses activités cognitives différentes, c'est dans nos travaux sur le calcul mental que nous l'avons le plus explorée. Il peut paraître étonnant, surtout pour un adulte, de postuler une variété de stratégies possibles pour un simple calcul mental. Car la plupart des adultes résolvent les problèmes arithmétiques simples en récupérant la réponse de mémoire.

Mais chez les enfants, la situation est différente. Ils utilisent une très grande diversité de stratégies pour résoudre ce qui constitue pour eux de réels problèmes. En outre, ce qui est très intéressant pour un psychologue du développement, c'est que les stratégies qu'ils emploient varient considérablement au fur et à mesure que l'enfant grandit et acquiert de l'expérience. Nous avons découvert cette variabilité cognitive dans une expérience qui avait un autre objectif : identifier les connaissances qu'avaient les enfants des nombres au début de leur scolarité et au cours de leur développement [1]. Lors des tests sur l'addition, les enregistrements vidéo ont révélé que les enfants utilisaient quatre stratégies différentes : soit ils levaient un doigt pour chaque unité et les comptaient oralement, soit ils levaient les doigts en comptant mentalement, soit ils comptaient à voix haute, sans utiliser ni leurs mains ni autre chose comme support et, enfin, la quatrième stratégie n'impliquait aucun comportement audible ou visible. Comme la réponse était beaucoup plus rapide dans ces cas-là, on en a déduit qu'il pouvait s'agir d'une récupération en mémoire du résultat.

[1] R.S. Siegler et M. Robinson, « The development of numerical understandings », *in* H.W. Reese et P. Lipsitt (eds.), *Advances in Child Development and Behavior*, vol. XVI, Academic Press, 1982.

Des stratéfies possibles pour la pensée

Ces observations nous ont intéressés pour plusieurs raisons : d'une part, la grande majorité des enfants utilisaient plusieurs stratégies différentes. De plus, le même enfant pouvait utiliser deux stratégies différentes pour un même problème, à deux semaines d'intervalle. Aussi bien en adoptant la seconde fois une stratégie plus sophistiquée ou moins sophistiquée que la première fois.

L'utilisation de stratégies cognitives variées est loin d'être réservée au calcul [2]. Lorsqu'on leur demande d'épeler des mots, les enfants de CP et CE1 le font parfois de façon phonétique, parfois par analogie entre le mot et un mot plus connu, et parfois les épellent de mémoire. Pour lire l'heure sur un cadran d'horloge, les enfants de CE1 et CE2 peuvent compter en minute vers l'avant ou l'arrière par rapport à l'heure pile, ou le faire par cinq minutes, ou bien à partir d'un quart ou de la demie. Pour se souvenir d'une séquence de chiffres arbitraire comme un numéro de téléphone, les enfants de maternelle, de CE1 ou CM1 vont parfois la

[2] R.S. Siegler, *Intelligences et développement de l'enfant. Variations, évolution, modalités*, De Boeck université, 1999.

répéter le nombre de fois nécessaire, ou ne la répéter qu'une fois, ou simplement attendre qu'ils aient besoin de l'utiliser.

La variabilité cognitive semble de plus commencer très tôt et se maintenir tout au long de la vie. Quand un bébé d'un an est encouragé par sa mère à descendre un plan incliné, il peut le faire à quatre pattes, ou en rampant, la tête en avant ou les pieds d'abord, ou glisser sur les fesses. De même, une personne de 70 ans qui doit résoudre une multiplication peut le faire de tête, ou à l'aide d'une calculatrice, ou par écrit [3]. La variabilité cognitive est d'ailleurs présente chez tous les individus à travers le monde, que ce soit en Chine ou aux Etats-Unis, comme le montrait en 1993 une étude du psychologue américain David C. Geary et de ses collègues. Elle semble être en fait une caractéristique de base des êtres humains.

[3] P. Lemaire et R.S. Siegler, « Four aspects of strategic change : Contributions to children's learning of multiplication », *Journal of Experimental Psychology : General*, 1995.

La découverte de nombreuses compétences précoces chez le bébé a également remis en question les modèles classiques. Dès l'âge de 2 semaines, les bébés sont capables d'imiter des comportements observés chez autrui. Dès l'âge de 4 mois, ils manifestent par leur comportement qu'ils comprennent que les objets ne cessent pas d'exister lorsqu'on ne les voit plus, alors que selon J. Piaget, cette aptitude n'apparaît pas avant 8 mois.

Intégrer cette variabilité cognitive dans une nouvelle approche théorique est nécessaire. Selon celle-ci, l'enfant connaît et utilise de multiples stratégies de pensée, doit choisir parmi elles, et découvre souvent de nouvelles manières d'aborder un problème. Pour reprendre une métaphore visuelle, le développement ressemblerait à une série de vagues qui se chevauchent, chacune correspondant à un mode de pensée ou à une stratégie différente. On est donc loin de l'image de l'escalier, dans laquelle chaque stratégie de pensée succède à une autre. L'expérience des bébés qui essayent de descendre une pente illustre bien cette métaphore [4]. L'observation pendant cinq semaines de l'un d'entre eux, le petit Jack, montre que l'apprentissage passe par une variabilité de stratégies dont l'utilisation évolue dans le temps. Il devait descendre une pente risquée pour lui, c'est-à-dire un peu plus raide que celle correspondant à ses capacités. Lors des 5 premières sessions, il ne faisait pratiquement que ramper ; puis il s'est mis à descendre sur le dos un peu plus fréquemment ; ensuite, il s'est

[4] K.E. Adolph, « Learning in the development of infant locomotion », *Monographs of the Society for Research in Child Development*, n° 62, 1997.

mis à glisser sur le ventre, de plus en plus souvent. Il a aussi essayé de marcher pour finalement adopter le plus souvent la glissade en position assise. Non seulement, chaque nouvelle stratégie s'est installée progressivement, mais en plus il n'a pas totalement abandonné les anciennes méthodes. Il les a seulement moins utilisées. Chaque stratégie a donc pu chevaucher une autre, tout en allant progressivement vers l'adoption de la plus efficace ou de la plus sûre.

Mais reconnaître la variabilité cognitive et décrire le développement comme un chevauchement de vagues, cela implique de répondre à une autre question, ignorée par les approches traditionnelles : comment les enfants choisissent-ils entre les différentes stratégies dont ils disposent ? Comment ces choix changent-ils avec l'âge et l'expérience ?

La capacité des enfants à choisir entre différentes stratégies est grande. Ils vont par exemple s'adapter aux consignes qu'on leur donne. S'ils doivent répondre à de petits problèmes arithmétiques simples dans un temps limité, ils vont répondre de mémoire, même sans être tout à fait sûrs du résultat, car cette stratégie est plus rapide que compter. A l'inverse, s'il est plus important d'être précis que rapide, ils prendront le temps de vérifier la réponse en comptant sur leurs doigts.

Entre les deux, mon cœur balance

Le choix du mode de raisonnement dépend également des caractéristiques du problème. Si le problème est facile pour l'enfant, il peut se permettre d'utiliser une stratégie rapide puisqu'elle lui suffit pour répondre correctement. Par contre, face à un problème plus complexe, il va utiliser une méthode plus exigeante en temps et en effort pour être sûr de bien répondre. Par exemple, l'enfant épellera de mémoire des mots simples, mais utilisera un dictionnaire pour de plus difficiles.

Les capacités à choisir de façon adaptée existent dès le plus jeune âge, comme le montre l'expérience des bébés qui descendent le long d'un plan incliné. Si la pente est douce, les bébés utilisent leur mode de locomotion habituel. Par contre, au fur et à mesure que la pente augmente, ils adoptent des stratégies de plus en plus sûres, comme glisser sur le ventre ou sur les fesses. Ce répertoire de comportements leur permet de descendre rapidement les pentes faciles et de maintenir leur équilibre sur les plus risquées.

Mes recherches et celles d'autres laboratoires ont de plus montré qu'utiliser de multiples stratégies de raisonnement et choisir parmi celles-ci augmente les capacités d'apprentissage des enfants [5]. Ce qui peut paraître contraire à l'intuition. En effet, lorsqu'on observe les élèves les plus âgés ou les plus doués, on ne les voit jamais compter sur leurs doigts, comme le font par contre les plus jeunes ou les moins bons en maths. On en déduit donc qu'il faut que tous les élèves retrouvent la réponse en mémoire dès le début de leur apprentissage. Pourtant, les études ont montré que les enfants qui disposaient du plus grand nombre de stratégies différentes au début d'une épreuve étaient aussi ceux qui apprenaient le mieux. Comment expliquer cela ? Etre autorisé à utiliser des stratégies très simples permet en fait à l'enfant de produire plus de réponses correctes que si cela lui était interdit. L'enfant associe la bonne réponse au problème, et donc la mémorise pour le futur. Les stratégies plus simples disparaissent ensuite d'elles-mêmes lorsque les élèves possèdent suffisamment de connaissances pour répondre précisément sans elles.

[5] M.W. Alibali et S. Goldin-Meadow, « Gesture-speech mismatch and mechanisms of learning : What the hands reveal about a child's state of mind », *Cognitive Psychology*, n° 25, 1993 ; T. Graham et M. Perry, « Indexing transitional knowledge », *Developmental Psychology*, n° 29, 1993 ; R.S. Siegler, « How does change occur : A microgenetic study of number conservation », *Cognitive Psychology*, n° 25, 1995.

Un changement continu

Au cours des vingt dernières années, les spécialistes du développement intéressés par le changement ont à maintes reprises souligné deux points : comprendre le changement est très important, mais le niveau de compréhension de ce changement apparaît très limité. Comme le souligne Robert J. Sternberg, *« je crains qu'un pour cent seulement de notre littérature développementale examine la question des mécanismes provoquant les changements développementaux »*. On pourrait expliquer ce fait par la complexité inhérente au changement. Cependant, je pense qu'une autre raison peut être avancée : notre difficulté à comprendre le changement semble attribuable à notre échec à reconnaître l'omniprésence de la variabilité et du choix dans la pensée des enfants.

Jusqu'alors, les théories classiques, qui comparent le développement à un escalier, considéraient le changement comme discontinu et rare. Selon ces modèles, un enfant passerait une période donnée avec un certain mode de pensée ou avec une certaine théorie ; ensuite, il opérerait un changement relativement soudain vers une autre façon de penser ; puis plus tard encore, il passerait à un niveau plus élevé, etc.

Il est vrai que J. Piaget, s'il apparaît comme le théoricien stadiste le plus important, est aussi celui qui s'est montré le plus sensible à la nécessité d'expliquer le changement. Il a ainsi fait l'hypothèse d'une plus grande variabilité de la pensée au cours des brèves périodes de transition, et considérait cette variabilité comme déterminante pour le changement cognitif. Il a également admis que les structures cognitives changeaient continuellement de manière subtile grâce aux processus d'assimilation et d'accommodation, y compris pendant les périodes d'équilibre général. Néanmoins, l'impression dominante qui émerge du travail de J. Piaget est que, à presque n'importe quel moment, un enfant d'un âge donné pensera à un problème donné d'une certaine manière, révélant ainsi son niveau de structuration cognitive.

Les études qui ont observé précisément les changements de pensée de l'enfant montrent combien il apparaît graduel. Longtemps après avoir appris de nouvelles et meilleures stratégies, l'enfant continue à en utiliser de plus anciennes et moins efficaces. Cela reste vrai même quand l'enfant est capable d'expliquer en quoi la nouvelle approche est meilleure que l'ancienne.

Par exemple, Eric A. Jenkins et moi-même avons examiné des enfants de 5 ans qui savaient additionner en comptant à partir de 1, mais qui ne savaient pas qu'ils pouvaient compter à partir du plus grand chiffre (par exemple 2 + 5, compter 5, 6, 7) **[6]**. Nous avons donné des exercices aux enfants jusqu'à ce que la plupart découvrent ce moyen de faire. Après qu'une petite fille eut utilisé la nouvelle stratégie, nous lui avons demandé pourquoi elle ne comptait pas à partir de 1. Très perspicace, elle donna la réponse suivante : « *Comme ça on n'a pas besoin de compter tous les autres chiffres.* » Pourtant, malgré sa compréhension des avantages de ce nouveau raisonnement, elle, comme les autres enfants, ne l'a que progressivement adopté. L'utilisation de nouvelles stratégies n'augmente que doucement. Le changement apparaît donc bien continu.

[6] R.S. Siegler et E.A. Jenkins, *How Children Discover New Strategies*, Erlbaum, 1989.

Le changement est également continu dans la fréquence d'émergence de nouvelles manières de penser. Les enfants ne mettent pas de nouvelles stratégies en œuvre de façon occasionnelle mais le font continuellement. Ce qui est surprenant, c'est que ces découvertes surviennent surtout dans des contextes de réussite. Les enfants utilisent généralement de nouvelles stratégies après avoir résolu le problème avec succès, et avec des méthodes anciennes. Les enfants ne sont pas des robots qui suivent une trajectoire identique jusqu'à ce qu'un obstacle les oblige à en changer. Ce sont en fait des inventeurs perpétuels, qui cherchent de nouvelles approches même lorsque rien ne les y encourage. Donc, lorsqu'on se demande pourquoi les enfants découvrent de nouvelles façons de penser, nous devons comprendre que c'est parce qu'ils ne peuvent pas faire autrement. Se développer, c'est changer, et le changement est une part continue du développement.

Mais pourquoi les théories traditionnelles n'ont-elles pas accordé plus d'importance au changement ? Loin de nier l'existence de fréquents petits changements, elles ont mis l'accent sur des périodes supposées stables suivies de brèves périodes de transition. Les changements moins importants et moins spectaculaires, mais finalement peut-être les seuls qui existent, ont ainsi été relégués au second plan. Pourtant, étudier les microchangements contribue certainement énormément à la compréhension de l'évolution de la pensée de l'enfant.

Une comparaison est ici possible avec la biologie de l'évolution des espèces. Les biologistes ne sont pas d'accord entre eux sur la nécessité d'avancer des mécanismes de macro-évolution comme des événements cataclysmiques, des astéroïdes s'écrasant sur la Terre ou autre, pour expliquer les changements à grande échelle dans l'évolution des espèces. Par contre, la plupart s'accordent sur les contributions de la micro-évolution (comme les mutations ou recombinaisons génétiques) à la macro-évolution. De la même manière, il peut être plus intéressant, pour comprendre le développement de l'enfant, de décrire les microchangements qui surviennent de façon continue et graduelle, plutôt que de tenter d'expliquer les grands changements d'un stade de pensée à un autre.

Robert S. Siegler est professeur de psychologie du développement à l'université de Carnegie Mellon (Etats-Unis). Il a notamment publié : *Enfant et raisonnement. Le dévloppement cognitif de l'enfant*, De Boeck, 2000.

Olivier Houdé

1966-2006 : depuis la parution du « Que Sais-Je ? » de Jean Piaget qui proposait une théorie du développement de l'intelligence chez l'enfant, les chercheurs ont mis en évidence les capacités précoces du bébé, la variété des stratégies cognitives chez l'enfant, le rôle de l'inhibition et « l'enfant psychologue ». Depuis peu, l'imagerie cérébrale vient renforcer ces nouvelles approches.

Piaget, quarante ans après

La conception du développement de l'intelligence de l'enfant selon Jean Piaget (1896-1980), de l'université de Genève, était linéaire et cumulative car systématiquement liée, stade après stade, à l'idée d'acquisition et de progrès *(voir page 17)*. C'est ce que l'on peut appeler « le modèle de l'escalier », chaque marche correspondant à un grand progrès, à un stade bien défini dans la genèse de l'intelligence dite « logico-mathématique » : de l'intelligence sensori-motrice du bébé (0-2 ans), basée sur ses sens et ses actions, à l'intelligence conceptuelle et abstraite de l'enfant (2-12 ans), de l'adolescent et de l'adulte. La nouvelle psychologie de l'enfant remet en cause ce « modèle de l'escalier » ou, pour le moins, indique qu'il n'est pas le seul possible [1]. D'une part, il existe déjà chez les bébés des capacités cognitives assez complexes, c'est-à-dire des connaissances physiques, mathématiques, logiques et psychologiques ignorées par Piaget et non réductibles à un fonctionnement strictement sensori-moteur (la « première marche de l'escalier »). D'autre part, la suite du développement de

[1] O. Houdé, *La Psychologie de l'enfant*, Puf, « Que sais-je ? », 2004. Cet ouvrage a remplacé celui de J. Piaget et B. Inhelder, du même nom, 1966, rééd. Quadrige, 2004.

l'intelligence jusqu'à l'adolescence et l'âge adulte compris (la « dernière marche ») est jalonnée d'erreurs, de biais perceptifs, de décalages inattendus, non prédits par la théorie piagétienne. Ainsi, plutôt que de suivre une ligne ou un plan qui mène du sensori-moteur à l'abstrait (les stades de Piaget), l'intelligence avance de façon plutôt biscornue, non linéaire.

La remise en cause du modèle de l'escalier

Prenons un exemple cher à Piaget et qui fait, aujourd'hui encore, l'objet de beaucoup de recherches : le nombre [2]. Selon Piaget et son « modèle de l'escalier », il faut attendre 6-7 ans, c'est-à-dire l'entrée à l'école élémentaire, l'âge de raison, pour que l'enfant atteigne le stade (la « marche ») qui correspond au concept de nombre. Pour le prouver, Piaget plaçait l'enfant face à deux rangées de jetons en nombre égal mais de longueur différente selon l'écartement des jetons. Dans cette situation, le jeune enfant considère, jusqu'à 6-7 ans, qu'il y a plus de jetons là où c'est plus long. Cette réponse verbale est une erreur d'intuition perceptive (longueur égale nombre) qui révèle, selon Piaget, que l'enfant d'école maternelle n'a pas encore acquis le concept de nombre. Mais après Piaget, Jacques Mehler, du CNRS, et Tom Bever, de l'université Rockefeller, ont montré que les enfants réussissent dès 2 ans sa tâche si, par exemple, on remplace les jetons par des nombres inégaux de bonbons [3]. Ils optent en effet pour la rangée qui contient le plus de bonbons, au détriment de l'autre, plus longue. L'émotion et la gourmandise, puisqu'il s'agit alors de manger le plus grand nombre de bonbons, rendent ainsi le jeune enfant « mathématicien » et lui font en quelque sorte sauter la marche ou le stade d'intuition perceptive de Piaget. La recherche sur les capacités numériques précoces est allée plus loin encore en découvrant la naissance du nombre chez le bébé avant le langage, c'est-à-dire avant l'âge de 2 ans.

[2] Voir O. Houdé, « De la pensée du bébé à celle de l'enfant : l'exemple du nombre », *Sciences Humaines*, n° 87, octobre 1998.

[3] J. Mehler et T. Bever, « Cognitive capacity of very young children », *Science*, vol. 158, 1967.

Des bébés astronomes et mathématiciens

Piaget s'est surtout intéressé aux actions des bébés (le stade dit « sensori-moteur »), réservant l'étude des concepts, des principes cognitifs, aux enfants plus grands. Or les actions des bébés étant encore assez souvent maladroites, on admet aujourd'hui qu'il n'a pu mesurer leur réelle intelligence. Pour évaluer l'intelligence des bébés, les chercheurs ont commencé, dans les années 1980, à s'intéresser à leur regard, c'est-à-dire à leurs réactions visuelles face à des stimulations que leur présente le psychologue. Roger Lécuyer, de l'université Paris-V, a parlé, à ce propos, de « *bébés astronomes* », c'est-à-dire découvrant l'univers et développant leurs connaissances à l'aide de leurs yeux plutôt que par l'action. Grâce à des moyens techniques comme la vidéo et l'ordinateur dont ne disposait pas Piaget, on peut mesurer très précisément ces réactions visuelles. C'est ainsi que Renée Baillargeon, de l'université de l'Illinois, a démontré l'existence de la permanence de l'objet bien plus tôt (dès 4-5 mois) que ne le pensait Piaget (8-12 mois) – capacité du bébé à concevoir qu'un objet continue d'exister lorsqu'il disparaît de sa vue *(voir page 73)*. R. Baillargeon a aussi démontré la capacité qu'ont les bébés dès 15 mois à inférer des états mentaux chez autrui (leurs croyances vraies ou fausses). Il s'agit d'exemples de connaissances physiques (sur les objets) et psychologiques (sur les états mentaux) très précoces, bien avant l'émergence du langage articulé.

Revenons à l'exemple du nombre. Une étude de Karen Wynn, de l'université Yale, a ainsi révélé que dès l'âge de 4-5 mois, les bébés réalisent sans difficulté l'addition 1 + 1 = 2, ainsi que la soustraction 2 – 1 = 1 **[4]**. Cette capacité numérique a aussi été démontrée par Marc Hauser, de l'université de Harvard, chez les grands singes qui ont, comme les bébés humains, un cerveau sans langage **[5]**. Dans l'étude de Wynn, on présente aux bébés un petit théâtre de marionnettes (des figurines de Mickey) où sont réalisés sous leurs yeux des événements possibles (par exemple 1 Mickey +1 Mickey = 2 Mickey) ou magiques (1 + 1 = 1 ou 1 + 1 = 3) obtenus par trucage expérimental. La mesure du temps de fixation visuelle des bébés montre qu'ils perçoivent les erreurs de calcul : ils regardent plus longtemps, car ils sont surpris, les événements magiques que les événements possibles. Ils conservent donc le nombre exact d'objets attendus dans ce que l'on appelle leur mémoire de travail. Par leur regard, les bébés manifestent ainsi une forme élémentaire de raisonnement, d'abstraction : le « premier âge de raison », bien plus tôt que ne l'imaginait Piaget.

[4] K. Wynn, « Addition and subtraction by human infants », *Nature*, vol. 358, 1992 ; K. Wynn, « Findings of addition and subtraction in infants are robust and consistent », *Child Development*, vol. 71, 2000.

[5] M. Hauser, *A quoi pensent les animaux ?*, Odile Jacob, 2002.

Des stratégies cognitives en compétition

Il est toutefois évident que si les bébés ont déjà des capacités numériques dès les premiers mois de leur vie, elles sont encore rudimentaires et vont ensuite s'enrichir, notamment lorsque le langage et l'école s'empareront de cette matière première. Le modèle théorique actuel qui rend le mieux compte de la complexité du développement numérique chez l'enfant d'âge dit « préscolaire » (école maternelle) et scolaire (école élémentaire) est celui de Robert Siegler, de l'université Carnegie-Mellon *(voir page 35)*. A propos de la résolution d'opérations arithmétiques plus difficiles que celles résolues par le bébé (par exemple, 3 + 5 = ?, 6 + 3 = ?, 9 + 1 = ? ou encore 3 + 9 = ?), Siegler a démontré que l'enfant dispose d'une variété de stratégies cognitives qui entrent en compétition (un peu comme dans l'évolution biologique) : deviner, compter unité par unité avec les doigts de chaque main pour chaque opérant (3 et 5, par exemple) et recompter le tout après (c'est-à-dire 8), compter à partir du plus grand des deux opérants (par exemple, à partir de 9, compter 10, 11, 12) ou encore retrouver directement le résultat en mémoire. A l'encontre du « modèle de l'escalier » de Piaget, où l'enfant passe soudainement d'un stade à l'autre, Siegler propose de concevoir plutôt le développement numérique, qu'il s'agisse d'additions, de soustractions ou de multiplications, comme *« des vagues qui se chevauchent »*. Selon cette métaphore, chaque stratégie cognitive est à l'image d'une vague qui approche d'un rivage, avec plusieurs vagues, ou façons de résoudre le problème arithmétique, susceptibles de se chevaucher à tout moment et donc d'entrer en compétition. Avec l'expérience et selon les situations, l'enfant apprend à choisir l'une ou l'autre façon de procéder. Outre l'arithmétique, Siegler a illustré le bien-fondé de son modèle pour diverses acquisitions de l'enfant comme la capacité à lire l'heure, la lecture, l'orthographe, etc.

Quand inhiber c'est progresser

J'ai pu montrer avec mon équipe de l'université Paris-V que ce qui pose réellement problème à l'enfant dans une tâche comme celle de Piaget (les deux rangées de jetons), ce n'est pas le nombre en tant que tel puisqu'il l'utilise bien plus tôt, mais c'est d'apprendre à inhiber la stratégie perceptive inadéquate (le biais) « longueur égale nombre », stratégie qui très souvent marche bien et que même les adultes appliquent [6]. Ainsi, se développer c'est non seulement construire et activer des stratégies cognitives comme le pensait Piaget, mais c'est aussi apprendre à inhiber des stratégies qui entrent en compétition dans le cerveau. Et cela ne va pas de soi ! On pense ici aux obstacles épistémologiques de l'esprit et à la « philosophie du non » décrits jadis par Gaston Bachelard (1884-1962) pour l'histoire des sciences. Il en ressort que le développement de l'enfant n'est pas toujours linéaire, comme l'avaient sans doute déjà pressenti, dans leur pratique, beaucoup d'éducateurs, professeurs des écoles ou parents. Pour une même notion, un même concept à apprendre, des échecs tardifs par défaut d'inhibition peuvent succéder à des réussites bien plus précoces *(voir page 48)*. Mais comment l'enfant apprend-il à inhiber les stratégies inadéquates ? Il peut le faire soit par l'expérience à partir de ses échecs, soit par imitation ou encore par des instructions venant d'autrui.

[6] O. Houdé et E. Guichart, « Negative priming effect after inhibition of number/length interference in a Piaget-like task », *Developmental Science*, vol. 4, 2001.

Durant les années 1990, deux psychologues « néopiagétiens », Robbie Case, de l'université de Stanford, et Kurt Fischer, de l'université de Harvard, ont ainsi simulé sur ordinateur les courbes du développement de l'enfant en termes de systèmes dynamiques non linéaires, c'est-à-dire de courbes d'apprentissage moins régulières, incluant des turbulences, des explosions, des effondrements.

La psychologie de l'enfant, pour être bien comprise, doit aller du très jeune bébé, sur certains points comparé au grand singe (comme on l'a vu pour le nombre sans langage), jusqu'à l'adolescent et l'adulte. C'est l'ensemble du parcours et de la dynamique qui est intéressant, ainsi d'ailleurs que le soulignait déjà Piaget. Nos expériences d'imagerie cérébrale réalisées avec Bernard et Nathalie Mazoyer à Caen sur le raisonnement logique ont permis de découvrir ce qui se passe dans le cerveau de jeunes adultes avant et après l'apprentissage de l'inhibition d'une stratégie perceptive inadéquate, c'est-à-dire avant et après la correction d'une erreur de raisonnement [7]. On observe une très nette reconfiguration des réseaux cérébraux, de la partie postérieure du cerveau (partie perceptive) à sa partie antérieure, dite « préfrontale ». Le cortex préfrontal est celui de l'abstraction, de la logique et du contrôle cognitif – donc de l'inhibition. Dans sa théorie du développement de l'enfant, Piaget affirmait qu'à partir de l'adolescence (12-16 ans : le stade

[7] O. Houdé *et al.*, « Shifting from the perceptual brain to the logical brain : The neural impact of cognitive inhibition training », *Journal of Cognitive Neuroscience*, vol. 12, 2000 ; O. Houdé et N. Tzourio-Mazoyer, « Neural foundations of logical and mathematical cognition », *Nature Reviews Neuroscience*, vol. 4, 2003.

des opérations formelles), on ne devait plus faire d'erreur de logique. C'est le stade le plus élaboré de l'intelligence conceptuelle et abstraite, la dernière « marche de l'escalier » ! Or ce n'est pas le cas. Spontanément, le cerveau des adolescents et des adultes continue à faire, comme celui des enfants plus jeunes, des erreurs perceptives systématiques dans certaines tâches de logique, pourtant assez simples. On découvre à nouveau ici combien, jusqu'à ce dernier stade, le développement de l'intelligence est biscornu et le rôle qu'y joue l'inhibition.

De l'assimilation/accommodation à l'activation/inhibition

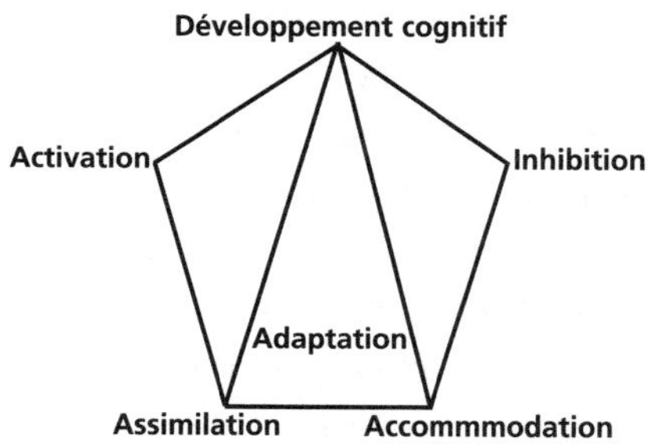

Piaget concevait l'intelligence comme une forme d'adaptation : l'adaptation de la cognition aux choses. Il utilisait l'idée d'adaptation au sens biologique : l'intégration, ou assimilation, des stimulations (informations, *input*) de l'environnement à l'organisme, combinée avec l'ajustement ou accommodation de l'organisme à ces stimulations. Selon Piaget, la dynamique assimilation/accommodation conduit le cerveau humain vers des organisations sensori-motrices et cognitives de plus en plus complexes : des actions des bébés aux opérations logiques et abstraites de l'adolescent et de l'adulte. Cependant, la dynamique d'assimilation/accommodation semble aujourd'hui insuffisante pour décrire la manière dont se développe l'intelligence humaine. Je propose d'y ajouter l'activation/inhibition *(voir la figure)*. Dans les années 1920, le jeune Piaget, déjà inspiré par la vision d'une épistémologie biologique, n'a pas vu l'importance de l'inhibition pour l'étude du développement cognitif, alors que ce concept pluridisciplinaire était introduit en physiologie et en psychologie depuis le début du XIXe siècle et ensuite utilisé, au XXe siècle, par les célèbres écoles de Sherrington, Pavlov et Freud. C'est sans doute parce que l'inhibition était, dans l'esprit de Piaget, trop négative (signifiant répression, opposé de la liberté) pour sa théorie constructiviste du développement de l'enfant. Cette incompréhension est certainement la plus importante erreur de Piaget.

O.H.

L'enfant psychologue

A côté des mathématiques et de la logique, il faut aussi évoquer les théories naïves de l'esprit qu'élaborent « l'enfant psychologue » et déjà le bébé [8]. Dans sa vie sociale réelle, dans ses interactions avec les autres à la maison, à l'école ou dans ses loisirs, l'enfant doit aussi apprendre à être un « petit psychologue ». Il doit, en effet, constamment élaborer des « théories » sur la façon dont il pense et dont pensent les autres autour de lui, afin de comprendre et de prédire la dynamique, parfois complexe, des comportements et des émotions *(voir page 89)*. Certains psychologues comme Alan Leslie, de l'université Rutgers, ont même avancé que notre cerveau, façonné par l'évolution des espèces, posséderait de façon innée un « module de théorie de l'esprit » et que c'est ce mécanisme qui serait détérioré chez les enfants autistes. Comprendre que l'autre est, comme nous, un être intentionnel doué d'un esprit, d'états mentaux, de croyances, de désirs, etc., est en effet essentiel pour entrer dans l'apprentissage culturel humain, ainsi que l'a bien analysé Michael Tomasello de l'Institut Max-Planck de Leipzig [9].

[8] J. Astington, *Comment les enfants découvrent la pensée*, Retz, 1999 ; H. Onishi et R. Baillargeon, « Do15-month-old infants understand false beliefs ? », *Science*, vol.308, 2005.

[9] M. Tomasello, *Aux origines de la cognition humaine*, Retz, 2004.

La capacité d'imitation observée chez le bébé dès la naissance par Andrew Meltzoff de l'université de Washington – imitation néonatale des mouvements de la langue et des lèvres, de la tête et des mains – ce qu'avait ignoré Piaget, est sans doute le point de départ de cet apprentissage culturel.

Ces données et débats sur les origines et le développement des connaissances physiques, mathématiques, logiques et psychologiques, présentées partiellement ici, suffisent à illustrer le grand dynamisme de la psychologie de l'enfant, avec et après Piaget. Il reste encore, pour clore ce bilan 1966-2006, à évoquer le projet actuel d'une cartographie cérébrale des stades du développement cognitif.

L'imagerie cérébrale : une cartographie du développement

Piaget considérait la construction de l'intelligence chez l'enfant (calculer, raisonner, etc.) comme l'une des formes les plus subtiles de l'adaptation biologique. A l'époque, ces réflexions restaient très théoriques. Aujourd'hui, avec l'imagerie cérébrale [10], on peut com-

[10] O. Houdé, B. Mazoyer et N. Tzourio-Mazoyer (dir.), *Cerveau et psychologie : introduction à l'imagerie cérébrale anatomique et fonctionnelle*, Puf, 2002.

mencer à réellement explorer la biologie du développement cognitif.

Depuis la fin des années 1990, des chercheurs utilisent l'imagerie par résonance magnétique anatomique (IRMa) pour construire des cartes tridimensionnelles des structures cérébrales en développement [11]. On sait qu'avec le développement neurocognitif de l'enfant, s'opèrent une multiplication puis un élagage des connexions (synapses) entre neurones, d'où une diminution de la matière grise du cerveau. Cet élagage correspond, selon Jean-Pierre Changeux, du Collège de France, à une stabilisation sélective des synapses par un mécanisme de « *darwinisme neuronal* » [12]. Les premiers résultats indiquent que cette maturation est loin d'être uniforme. Elle s'effectue par vagues successives selon les zones du cerveau : d'abord les régions associées aux fonctions sensorielles et motrices de base et ensuite, jusqu'à la fin de l'adolescence, les régions associées au contrôle cognitif supérieur (le contrôle inhibiteur notamment).

Depuis peu, on utilise aussi l'imagerie par résonance magnétique fonctionnelle (IRMf) pour mesurer les activités cérébrales pendant que l'enfant ou l'adolescent réalise une tâche cognitive particulière, en comparant ce qui se passe aux différents stades du développement [13]. Il est donc possible de visualiser la dynamique cérébrale qui correspond à l'activation/inhibition des stratégies cognitives aux différents âges (ce que l'on appelle la « macrogenèse ») ou au cours d'un apprentissage à un âge particulier (la « microgenèse »). L'enjeu est d'établir la première cartographie anatomo-fonctionnelle des stades du développement cognitif. Il est aussi de mettre au point, à partir de ces données nouvelles, des applications psychopédagogiques [14].

[11] A. Toga, P. Thompson et E. Sowell, « La turbulente dynamique de la matière grise », *La Recherche*, n° 388, juillet-août 2005.

[12] Voir le chapitre « Le développement neurocognitif » *in* O. Houdé, *La Psychologie de l'enfant*, *op. cit.*

[13] B.J. Casey *et al.*, « Imaging the developing brain », *Trends in Cognitive Sciences*, vol. 9, 2005.

[14] O. Houdé, « First insights on neuropedagogy of reasoning », *Thinking & Reasoning*, 2006.

Olivier Houdé est professeur de psychologie du développement à l'université Paris-V-René-Descartes, membre de l'Institut universitaire de France (IUF) et responsable de l'équipe de recherche « Développement & fonctionnement cognitifs » dans le Groupe d'imagerie neurofonctionnelle (GIN) du CNRS et du CEA, Caen et Paris (Sorbonne). Il est notamment l'auteur de *La Psychologie de l'enfant*, Puf, « Que sais-je ? », 2004.

POINTS DE REPÈRE

Les théories de l'intelligence

- La psychologie expérimentale
- La psychologie différentielle
- Comprendre et mesurer l'intelligence
- La psychologie du développement
- Quatre nouvelles approches de l'intelligence de l'enfant

XIXe siècle : la psychologie expérimentale

L'étude des sensations élémentaires

Au XIXe siècle, naît le projet d'une connaissance scientifique du psychisme humain en s'inspirant des méthodes des sciences de la nature. Prenant ses sources dans la philosophie empiriste qui considère que la pensée naît de nos perceptions, le programme de cette psychologie est de reconstituer les phénomènes conscients à partir des sensations, des émotions et des sentiments. Les méthodes utilisées sont l'observation et l'introspection.

L'associationnisme

Mais comment de simples sensations peuvent-elles donner naissance à des connaissances et des idées ? Selon la théorie associationniste, de même qu'en chimie les corps simples s'associent pour donner naissance à des corps complexes, les idées s'associent pour donner naissance à des connaissances. Ce courant, dominant en Angleterre tout au long du XIXe siècle, va beaucoup influencer les expérimentalistes.

Trois figures de la psychologie expérimentale

• Wilhelm Wundt (1832-1920) : introspection et psychophysiologie

Avec le premier laboratoire de psychologie expérimentale à Leipzig (1879), ce philosophe allemand est considéré comme le véritable fondateur de la discipline. Par sa méthode introspective, il étudie la nature physico-chimique des sensations mais aussi le raisonnement, l'attention, l'affectivité en enregistrant par exemple le pouls ou le rythme de la respiration.

• William James (1842-1910) : le pragmatisme en psychologie

L'influence de ce philosophe permet la diffusion rapide de la psychologie expérimentale aux Etats-Unis. James va cependant s'en éloigner pour se tourner vers une psychologie fonctionnaliste (qui étudie les fonctions de la conscience plutôt que ses structures), très liée à la théorie de l'évolution.
La construction des tests sera un grand objectif de la psychologie fonctionnaliste.
Ses disciples, James McKeen Cattell (1860-1944) et G. Stanley Hall fondent l'American Psychological Association, qui sera l'un des vecteurs puissants de la promotion des tests.

• Théodule Ribot (1839-1916) : psychopathologie et neuropsychologie

T. Ribot s'intéresse aux processus psychopathologiques. Par l'observation et l'expérimentation, il cherche à étudier la mémoire, le langage, la perception, la volonté ou encore les sentiments.
Selon l'empirisme, les idées viennent de nos perceptions sensorielles, ce qui tend à minimiser les facteurs héréditaires. Pourtant Ribot réintroduit l'innéisme dans la psychologie expérimentale par le biais de la théorie de l'évolution : il considère que les associations fréquemment répétées au cours de l'ontogenèse* sont transmises aux descendants.

La psychologie différentielle

La psychologie différentielle se développe particulièrement en Angleterre. L'« école de Londres » se distingue par l'emploi de statistiques sophistiquées et par une forte croyance dans le rôle des facteurs héréditaires. Charles Spearman (1863-1945) en est l'un des représentants .
Mais c'est aux Etats-Unis qu'elle connaîtra son plus grand développement, portée par les psychologues Raymond B. Cattell (né en 1905) et Louis L. Thurstone (1887-1955).
En France, elle marquera les travaux de Henri Piéron (1881-1964) et de Maurice Reuchlin (né en 1920).

Une intelligence héritée

• Charles Darwin (1809-1882) : la théorie de l'évolution
Pour Darwin, naturaliste anglais, l'évolution est le résultat d'une sélection qui s'exerce à partir d'une *« variabilité aléatoire de caractères héréditaires »*. L'impact de la théorie de l'évolution a été considérable. L'homme n'est plus une création divine mais un produit de l'évolution. Le darwinisme donne naissance à la psychologie différentielle.

• Francis Galton (1822-1911) : hérédité, méthode des tests... et eugénisme
Cousin de Darwin, Francis Galton (1822-1911) est considéré comme le père de la psychologie différentielle. Son programme se résume en trois points :
1) décrire la variabilité psychologique entre les individus
Pour cela, Galton invente les tests. En 1884, à l'occasion d'une exposition sur la santé mentale à Londres, il fera passer des tests à environ 10 000 personnes, avec mesures anthropométriques. Il jette ainsi les bases de la méthode statistique en introduisant les notions d'étalonnage et de corrélations.
2) montrer que cette variabilité est d'origine héréditaire
Galton s'appuie sur les arbres généalogiques, en attribuant des ressemblances aux parents et enfants et en calculant des coefficients de corrélation.
3) tirer les implications de la théorie de l'évolution pour lutter contre le déclin de l'espèce
Le darwinisme social de Galton le conduit à donner des bases scientifiques aux préoccupations eugénistes. Au-delà des déficients mentaux, son programme expose un *« eugénisme positif »* destiné *« à accroître la productivité des meilleures souches »*. Ses partisans constatent que la fréquence des caractères peu souhaitables est plus forte dans les classes défavorisées, que celles-ci ont une natalité plus élevée, et donc qu'elles menacent l'espèce humaine de dégradation...

•Alfred Binet (1857-1911)

• *Explorer les processus mentaux*

Très vite, Binet se démarque de l'associationnisme et de l'atomisme psychologique qui domine dans l'école française de psychopathologie. Plutôt qu'aux sensations, il s'intéresse aux phénomènes mentaux globaux, comme « *la compréhension, l'invention, la direction ou la censure* ».

• *L'échelle métrique d'intelligence*

En 1905, à l'occasion d'une commande du ministère de l'Instruction publique pour repérer les enfants relevant d'un enseignement spécialisé, Binet propose, en collaboration avec le docteur Théodore Simon, une échelle métrique d'intelligence.

Binet pense que les tests doivent solliciter les processus mentaux supérieurs : mémoire, attention, imagination... Le « Binet-Simon » aboutit cependant à définir des âges mentaux, c'est-à-dire les performances en fonction de la moyenne des enfants d'un âge donné.

En 1908 et en 1911, deux nouvelles versions de l'échelle métrique sont publiées, permettant d'élargir la mesure de l'« âge mental » aux enfants « normaux ».

• *Un succès foudroyant*

En permettant un dépistage satisfaisant des débiles et de bons pronostics pour la réussite scolaire, le Binet-Simon va connaître un succès foudroyant davantage d'ailleurs aux Etats-Unis qu'en France, où le développement des tests connaît une ampleur considérable tout au long du XXe siècle.

Si, pour Binet, les problèmes conceptuels (qu'est-ce que l'intelligence ?) et méthodologiques (comment la mesurer ?) étaient intriqués et traités conjointement, ces préoccupations vont ensuite être dissociées.

Deux grandes questions distinctes pour l'intelligence

1. Comment la définir ?

Et notamment, est-elle innée ou acquise ? C'est ce à quoi va s'attacher la psychologie du développement.

2. Comment la mesurer ?

Sur le continent américain, jusqu'aux années 1960, la psychologie expérimentale est sous l'influence du béhaviorisme* qui se détourne de l'analyse du fonctionnement intellectuel. La plupart des psychologues américains délaissent l'étude de ce fonctionnement pour se consacrer à la mesure de l'intelligence.

C'est principalement aux Etats-Unis que se développent les tests en tous genres, générant cependant un débat entre les tenants d'une approche unidimensionnelle de l'intelligence et les partisans d'une approche pluridimensionnelle *(voir page 192)*

La psychologie du développement

• Henri Wallon (1879-1962) : une approche globale de la personnalité

Pour H. Wallon, médecin et philosophe, la continuité entre le biologique et le social fait l'unicité de l'homme. Son approche du développement de l'enfant résulte d'une double influence, le darwinisme et le marxisme : le milieu auquel celui-ci doit s'adapter n'est pas seulement biologique (ou physique), il est aussi social. Wallon envisage le développement de la personnalité par stades successifs, dans une vision globale qui prend en compte en alternance l'affectivité et l'intelligence.

• Jean Piaget (1896-1980) : une théorie constructiviste de l'intelligence

La théorie de l'intelligence de Piaget va connaître, progressivement au cours du XXe siècle, un impact international. La force novatrice de sa théorie s'explique par :

– **une orientation cognitive :** Piaget s'attache à la genèse des processus mentaux qui permettent d'accéder aux connaissances.

– **une vision structuraliste :** l'organisation cognitive s'autostructure par un ensemble d'acquisitions organisées et ordonnées sous forme de stades de développement.

– **Une théorie constructiviste :** Piaget dépasse l'opposition entre les principales théories de l'époque : le béhaviorisme*, pour lequel les connaissances sont entièrement acquises; le maturationnisme*, dans lequel le développement intellectuel découle de la maturation du potentiel génétique de l'individu (innéisme). Pour lui, l'intelligence se construit par des interactions entre le sujet et son milieu.

• Lev S. Vygotski (1896-1934) : l'ancragre social du développement

Ce psychologue russe (mort à 37 ans) donne au contexte social une importance majeure.

Trois axes structurent sa théorie :

– **l'ancrage social du développement :** c'est par les échanges avec les autres que l'enfant développe sa pensée en intégrant des connaissances, ellesmêmes forgées par l'histoire et la culture de la société.

– **le rôle premier du langage :** ces connaissances sont véhiculées par des instruments psychologiques entièrement culturels : le langage d'abord, les manières de compter, l'écriture, les formes d'art...

– **l'apprentissage préalable au développement :** c'est par l'apprentissage que se développe la pensée. Sa notion de « zone proximale de développement* » *(voir page 239)* connaîtra un grand succès dans la pédagogie de l'apprentissage.

Quatre nouvelles approches de l'intelligence

A la fin du xxe siècle, l'arrivée des sciences cognitives et de nouvelles techniques d'observation de l'enfant, relancent les recherches sur le développement de l'intelligence.

• Les néopiagétiens

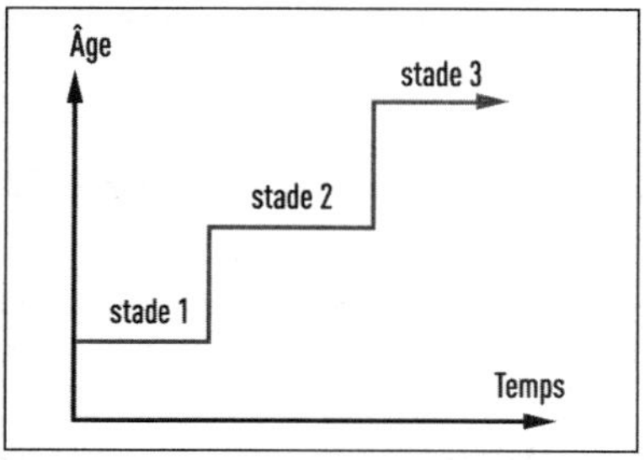

• **Tentent de concilier les théories du développement de Jean Piaget et la psychologie cognitive.**

• **Découpent le développement cognitif en** stades.

Quelques représentants :

• **Pierre Mounoud,** université de Genève, a été l'assistant de Jean Piaget au Centre international d'épistémologie génétique (Genève).

• **Juan Pascual-Leone,** université York de Toronto (Canada), considéré comme le « père incontesté » des néopiagétiens, est l'auteur d'une « théorie des opérateurs constructifs* ».

• **Robbie Case,** université de Stanford (Etats-Unis). Sa théorie des « structures conceptuelles centrales » a exercé un fort impact.

• Les évolutionnistes

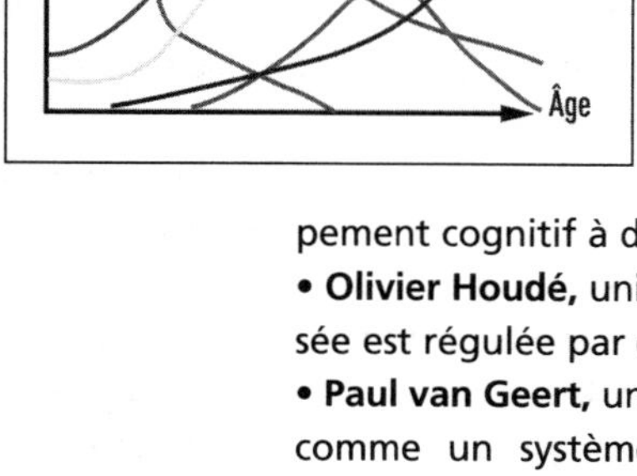

• **Abordent le développement cognitif comme une évolution au sens de Charles Darwin, en intégrant variation et sélection.**

• **Ont une conception dynamique de l'intelligence, qui évolue selon eux de façon graduelle et chaotique.**

Quelques représentants :

• **Robert Siegler,** université Carnegie Mellon de Pittsburg (Etats-Unis), compare le développement cognitif à des *« vagues qui se chevauchent »*.

• **Olivier Houdé,** université Paris-V-René-Descartes, pour qui la pensée est régulée par des capacités d'inhibition.

• **Paul van Geert,** université de Groningen (Pays-Bas), voit la pensée comme un système dynamique non linéaire, qu'illustrent des courbes du développement irrégulières et chaotiques.

• Le courant du développement précoce

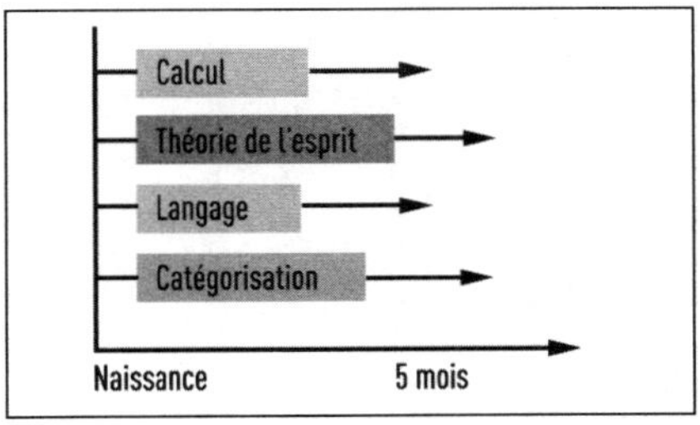

• Etudie un domaine cognitif particulier (ou module* pour les tenants de la théorie modulaire) pour une tranche d'âge donnée.
• Décrit le fonctionnement de l'enfant sans se préoccuper des notions de structure ou de stade.
• Discute du caractère inné des compétences observées.

Quelques représentants :
• **Renée Baillargeon,** université de l'Illinois (Etats-Unis). Seule la perception serait « préprogrammée ».
• **Elizabeth Spelke,** université de Harvard (Etats-Unis). Spécialiste des capacités numériques du nourrisson.
• **Jacques Mehler,** CNRS. Le bébé serait doté de compétences innées.

• Le courant de l'environnement social

• Considère le contexte – les interactions sociales, l'éducation, la culture – comme des facteurs déterminants du développement cognitif.
• S'inscrit dans la lignée de Lev S. Vygotski et Henri Wallon.

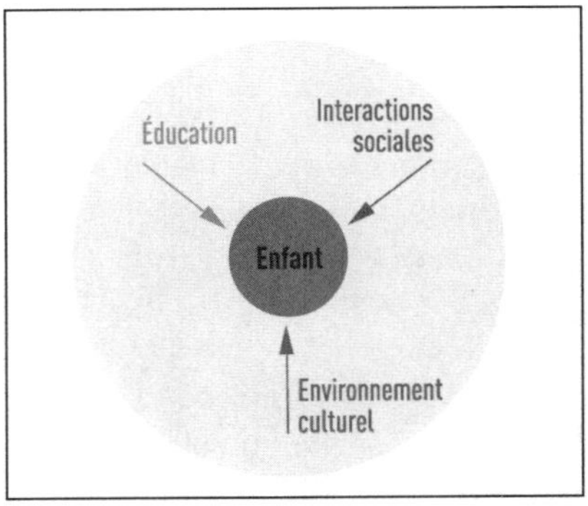

Quelques représentants :
• **Willem Doise,** université de Genève, insiste sur le rôle des interactions sociales et des « conflits sociocognitifs ».
• **Jerome Bruner,** pionnier des sciences cognitives, fondateur de la psychologie culturelle, tente de concilier les approches de J. Piaget et L.S. Vygotski.
• **Albert Bandura,** université de Stanford (Etats-Unis), estime que l'apprentissage passe avant tout par l'expérience.

Partie II

DES COMPÉTENCES INNÉES, ACQUISES, PRÉCOCES ?

Depuis trente ans, de nouvelles méthodes et des techniques de plus en plus pointues ont permis des observations scientifiques du nourrisson et du fœtus (voir page 73).

Elles ont mis en lumière de nombreuses capacités du bébé jusque-là ignorées : Roger Lécuyer parle de « bébés astronomes » et de « bébés psychologues », capables de décrypter les données de leur environnement (voir page 61).

Les thèses innéistes ont alors connu un regain : pour les « nativistes », le bébé naît « pré-équipé » à la naissance. C'était déjà la conviction du linguiste Noam Chomsky dans les années 1970, pour qui le cerveau humain est doté de structures innées du langage, et qui apporta la contradiction au constructivisme de Piaget lors d'un débat illustre (voir page 105).

De nombreux chercheurs, cependant, préfèrent s'en tenir à des positions plus nuancées dans lesquelles les aptitudes précoces ne sont qu'un point de départ du développement. C'est notamment la thèse « neuro-constructiviste » d'Annette et de Kyra Karmiloff-Smith à propos du langage (voir page 95).

Le développement de la génétique, quant à lui, incite à la plus grande prudence en matière d'héréditarisme, indique Pierre Roubertoux en soulignant la plasticité de nos gènes (voir page 113). *Les recherches montrent d'ailleurs que cette plasticité concerne l'ensemble de notre système cérébral* (voir page 122).

Roger Lécuyer

Tout serait-il joué à la naissance comme le prétendent les nativistes ? Selon la psychologie du développement, la réalité est plus nuancée. Les aptitudes précoces ne sont qu'un point de départ. On ne naît pas humain, on le devient...

L'inné est-il vraiment acquis ?

La psychologie moderne du nourrisson est née à la fin des années 50, moment où s'est opérée une rupture méthodologique dans l'étude des bébés. Jusque-là, les psychologues de l'enfant s'attachaient à observer de façon minutieuse quelques enfants dans leur cadre familial, souvent leurs propres enfants. Puis on est passé à l'expérimentation. L'Américain Robert L. Fantz fut pionnier dans ce domaine. Il s'est posé une question simple : les jeunes bébés (entre la naissance et 6 mois) sont-ils capables de faire la différence entre deux formes géométriques, par exemple un rond et un carré ? Il leur a donc présenté les deux « cibles » dans un dispositif où un petit trou intermédiaire permettait à un observateur d'indiquer si le bébé regardait à droite ou à gauche. Le résultat obtenu fut que les jeunes bébés préféraient le curviligne au rectiligne, c'est-à-dire (et c'est ce qui intéressait R.L. Fantz) qu'ils faisaient la différence entre les deux.

Constat simple et somme toute trivial, d'autant plus trivial quand on y pense avec nos connaissances actuelles, mais constat révolutionnaire pour trois raisons. La première est qu'à l'époque, tout le monde « savait » que les bébés de cet âge voyaient à peine ou pas du tout. La deuxième est que la possibilité de l'expérimentation avec des bébés était ainsi démontrée, alors que seule la simple observation semblait jusque-là possible. La troisième est que la méthode et le résultat portaient en germe la contestation de l'omniprésente théorie de Jean Piaget.

En psychologie du nourrisson, il s'impose toujours de faire un flash-back sur Piaget. D'une part, le véritable fondateur de la psychologie du nourrisson mérite un détour et, d'autre part, la compréhension de la suite des événements suppose ce détour.

Le bébé est-il intelligent ?

En 1936, quand paraît *La Naissance de l'intelligence* de Piaget, le bébé apparaît comme un être végétatif, certes appelé à un avenir brillant, mais dont l'absence de langage interdit toute forme de pensée. C'est le point de vue d'Henri Wallon, adversaire attitré de Piaget, mais c'est aussi le point de vue le plus couramment admis à l'époque.

Certes, les Gestaltistes*, et singulièrement Wolfgang Köhler, avaient déjà franchi un pas considérable en attribuant au chimpanzé une intelligence, posant ainsi la question d'une pensée sans langage, mais de là à attribuer la naissance d'une intelligence à un être sans autonomie, il y avait un pas qu'il semblait déraisonnable de franchir. Piaget le fit, avec une certaine conception de l'intelligence. Dans une période où les tenants du QI s'évertuaient à mesurer l'intelligence indépendamment des connaissances, il développait l'idée d'une intelligence inséparable de l'activité de connaissance.

Piaget insiste beaucoup sur l'importance de l'activité sensorimotrice*. Le bébé piagétien est donc contraint d'attendre la coordination préhension-vision (la possibilité de saisir un objet qu'il voit) pour comprendre le monde des objets ; de même, il doit acquérir la locomotion autonome pour comprendre l'organisation de l'espace ; enfin, le bébé acquiert la conscience de la « permanence de l'objet » – c'est-à-dire la conscience que les objets continuent à exister quand ils ne sont pas perçus – au terme d'une construction lente, qui commence à se manifester vers 9 mois (auparavant, un objet caché sous les yeux du bébé n'est pas recherché) et ne sera vraiment maîtrisée qu'après le milieu de la deuxième année.

Les recherches de R.L. Fantz contestaient celles de Piaget sur un aspect secondaire de la théorie : la perception. Mais la théorie était susceptible d'accommodation, et cette contestation n'était pas en soi très grave. Que dès la naissance les bébés fassent la différence entre un cercle et une sphère ne remettait pas en cause le primat de l'action et la notion d'intelligence sensori-motrice. Mais la démarche de R.L. Fantz portait en germe une contestation bien plus forte : l'entrée des bébés dans les laboratoires allait donner des résultats surprenants.

Dans les années 60, les recherches se multiplient. Les méthodes s'affinent, et de la situation de « préférence visuelle », on va passer à une méthode qui a connu un succès certain chez l'animal : l'habituation. Au début des années 70, une méthode est mise au point : la « procédure contrôlée par le bébé ». Elle consiste à observer le regard du bébé placé devant un objet. Lorsqu'il voit un objet nouveau, le bébé le fixe pendant un certain laps de temps jusqu'à ce que ses durées de fixation diminuent. On considère alors que l'enfant s'est « habitué » à cet objet. Si l'objet suivant qui lui est présenté lui paraît différent (donc nouveau pour lui), il va de nouveau regarder plus longtemps. La variation de la durée du regard du bébé sur un stimulus devient donc un indicateur de sa capacité à différencier entre ce qui est nouveau et ce qui ne l'est pas, ce qui est connu et inconnu.

Attente... et déception !

En 1985, Renée Baillargeon, Elisabeth S. Spelke et Stanley Wassermann inventent une variante importante à cette méthode d'habituation, ce que la première appellera plus tard le « *paradigme de l'attente déçue* ». Après une phase d'habituation à un premier événement qui va en quelque sorte planter le décor, on présente au bébé en alternance deux situations nouvelles. La première situation est normale : par exemple, on montre au bébé un objet déplacé sur un support.

L'autre situation ne respecte pas les lois de la physique : l'objet est déplacé hors du support et ne tombe pas, il semble suspendu dans le vide ! Les bébés, intrigués, regardent alors plus longtemps cet événement, car il ne correspond pas à leurs attentes *(voir ci-dessous et page 68).* Ainsi, trois règles qui contribuent à déterminer les durées d'exploration des bébés sont mises à contribution dans les laboratoires : les bébés regardent plus longtemps ce qui est structuré que ce qui ne l'est pas, ce qui est nou-

Les bébés ont-ils la permanence de l'objet ?

Situations d'habituation

Habituation petite poupée

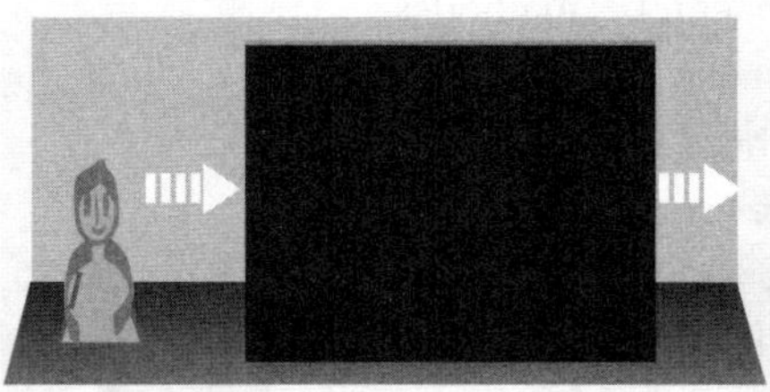

Habituation grande poupée

Situations tests

Test événement possible

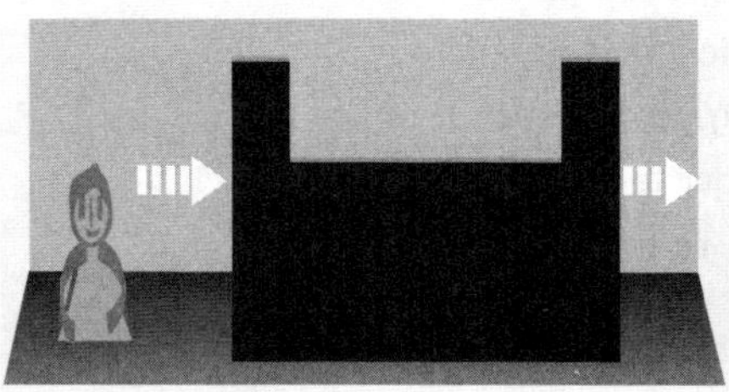

Test événement impossible

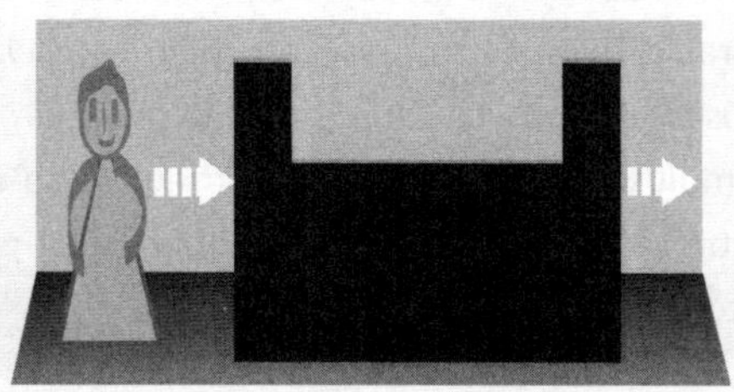

Dans cette situation, les bébés sont familiarisés avec une petite ou une grande poupée (en alternance) qui se déplace en face d'eux et disparaît derrière un écran rectangulaire, pour réapparaître de l'autre côté. Quand les bébés sont ainsi familiarisés, l'écran rectangulaire est remplacé par un écran avec une échancrure, de telle manière que la grande poupée devrait normalement y apparaître, ce qui ne se produit pas. On alterne de nouveau petite et grande poupée, c'est-à-dire événement possible et événement impossible. Les bébés regardent plus longtemps l'événement impossible, et ce dès 3 mois et demi. L'expérience de Renée Baillargeon, Elisabeth S. Spelke et Stanley Wassermann sur la permanence de l'objet a été maintes fois décrite, et un certain nombre de chercheurs en ont fait une critique en essayant d'expliquer autrement les résultats.

veau que ce qui ne l'est pas, ce qui est étrange que ce qui ne l'est pas. D'autres méthodes complètent ce tableau, mais c'est essentiellement sur la base de ces trois règles qu'émergent nos connaissances.

Grâce à ces méthodologies nouvelles, de nombreuses recherches vont apporter un lot de résultats sur les capacités précoces du nourrisson. Ces études porteront sur la catégorisation, le raisonnement, la connaissance des objets, la reconnaissance des visages, la reconnaissance de la voix et la genèse du langage, etc. Parmi toutes les capacités précoces étudiées [1], quelques-unes vont faire l'objet de la contestation la plus vive : elle concerne l'imitation, la permanence de l'objet, les capacités numériques.

[1] R. Lécuyer, M.-G. Pêcheux et A. Streri, *Le Développement cognitif du nourrisson*, Nathan, vol. I, 1994, et vol. II, 1996.

Un nouvel innéisme ?

La plupart des « compétences précoces » sont mises en évidence chez des enfants de 3 à 5 mois, c'est-à-dire avant la fameuse coordination préhension-vision, mais certaines sont repérées dès la naissance. C'est le cas en particulier des capacités de différenciation de syllabes telles que « ba » et « pa ». Or, la théorie de Noam Chomsky va fournir un cadre idéal d'interprétation de cette capacité néonatale. Selon le linguiste américain, le bébé humain est en effet programmé génétiquement pour le langage. Une nouvelle forme d'innéisme va alors se développer, explicite chez Chomsky ou Tom Bower, implicite chez beaucoup de chercheurs spécialistes du bébé : le nativisme*. Dans cette conception, le mot « inné » est pris au pied de la lettre : il ne s'agit pas de dire que des différences individuelles constatées à l'âge scolaire ou chez l'adulte sont « innées », mais de dire que des capacités, voire des connaissances sont présentes dès la naissance et donc indépendantes de toute interaction avec le milieu. Bien sûr, c'est dans les mois qui suivent la naissance que la plupart de ces capacités et « toutes » ces connaissances sont constatées, mais l'opinion explicite chez certains auteurs, implicite et largement répandue chez d'autres, est que ce qui est présent à quatre mois n'a pu faire l'objet d'un apprentissage.

Piaget se retourne en effet contre Piaget. L'apprentissage par l'action est tellement convaincant que les bébés incapables d'agir ne peuvent avoir appris ce qu'ils savent et qui est donc inné. Le courant de recherche nativiste va alors connaître un développement important, notamment dans les pays anglo-saxons.

Pourtant, diverses remises en question de ce nativisme vont très rapidement se développer. Dans une France qui, lorsqu'elle n'est pas dans l'orthodoxie piagétienne, se retrouve dans le dogme wallonien, il ne faut pas prendre en compte des faits qui ne sont pas confirmés par une théorie. Ces expériences américaines sont contestables et ce bébé de laboratoire a quelque chose d'irréel. Dans une France où le chercheur est souvent un intellectuel de gauche, ce retour de l'innéisme est un scandale.

Aux Etats-Unis, où se concentre l'essentiel des nouvelles recherches, les faits sont les faits, et la contestation est beaucoup plus longue à se mettre en place. Les méthodologies sont rigoureuses et se perfectionnent, et les exigences et les contrôles se multiplient. Il faut donc se rendre à l'évidence nativiste. Pourtant, en 1988, Jean M. Mandler écrit un article qui connaît un certain retentissement : « How to build a baby ». Si le bébé est « à construire », c'est que le nativisme n'est pas la seule solution théorique. Mais il faudra attendre bien plus longtemps pour qu'une contestation plus radicale se développe.

La réponse des papys

A la fin des années 90 se produit en effet ce que j'ai appelé une « révolte des papys » [2]. C'est Marshall Haith, spécialiste de la perception visuelle, qui donne le coup d'envoi. Dans un congrès de la très puissante Society for Research in Child Development, il avance des critiques très sévères, avec des mots extrêmement durs pour ses collègues spécialistes du développement cognitif précoce. M. Haith les accuse de surinterpréter leurs données, et de voir des capacités cognitives là où des règles perceptives élémentaires suffiraient. Leslie Cohen, autre ténor des années 70, lui emboîte le pas, et quelques équipes se mettent à ne pas retrouver les résultats d'expériences célèbres. Cette non-réplication concerne notamment la fameuse expérience de R. Baillargeon, E.S. Spelke et S. Wassermann [3].

[2] R. Lécuyer, « Rien n'est jamais acquis. De la permanence de l'objet… de polémiques », *Enfance*, vol. I, n° 55, 2001.

[3] R. Baillargeon, E.S. Spelke et S. Wassermann, « Object permanence in five-month-old infants », *Cognition*, vol. III, n° 20, 1985.

Dans cette polémique, il faut séparer les critiques et les invectives. Il est clair que le caractère médiatique de certaines recherches et la célébrité qu'elles ont value à leurs auteurs agacent certains. Ensuite, il convient de procéder à un examen critique des interprétations des auteurs sur certaines expériences, autant que des critiques qui leur sont faites. Enfin, il est intéressant de retourner aux théories : le nativisme est-il la seule alternative à la théorie piagétienne ? Beaucoup de discussions ont été menées sur ce principe ou sur son symétrique : un retour à Piaget est-il la seule alternative au nativisme ? Voilà quelques-uns des enjeux des débats actuels.

Commençons par l'interprétation faite de certaines expériences. Dès lors qu'il est établi que l'on peut parler de connaissances à 3 mois (connaissances intuitives de certaines lois physiques, de la reconnaissance de sons, des visages...), comment expliquer ces connaissances ? Sont-elles innées ou acquises ? Si on refuse d'adopter la thèse innéiste, il faut démontrer la possibilité pour les bébés d'effectuer très rapidement des apprentissages qui ne soient pas simplement factuels (les bébés de quelques heures différencient le visage de leur mère de celui d'une autre personne), mais des apprentissages de relations.

De tels exemples d'apprentissage rapide existent. Un premier exemple est celui des expériences de catégorisation de figures géométriques : durant les cinq minutes environ que dure une expérience avec les bébés de 3 mois, ceux-ci sont capables de dégager un invariant (de construire une catégorie) dans une série de figures géométriques qui leur sont successivement présentées, et ensuite de traiter comme nouvelle une figure ne possédant pas l'invariant, et comme non nouvelle une figure pourtant jamais vue mais qui possède l'invariant **[4]**.

Le second exemple concerne les bébés de 6 mois. A cet âge, les bébés ne sont pas surpris si un objet ne tombe pas alors qu'il n'est pas posé complètement sur un support (les bébés de 6 mois et demi sont surpris). R. Baillargeon a montré qu'ils étaient capables d'acquérir la règle de la chute des corps (un objet ne tombe pas s'il est sur un support, mais il tombe s'il est sur le bord du support) et même de transposer cette règle à un objet de forme différente. Elle a par ailleurs prouvé que cette acquisition de la loi de la chute des corps fait l'objet de tout un développement avec l'âge (entre 2,5 et 12 mois) et nécessite des apprentissages. En effet, on voit mal une conception « innée » se mettre en place sur une période de dix mois **[5]**.

S'il existe donc bien des apprentissages précoces, reste à voir si les capacités précoces préalables à l'apprentissage ont quelque réalité. J'examinerai l'exemple d'une capacité très controversée : celle

[4] C. Poirier, R. Lécuyer et C. Cybula, « Categorization of geometric figures composed of three or four elements by 3-month-old infants », *Cahiers de psychologie cognitive/Current Psychology of Cognition*, vol. II, n° 19, 2000.

[5] R. Baillargeon, « La connaissance du monde physique par le bébé. Héritages piagétiens », *in* O. Houdé et C. Meljac (dir.), *L'Esprit piagétien*, Puf, 2000.

de la permanence de l'objet. Sur ce sujet, l'expérience la plus contestée est celle de R. Baillargeon, E.S. Spelke et S. Wassermann **[6]**, qui met en scène une histoire de volet, de boîte et de rotation impossible. Elle est censée démontrer que le bébé de quelques mois possède une certaine permanence de l'objet, contrairement à ce que déclarait Piaget à ce sujet. Cette expérience a d'abord fait l'objet d'un débat purement méthodologique, qu'il est impossible d'évoquer ici dans tous ses aspects. Notons simplement qu'il suffit de changer quelques paramètres pour reproduire ou non les résultats de l'expérience **[7]**.

Du point de vue théorique, les chercheurs qui contestent l'exis-

[6] R. Baillargeon, E.S. Spelke et S. Wassermann, « Object permanence in five-month-old infants », *op. cit.*

[7] Voir C.H. Cashon et L.B. Cohen, « Eight-month-old infants' perception of possible and impossible events », *Infancy*, vol. IV, n° 1, 2000, pour une non-réplication ; et K. Durand et R. Lécuyer, « Object permanence observed in four month-old-infants with a 2D display », *Infant Behavior & Development*, n° 139, 2002, qui ont retrouvé les résultats initiaux.

Où est passé le cube ?

L'expérience de Baillargeon, Spelke et Wassermann [1] est destinée à montrer qu'un bébé de quelques mois possède la « permanence de l'objet », c'est-à-dire qu'il sait qu'un objet est présent (derrière un cache) même s'il ne le voit plus. L'expérience comporte deux temps :

1. Événement possible

On présente au bébé une situation possible : la planche de bois s'élève à la verticale et vient toucher un cube (blanc) situé à l'arrière-plan. Elle retombe ensuite à l'horizontale.

2. Événement impossible

Dans cette situation, la planche de bois s'élève et tombe à l'arrière, le cube ayant été enlevé (à l'insu de l'enfant). Le bébé est étonné de voir la planche retomber sans que le cube la retienne. C'est donc qu'il a conscience de la permanence de l'objet.

[1] R. Baillargeon, E.S. Spelke et S. Wassermann, « Object permanence in five-month-old infants », *Cognition*, vol. III, n° 20, 1985.

tence d'une aptitude innée à la permanence précoce font valoir une vieille (mais toujours valide) observation de Piaget : si on place un mouchoir sur un objet attrayant devant un bébé de 7 mois, celui-ci ne fait aucune tentative pour enlever le mouchoir et prendre l'objet. Piaget en avait conclu que pour le bébé l'objet n'existe donc plus. Les partisans de la permanence précoce doivent évidemment expliquer ce comportement. L'explication habituellement fournie est qu'en plus de savoir que l'objet existe toujours, il faut aussi savoir aller le chercher, c'est-à-dire coordonner le geste d'atteinte du cache et celui de l'objet, ce qui serait trop difficile pour les bébés de cet âge. Si une telle explication est valide, elle peut être généralisée à d'autres situations : on pourrait alors constater un décalage entre ce que les bébés savent et ce qu'ils savent faire. Effectivement, tel est bien le cas comme l'ont montré plusieurs recherches **[8]**.

[8] R. Lécuyer, « A propos de l'"erreur A non B". On the A-not-B error », *Psychologie française*, t. I, n° 38, 1993 ; J. Rivière et R. Lécuyer, « Spatial cognition in young children with spinal muscular atrophy », *Developmental Neuropsychology*, vol. III, n° 21, 2002.

Quel niveau de représentation pour le bébé ?

Il est donc nécessaire de séparer la question de la représentation (la permanence de l'objet) de celle de l'exécution d'une action mettant (entre autres) en œuvre cette connaissance, c'est-à-dire de séparer représentation et action. Une telle opposition nous renvoie immédiatement à un problème plus général. S'il existe un décalage entre l'acquisition de la permanence de l'objet et la recherche active (de ce même objet), c'est que la représentation pourrait précéder l'action. Cela va même renverser la proposition de Piaget entre représentation et action. Deux chercheurs, Andrew N. Meltzoff et M. Keith Moore **[9]**, adoptent ce point de vue : ils considèrent le bébé d'abord comme un organisme de représentation plutôt que de sensori-motricité, la représentation étant un point de départ plutôt qu'un point d'arrivée.

[9] A.N. Meltzoff et M.K. Moore, « Object representation, identity, and the paradox of early permanence: Steps toward a new framework », *Infant Behavior and Development*, vol. II, n° 21, 1998.

Le statut de la représentation est actuellement un des points cruciaux du débat : il concerne d'ailleurs l'ensemble des capacités cognitives du nourrisson (la question opposait d'ailleurs déjà Wallon et Piaget). Pour éviter un des pièges de ce débat entre la priorité de la représentation et de l'action, il convient d'emblée de se démarquer d'une notion de la représentation : celle de la représentation symbolique de l'adulte. Cette représentation s'exprime sous forme d'une image intériorisée de l'action à accomplir, de la tâche à effectuer, de l'objet à trouver.

[10] J. Mehler et E. Dupoux, *Naître humain*, Odile Jacob, 1990, rééd. 2002.

Avec A.N. Meltzoff et M.K. Moore, il faut donc se demander si des formes plus élémentaires de représentation ne sont pas en jeu. Karine Durand, Renée Lécuyer et Myriam Frichtel **[10]** proposent de distinguer trois niveaux de représentation :

1) La représentation « concrète » ou « analogique » est une copie transcodée d'un stimulus : une sorte de photographie de l'objet représenté. L'image d'une pomme par exemple. Ce niveau est nécessaire pour rendre compte du fait que, dès la naissance, les bébés ont des réactions à la nouveauté.

2) La représentation « abstraite », qui est plutôt une sorte de schéma simplifié de l'objet, et qui permet d'en repérer certaines caractéristiques (de forme, de volume, de couleur, etc.).

3) La représentation « symbolique », où la relation entre l'objet représenté et l'entité qui le représente est arbitraire (le mot « pomme » désigne un fruit comestible bien connu). C'est le type de représentation qui est en jeu dans le langage.

Il est donc toujours nécessaire de se demander de quel niveau de représentation relève une connaissance pour savoir s'il y a des chances pour qu'elle soit présente à un âge donné. En particulier, et ce point est crucial, la permanence ne suppose nullement la représentation symbolique. Comment expliquer l'acquisition de la permanence ?

Un usage malheureux dans la psychologie du nourrisson, comme du reste dans l'ensemble de la psychologie du développement, a consisté à séparer l'étude des relations des bébés avec les objets et l'étude de leurs relations avec le milieu social. Les nativistes se sont d'ailleurs évertués à démontrer que dès la naissance ces deux domaines sont traités de manière séparée.

Rien n'est moins sûr. Il se pourrait en effet que les bébés ne traitent pas spécifiquement le social et le non-social, mais plus simplement ce qui bouge et ce qui ne bouge pas. L'apprentissage de la permanence de l'objet pourrait se faire par l'intermédiaire des relations que le bébé entretient avec les autres personnes. Les congénères humains des bébés, et singulièrement leurs parents, sont des sources d'informations infinies. Une mère absente de la vue du bébé s'efforce immédiatement d'être présente par la voix, ou par le toucher.

Pour le bébé, l'objet « mère » reste présent même lorsqu'il ne le voit plus, puisqu'il peut encore le toucher ou l'entendre. N'est-ce pas une condition remarquable pour apprendre la permanence de l'objet ? Cette présence n'est d'ailleurs pas étrangère à la capacité qu'ont les bébés d'influencer très tôt le comportement de leur mère, et à la capacité à percevoir des indices de cette influence. En pleurant, en souriant, un bébé peut faire venir à lui des objets absents (un biberon ou une maman). Dans cette hypothèse, l'action sur le monde (non pas motrice, mais sociale) devient un des éléments qui lui permettent de comprendre son environnement. Un nouveau « constructivisme » est donc possible pour décrire le développement du bébé, à condition qu'il inclue le milieu social.

Tu penses... donc je suis !

On le voit à travers l'exemple de la permanence, les bébés ne sont ni aussi retardés que certains voudraient le penser ni aussi omnicompétents que d'autres continuent à le rêver, et ces deux exemples nous ramènent à la théorie. Les études sur les capacités précoces du nourrisson avaient fortement ébranlé l'édifice piagétien et donné son essor au nativisme*. Pourtant, ce n'est pas parce que certaines critiques adressées au nativisme sont indigentes que celui-ci est la bonne théorie. Désormais, les descriptions de plus en plus fines d'un développement des connaissances dans les premiers mois se retournent contre le nativisme.

Sommes-nous condamnés pour autant à revenir à Piaget ? Cette dernière hypothèse semble clairement exclue, vu ce que l'on sait sur les connaissances précoces.

Une nouvelle voie semble se dessiner. Le rêve longtemps caressé par le nativisme radical, par exemple celui défendu par Jacques Mehler, fut d'ignorer le développement des capacités du bébé en comparant directement un « état initial » du nouveau-né à un « état stable » de l'adulte. Un tel point de vue ne semble plus tenable. R. Baillargeon, en particulier, a bien montré sur différents exemples que les conceptions du monde qu'a le bébé se développent et s'affinent dans le courant de la première année de la vie. C'est le cas des règles d'acquisition des lois physiques élémentaires de la chute des corps (règle sur le support des objets évoquée ci-dessus).

Contrairement aux espoirs nativistes, l'avenir de la psychologie du nourrisson est de retourner dans le giron d'une psychologie du développement qui prenne en compte les capacités perceptives précoces et le rôle interactif du milieu social.

A la manière du psychologue soviétique Lev S. Vygotski, le bébé nous dit : « *Tu penses, donc je suis.* »

Roger Lécuyer est professeur de psychologie du développement à l'université René-Descartes-Paris-V, et président de la Fédération française des psychologues et de psychologie. Il a notamment dirigé l'ouvrage *Le Développement du nourrisson. Du cerveau au milieu social et du fœtus au jeune enfant*, Dunod, 2004.

Arlette Streri et Daniel Mellier

Dès la naissance, le bébé est doté de capacités de raisonnement, il part très tôt à l'exploration de son environnement et il se distingue clairement de celui-ci. Des recherches récentes qui ne vont pas sans apporter de l'eau au moulin des nativistes...

L'intelligence dès la naissance

S'adapter, c'est comprendre les problèmes posés par l'environnement. Ces problèmes sont divers et exigent donc différentes manières de les résoudre. C'est cette variété des formes d'adaptation qui intéresse les chercheurs de la petite enfance. Que les comportements du bébé répondent à des besoins vitaux, sociaux, ou de curiosité du monde physique, ils sont d'abord au service de la compréhension de l'environnement. Quelle est la nature de l'intelligence du nouveau-né puis du nourrisson ? De quels moyens dispose-t-il pour résoudre les problèmes posés par son environnement et comment les résout-il ? Telles sont les énigmes auxquelles les chercheurs tentent d'apporter des réponses à partir de l'observation des comportements des nourrissons.

Pour Jean Piaget, les débuts de l'intelligence s'enracinent dans les schèmes sensori-moteurs* de la petite enfance, eux-mêmes issus de l'exercice des réflexes. Biologiquement déterminés, les réflexes maladroits du nouveau-né, en s'exerçant intensivement, se transforment en schèmes* d'action et se nourrissent des propriétés du monde physique, construisant ainsi des organisations structurales constitutives de la pensée. Les schèmes d'action sont les bases des opérations logico-mathématiques de l'enfant et de l'adolescent. Si l'œuvre de Piaget reste incontournable et offre un point d'ancrage des recherches sur le nourrisson, le point de vue constructiviste qui y est défendu a été révisé sur au moins quatre aspects

Une révision des conceptions piagétiennes

D'une part, les réflexes du nourrisson sont analysés quant aux conditions de leur émergence, quant à leur développement et leur signification. Leurs fonctions sont mieux connues et si les réflexes demeurent pour le pédiatre le témoignage d'un bon fonctionnement neuronal du nourrisson, ils constituent pour le psychologue cognitiviste une réponse modulée par les propriétés du monde externe. L'observation du nouveau-né a permis de découvrir de nouvelles conduites jusqu'ici considérées comme impossibles ou de pure coïncidence. Le concept même de réflexe a évolué. Il n'est plus considéré comme un artefact comportemental, un vestige du passé anthropologique de l'homme, mais comme une conduite adaptée, nécessaire au bon fonctionnement biologique de l'organisme et du système nerveux central.

Le second point où Piaget est aujourd'hui contesté est celui de l'origine exclusivement sensori-motrice de l'intelligence. Considérée comme trop réductrice, elle ne tient pas compte des connaissances désormais établies sur les capacités perceptives du fœtus et du nourrisson ainsi que sur ses capacités de raisonnement. En effet, le nouveau-né est capable, grâce à ses systèmes sensoriels même peu développés, de détecter des régularités dans son environnement. Si les stimulations changent, il réagit à ces irrégularités. La méthode d'habituation et de réaction à la nouveauté permet de mettre en évidence de tels phénomènes, quelle que soit la modalité sensorielle stimulée *(voir page 79)*.

Dès la naissance, le nourrisson peut différencier une variété de propriétés des objets aussi bien visuellement que tactilement. Il réagit à des stimulations auditives diverses, détecte, différencie et reconnaît des odeurs et des saveurs. Toutes les modalités sensorielles participent à l'acquisition des connaissances du monde physique dès la naissance et même *in utero* par ce moyen.

Les capacités de raisonnement existent elles aussi précocement et font l'objet d'un nombre considérable de recherches. Selon la psychologue américaine Elizabeth S. Spelke [1], des principes physiques innés composant le « *core knowledge* » guident le raisonnement. Les notions d'espace, de temps et d'objet constitueraient des entités abstraites innées. Renée Baillargeon parle de fondements des mécanismes d'apprentissage spécialisé qui guident l'acquisition des connaissances physiques et Alan M. Leslie avance l'existence d'un vocabulaire mental [2]. Selon ces conceptions, le bébé disposerait donc précocement d'un ensemble de connaissances des principes fondamentaux qui régissent le déplacement des objets et des individus dans le temps et dans l'espace.

[1] E.S. Spelke, « Core knowledge » *in* N. Kanwisher et J. Duncan (eds), *Attention and Performance*, vol. 20 *Functional Neuroimaging of Visual Cognition*, Oxford University Press, 2003.

[2] R. Baillargeon, *La Connaissance du monde physique par le bébé*, Puf, 2000 ; A.M. Leslie, « A theory of agency » *in* D. Sperber, D. Premack et A.J. Premack (eds), *Causal cognition : A multidisciplinary debate*, Clarendon Press, 1995.

Un bébé pré-équipé ?

Bien qu'il y ait encore des désaccords sur ce point, la majorité des chercheurs sur la petite enfance s'accordent à penser actuellement que l'intelligence mentale (ou la pensée) n'est pas à construire, qu'elle ne représente pas un but à atteindre, mais qu'elle est présente à la naissance et se développe. Aussi, toutes ces recherches décrivent le nourrisson, dès le début de la vie, comme un individu qui se sert de toutes ses capacités pour comprendre son environnement. Autrement dit, dans le langage piagétien, on peut dire qu'aux schèmes sensori-moteurs* s'ajoutent les schèmes perceptifs et de raisonnement qui constituent son intelligence dès la naissance.

Enfin, les recherches néonatales ont depuis prouvé que le nourrisson est clairement en mesure de se différencier des objets et des autres, qu'il ne confond pas l'espace de son corps avec celui d'autrui, et donc qu'il ne vit pas dans un état de confusion primitive avec son environnement comme le pensait Piaget. Il convient désormais de récuser cet « adualisme* primitif » qui faisait du bébé un être inconscient, psychologiquement strictement assujetti à ses besoins physiologiques et au bon vouloir social de l'adulte. Le bébé interagit bien avec le monde par des états de vigilance et de conscience qui demandent une régulation efficace (autorégulation et régulation interpersonnelle).

En outre, l'étude des bébés prématurés et de leur développement, tant sur le plan biologique que psychologique, a renouvelé notre conception du stade fœtal et n'a plus assimilé la naissance du bébé avec le début de la vie psychologique. Le prématuré a pendant longtemps connu un statut un peu flou : plus tout à fait fœtus et pas encore nourrisson, avant qu'on ose le définir positivement comme un bébé né trop tôt qui vit transitoirement dans des conditions sans commune mesure avec la vie fœtale ou celle au domicile familial. L'augmentation de cette population, du fait très souvent de grossesses multiples et de la procréation médicalement induite, a fait de la prématurité un enjeu majeur de santé publique. L'idée de continuité entre le stade fœtal et néonatal n'est plus discutée sans pour autant nier l'existence de discontinuité développementale, par exemple vers 8 à 10 semaines après la naissance **[3]**.

[3] D. Mellier, « Les bébés nés prématurément : quels risques pour le développement psychologique ? » *in* R. Lécuyer (dir.), *Le Développement du nourrisson*, Dunod, 2004.

Trois champs de recherches récentes, portant sur l'intelligence du monde des objets, sur l'accès à la conscience de soi, et enfin sur l'intelligence du bébé prématuré seront présentés ici.

I. Des nourrissons qui raisonnent

Comment sait-on qu'un bébé raisonne ou comprend les événements qui l'entourent ? Quelles situations déclenchent chez lui un tel raisonnement ? Si l'on admet l'hypothèse selon laquelle le bébé possède un minimum de connaissances concernant certaines lois physiques, alors tout événement visuel qui contrevient à ces lois doit le surprendre. On sait que les jeunes bébés détectent des régularités et qu'ils ont également des attentes quant au déroulement des événements. La méthode de « transgression des attentes » permet de définir ce noyau de connaissances et la manière dont il se développe *(voir page 79)*.

Par exemple, pour savoir si le nourrisson de deux mois et demi se représente un objet caché derrière un écran, R. Baillargeon ne fait pas réapparaître l'objet et observe alors que le nourrisson est surpris : il regarde plus longtemps l'événement que lorsque l'objet réapparaît dans un délai « normal ». Elle en déduit que le concept de permanence de l'objet s'inscrit dans un schéma préétabli de règles spatio-temporelles innées tel qu'à 2 mois, le nourrisson est également capable de comprendre les contraintes physiques qui gèrent le déplacement des objets. Selon ces principes, des objets en mouvement poursuivent leur chemin tant qu'ils ne rencontrent pas d'obstacles ; ils ne peuvent pas traverser ces obstacles ou occuper la place déjà occupée par un autre objet. Pour mettre en évidence ces connaissances des bébés, l'expérimentateur habitue le nourrisson à regarder une scène où une balle roule et continue sa course derrière un écran pour stopper contre un mur. Après une habituation visuelle de cet événement, le bébé est confronté à deux événements nouveaux. Une barrière est placée à l'avant du mur offrant ainsi un nouvel obstacle. La balle roule derrière l'écran et une fois l'écran levé, on présente au bébé un événement possible où la balle est arrêtée par la barrière et un événement impossible où la balle est placée près du mur. Cette seconde situation, qui suggère que la balle a traversé la barrière, est regardée plus longtemps par le bébé que la situation possible, indiquant ainsi qu'il est surpris par l'incongruité de la situation. Bien que ces expériences n'aient pas été réalisées à la naissance, il n'en demeure pas moins vrai qu'à 2 mois, le bébé possède des rudiments de connaissances sophistiquées qui l'aident dans ses capacités à comprendre les événements du monde.

Ces expériences montrent donc que, dès l'âge de 2 mois et demi, le bébé comprend certains principes physiques comme celui de solidité (un objet ne peut en traverser un autre ou occuper la même place) et de permanence ou de continuité (un objet caché continue d'exister). Certains de ces principes sont compris plus tardivement, comme le principe d'inertie ou de gravité. Selon R. Baillargeon, ces principes, d'abord compris lors de situations simples, constituent une structure de connaissances innées. Cette structure va s'enrichir de variables de plus en plus fines prélevées dans les situations plus complexes. Le bébé posséderait donc un mécanisme inné d'apprentissage qui lui permet de détecter des variations de situation de plus en plus complexes au cours de la première année.

Où est passée la souris ?

Dans l'expérience d'occultation par exemple, à 2 mois et demi, les bébés utilisent une simple règle, derrière ou pas derrière un cache. Si une souris va et vient derrière deux écrans, les bébés prévoient que la souris doit être visible entre les deux écrans et invisible derrière chacun des écrans. A 3 mois, les bébés identifient une nouvelle variable : la discontinuité du bord inférieur du cache. Ils s'attendent à ce qu'un objet soit caché quand il est derrière un cache dont le bord inférieur est continu mais visible s'il est discontinu. Ce n'est pas avant 3 mois et demi/4 mois qu'ils prennent en compte la hauteur et la largeur de l'objet ou du cache comme variables et s'attendent à ce que les objets hauts restent partiellement visibles derrière un cache court et les objets larges derrière un cache étroit. Enfin, autour de 7 mois et demi, les bébés prennent en compte la transparence comme variable d'occultation : quand un objet est placé derrière un cache transparent, les bébés s'attendent à ce qu'il soit visible derrière le cache ou sinon ils sont surpris.

Les bébés sont surpris jusqu'à l'âge de 6 mois si un objet est en l'air et ne tombe pas et ne le sont pas si l'objet est en contact avec le support (quelle que soit la forme que prend ce contact à 3 mois).

Dans le second semestre de la première année, ils sont capables d'affiner leur perception au point d'être surpris si la proportion de l'objet supporté est trop faible et que l'objet ne tombe pas, ou si un objet dissymétrique repose sur sa partie la plus petite et ne tombe pas non plus.

Ainsi, l'ensemble des expériences de R. Baillargeon et de ses collègues donne une description du raisonnement du bébé où des principes innés, confrontés à la richesse et à la variété du milieu, s'enrichissent des connaissances acquises par le bébé de manière très rapide et efficace. En dépit des divergences majeures évoquées dans l'introduction, on remarquera les convergences de la théorie de R. Baillargeon avec celle du constructivisme piagétien.

Comment tester les connaissances du bébé ?

• **La méthode d'habituation et de réaction à la nouveauté** consiste à présenter au bébé une cible de manière répétée. Sa réponse se mesure en durées de fixation visuelle de la cible ou en durées de tenue de l'objet. Une modification du rythme cardiaque, respiratoire ou une orientation des yeux ou de la tête vers la source proposée constituent également des réponses pour l'observateur. L'intensité de la réponse décroît au fur et à mesure de la présentation du stimulus, indiquant ainsi un phénomène d'habituation général et bien connu. Cela rend également compte de l'existence d'une mémoire du système sensoriel étudié. Si une nouvelle cible est alors présentée au nourrisson, on note souvent une modification de la réponse. Ce changement devant la nouveauté est interprété comme un regain d'intérêt signifiant ainsi que le bébé a détecté une différence dans son environnement.

• **La méthode des transgressions des attentes** consiste à présenter aux nourrissons un événement conforme à leurs attentes (événement considéré comme possible par un adulte) et un événement qui transgresse une loi physique (solidité, cohésion de l'objet, gravité, etc.) et donc leurs attentes (événement impossible pour un adulte). La logique de l'expérience est la suivante : si les bébés sont surpris par la transgression, la durée de leur regard sur l'événement inattendu sera plus longue que celle sur l'événement attendu. Assortie d'expériences de contrôle supplémentaires, les résultats obtenus permettent alors de conclure que le bébé connaît la règle transgressée.

II. Une conscience de soi dès la naissance

Le soi est un concept qui renvoie aux sources si profondes de l'être humain que son étude objective a longtemps été délicate chez l'enfant ou l'adulte et qu'il n'est devenu que tardivement un questionnement posé chez le nourrisson. Faute de pouvoir l'identifier par des observables et de lui attribuer des fonctions clairement définies, les comportementalistes* avaient éliminé l'étude du soi de leurs projets. Une des premières difficultés rencontrées pour étudier la connaissance de soi chez le bébé est venue de l'état de confusion ou de fusion totale avec l'environnement dans lequel on avait placé le nourrisson. Le « *blooming, buzzing confusion* » proposé par William James au XIXe siècle est exemplaire de cette affirmation. Il a été repris sous des reformulations variées dans les théories classiques du développement : égocentrisme et indifférenciation chez Piaget, symbiose, fusion chez Henri Wallon, alors que la proposition développementale de la psychanalyse freudienne en a fait une pierre angulaire de sa conception du nourrisson et de la relation duelle mère-enfant.

Qui est en ce miroir ?

L'importance du « soi » et de son étude demeure incontestablement liée à la notion de conscience. L'observation des réactions des enfants devant un miroir a révélé le moment où l'enfant se reconnaît et nomme l'image qu'il voit comme étant sa propre personne. Se reconnaître dans un miroir établissait la preuve d'une conscience de soi.

Par la suite, l'épreuve de la tache sur le visage a permis de préciser l'âge d'apparition de cette reconnaissance. Entre 18 et 24 mois, l'enfant placé devant un miroir et ignorant qu'il porte une marque sur son front enlève la tache sur lui-même et non sur le miroir comme il le faisait plus jeune. La reconnaissance dans le miroir repose sur un processus fondamental, puisque le sujet, connaissant les propriétés du miroir, peut confronter la représentation de son corps à ce qu'il voit. La notion de conscience suppose de se concevoir objectivement comme différencié du monde externe. Quelles preuves avons-nous d'une telle conception chez le nourrisson ?

Des expériences [4] ont montré que dès la naissance le bébé

4] A. Slater et V. Morison, « Shape constancy and slant perception at birth », *Perception*, 14 (3), 1985.

répond à l'objet externe et non à la stimulation rétinienne. Autrement dit, en dépit de l'immaturité du système visuel du nourrisson, la constance de la forme ou de la taille d'un objet est perçue dès la naissance. Ce résultat suppose que les réponses des bébés ne reposent pas sur une stimulation rétinienne confuse, toujours changeante, un fourmillement lumineux par exemple, mais qu'elles s'appuient sur un monde stable, structuré, invariant. Les relations entre la vision et le toucher, clairement établies à la naissance **[5]** confirment ce point de vue. Un bébé est capable de reconnaître visuellement la forme d'un objet qu'il a préalablement tenu sans possibilité de le voir. De même, un objet légèrement en mouvement déclenche un geste d'atteinte et d'approche de l'objet par le nouveau-né âgé de cinq jours. L'ensemble de ces faits révèle que le monde apparaît au nourrisson comme une entité externe et non une partie ou un prolongement de lui-même.

5] A. Streri et E. Gentaz, « Cross-modal recognition of shape from hand to eyes in human newborns », *Somatosensory & Motor Research*, 20 (1), 2003.

Soi... et les autres

De même que le bébé vit dans un monde d'objets externes et étrangers à son corps, il ne se perçoit pas non plus en symbiose totale avec l'autre, comme on l'a longtemps avancé **[6]**. La mère devient très rapidement un « objet visuel » privilégié par l'enfant. Quelques jours seulement après sa naissance, le nouveau-né reconnaît le visage de sa mère et le distingue de celui d'une personne non familière. Par ailleurs, les échanges entre la mère et son enfant se composent pour une grande part d'expériences tactiles qui vont permettre au bébé de se distinguer de l'autre dans trois catégories d'événements : lorsqu'il touche son propre corps, lorsqu'il est touché par l'autre et lorsqu'il touche l'autre. Cette distinction pourrait même exister dès le stade fœtal comme le suggèrent certaines conduites d'exploration du corps observables *in utero* grâce à l'ultrasonographie. Ainsi, le mouvement de la main vers la bouche apparaît entre 50 et 100 fois par heure chez des fœtus de 12 à 15 semaines d'âge gestationnel. Entre 14 et 37 semaines, la main du fœtus est fréquemment en contact avec l'autre main, son visage et sa bouche mais aussi différentes parties de son corps ainsi qu'avec la paroi utérine. Ces observations suggèrent que ces coordinations intracorporelles seraient précâblées,

6] Nous n'évoquerons pas dans ce chapitre les relations affectives et émotionnelles entre la mère et son enfant qui sont incontestables et peuvent être interprétées comme des phénomènes d'empathie ou de fusion propices à l'établissement de liens fondamentaux pour le bien-être et le bon développement du bébé.

vraisemblablement représentées au niveau cortical ou sous-cortical. Les bébés quant à eux passent plus de 20 % de leur temps d'éveil avec leurs mains en contact avec leur visage. Ils ont donc une expérience perceptive et sensori-motrice qui spécifie leur corps propre.

Des bébés qui tirent la langue

Les imitations interactives fournissent également la base d'une connaissance simultanée de soi et des autres. Elles permettent à l'enfant à la fois d'estimer des similitudes ou ressemblances entre lui et l'autre, ainsi que les différences entre ses propres capacités et celles de ses congénères adultes. Le modèle est déclencheur d'apprentissage. Ces imitations sont précoces, puisque des nouveau-nés âgés en moyenne de 72 heures (le plus jeune avait 42 minutes) sont capables de produire des expressions faciales telles que, par exemple, tirer la langue en réponse à un modèle adulte.

En conclusion, les relations entre le bébé et le monde externe des objets et des personnes reposent sur une différenciation claire, médiatisée par des représentations internes, qui permettent aux bébés d'extraire de plus en plus finement des propriétés de son environnement physique et social. Piaget [7] avait avancé que dans les trois premiers mois après la naissance, le nourrisson était impliqué dans des routines sensori-motrices dirigées d'abord vers son corps propre, que ces activités étaient ensuite dirigées vers l'extérieur, le monde des objets et des personnes. Les recherches ne proposent ni ne confirment une telle séquence développementale. Dès la naissance, les activités de l'enfant sont à la fois orientées vers son corps propre et vers le monde externe. Son inhabileté motrice ne lui permet certes pas d'exercer des actions pleinement efficaces sur les objets et seuls quelques gestes d'orientation vers le monde externe sont observés. C'est principalement à partir de ses perceptions que le jeune enfant est attentif aux propriétés des objets et aux événements dont il est le témoin. Néanmoins, sa contemplation est loin d'être passive puisque des principes de raisonnement sont déjà fonctionnels très précocement.

[7] J. Piaget, *La Naissance de l'intelligence chez l'enfant*, Delachaux et Niestlé, 1936.

III. Des fœtus intelligents

La question de l'intelligence du bébé prématuré a longtemps été incongrue : on ne soupçonnait déjà pas que le bébé à terme puisse précocement manifester des connaissances et des capacités pour traiter des informations ! *A fortiori*, on ne se demandait pas comment un fœtus viable pouvait être intelligent ! Plusieurs obstacles devaient donc être levés pour oser observer le bébé prématuré, évaluer ses compétences, imaginer des soins exploitant l'« éducabilité » de son intelligence telle qu'Alfred Binet la reconnaissait déjà à son époque. Certains de ces obstacles subsistent encore. Par exemple, si dans plusieurs pays, les jeunes enfants nés grands prématurés bénéficient d'une éducation « compensatoire » en crèche ou à l'école maternelle pour pallier les risques de développement troublé des acquisitions **[8]**, cela reste exceptionnel en France ou, le plus souvent, l'idée est rejetée pour ne pas stigmatiser l'enfant par une scolarisation adaptée.

[8] A.T. Bhutta, M.A. Cleves, P.H. Casey, M.M. Cradock et K.J.S. Anand, « Cognitive and behavioural outcomes of school age children who were born preterm », *Journal of American Medical Association*, 288, 2002.

En fait, la question de l'intelligence est ancrée dans des contextes philosophiques, politiques, éthiques qu'il serait dommage de négliger au titre d'une modernité scientifique ou d'autres impératifs aussi respectables. Il est ainsi opportun de se pencher sur la question de l'intelligence du bébé prématuré car la prématurité, comme d'autres situations exceptionnelles créées par l'adoption, l'immigration, la maltraitance, a un « effet loupe » sur nombre des questions théoriques ou pratiques de la petite enfance.

Etudier l'intelligence du bébé prématuré a d'abord nécessité d'admettre qu'un « enfant fœtus extra utérin » perçoit des événements malgré l'immaturité de ses systèmes sensoriels. En outre, il fallait aussi envisager que la période prénatale est ouverte aux expériences, que le fœtus est susceptible d'apprendre, que le bébé est capable de mémoire transnatale. Cela va à l'encontre du modèle d'adualisme* déjà cité.

Par ailleurs, se demander si un bébé prématuré est capable d'adaptation mentale a un intérêt limité si on n'imagine pas qu'on puisse intervenir pour préserver les compétences et réduire les effets potentiellement délétères de la prématurité. Enfin, il fallait que les professionnels chargés de la survie et du bien-être des bébés donnent une place à l'intelligence. Cela signifie pour une part qu'ils ne réduisent pas la prématurité à la seule séparation affective qui altère la relation mère-enfant. D'autre part, il fallait que l'intelligence ne se confonde pas seulement avec le rendement scolaire ou le respect du calendrier des acquisitions mais qu'elle soit aussi envisagée en termes de processus mentaux. Tout cela se résume en quelques points qui ont fortement orienté l'évolution des méthodes d'analyse de l'intelligence et la proposition d'éducation individualisée précoce.

Années 70-80 : des Olympiades pour les compétences prénatales

Jusque dans les années 1970, l'école française de neurologie [9] a considéré que la maturation neurologique assure une telle force totalitaire sur le développement humain pendant toute la durée de la gestation que le fœtus est imperméable aux effets du milieu. Selon cette perspective, aujourd'hui dépassée, le déroulement inexorable du plan de maturation biologique du système nerveux est perturbé par la naissance prématurée qui désorganise jusqu'à produire un retard susceptible de se prolonger pendant la petite enfance. Toutefois, après la naissance, les effets des apprentissages compenseront cette irrégularité et, sauf anomalie neurologique, le devenir du bébé prématuré se fondera peu à peu dans les courbes de développement normal.

[9] L'école française n'était pas seule à défendre cette perspective mais elle est celle qui a le plus résisté au changement pour intégrer dans ses paradigmes le diagnostic précoce, l'intervention précoce et abandonner le « tout neuro ».

Mais les recherches récentes ont abouti à la description de *compétences prénatales* [10], avec un passage dit des « Olympiades des compétences » pour désigner les années 1970-1980 durant lesquelles, d'une étude à une autre, les fœtus et les prématurés étaient dotés de compétences perceptives de plus en plus tôt dans la vie, y compris fœtale. Bien que les connaissances ne soient pas complètes pour les bébés qui naissent aux termes les plus précoces (les prématurissimes naissent avant 28 semaines de gestation soit vers 6 mois de grossesse), on sait que le nourrisson prématuré voit, entend, distingue des odeurs, ressent de la douleur, etc., sans différence majeure avec le bébé né à terme. Il ne se comporte pas à l'identique quand il touche son visage avec sa main ou si c'est la main d'une autre personne qui le caresse. Le prématuré témoigne donc d'un « soi corporel » déjà actif. Son originalité est de réagir moins vite que le bébé à terme et de manifester des réponses plus lentes aux événements.

[10] B. Schaal, J.-P. Lecanuet, et D. Mellier, « L'émergence fonctionnelle des systèmes sensoriels. Quelques implications cliniques » *in* E. Saliba, S. Hamanah, F. Gold et M. Benhamed (eds), *Médecine et biologie du développement, du gène au nouveau-né*, Masson, 2002.

Il s'habitue moins facilement à la répétition d'un même spectacle et réagit parfois de manière catastrophique à des situations pourtant bien contrôlées par le bébé à terme (sursaut à un son, hypermobilité visuelle à l'exploration d'une cible). On parle d'hypersensibilité, de défaut de régulation, d'instabilité de la vigilance pour rendre compte de ces originalités.

Le nounours qui respire

Un point important a été de mettre en évidence que le bébé prématuré, comme le bébé à terme, est friand de régularités, de contingences entre son activité et des événements. E.B. Thoman, E.W. Ingersol et C. Acebo **[11]** observent ainsi que le bébé prématuré en couveuse est sensible à l'introduction d'un système de respiration artificielle branché sur un nounours (l'ours qui respire), sachant que ce dernier fonctionne selon un ratio synchrone avec le propre rythme respiratoire du bébé. Il ne montre pas les mêmes formes de conduite avec ou sans l'ours et selon que l'ours respire ou pas. Ces observations confirment aussi bien les premières formes d'intelligence décrites par Piaget que par les tenants d'une innéité de l'intelligence. Elles s'accordent aussi avec la « théorie synactive d'Als » **[12]** qui énonce que le bébé prématuré est plus équipé pour vivre les contingences utérines que pour extraire les régularités dans le monde aérien.

[11] E.B. Thoman, E.W. Ingersol et C. Acebo, « Premature infants seek rhythmic stimulation and experience facilitates neurobehavioral development », *Journal of Developmental and Behavioral Pediatrics*, 12, 1991.

[12] H. Als, « A synactive model of neonatal behavioural organization », *Physical and Occupational Therapy in Pediatrics*, 6, 1986.

Peu ou pas de travaux empruntent la méthode de transgression des attentes et le paradigme de l'habituation *(voir page 79)* pour étudier l'intelligence du bébé prématuré. Cela tient d'abord au fait que les protocoles d'observation sont lourds et vraisemblablement susceptibles d'engendrer un taux important de refus des enfants, mais aussi au fait que ces paradigmes correspondent à une évaluation de l'intelligence qui n'est pas la plus opportune pour le travail clinique de suivi des enfants.

Le test de la permanence de l'objet est exemplaire. Comme rappelé plus haut dans le texte, la passation piagétienne classique, qui incite le bébé à rechercher visuellement et manuellement un objet que l'on vient de cacher à sa vue, témoigne d'une permanence maîtrisée plus tard que l'examen fondé sur les temps de fixation visuelle (paradigme de l'habituation). Or, ces deux catégories de procédures expérimentales ne font pas appel aux mêmes critères **[13]**. Les compétences les plus précoces, évaluées par le paradigme de

[13] H. Lehalle et D. Mellier, *Psychologie du développement : Enfance et adolescence*, Dunod, 2005.

l'habituation, sont des connaissances implicites car il s'agit de réactions statistiquement différenciées à des stimulations imposées, tandis que les compétences tardives, évaluées par le paradigme de la recherche de l'objet disparu, sont des connaissances explicites car elles doivent être activement utilisées pour résoudre le problème posé.

Dans le cadre de l'étude de l'intelligence du bébé prématuré, et sauf à mieux connaître les relations développementales entre les connaissances implicites et explicites, il importe de connaître ce que l'enfant met en œuvre dans une situation problème complexe qu'on considère comme une miniature de ce qu'il doit traiter dans ses déplacements géographiques par exemple. C'est sans doute cet ensemble de raisons qui favorise l'étude

La méthode kangourou : des prématurés colombiens qui se portent bien

Quels soins apporter aux bébés prématurés ? Si en Europe, les avis sont partagés, certaines initiatives importées des pays médicalement défavorisés sont néanmoins entrées dans les routines des hôpitaux européens. Il en est ainsi de la méthode kangourou qui provient de Colombie et qui consiste à élever le bébé prématuré enfoui sous la chemise du parent, en contact peau à peau, poitrine contre poitrine. Dans sa formule originelle, la mère régule ainsi l'allaitement de son bébé mais le père est aussi mobilisé pour assurer la continuité du portage et de l'assistance thermique. L'adaptation dans les pays hautement médicalisés a été faite de différentes façons qui ne vont pas jusqu'à la forme « 24 heures sur 24 » de Colombie. Elle est pratiquée en maternité pour accompagner le nouveau-né sitôt la naissance jusqu'à son accès au berceau ou à la couveuse. Le bébé est posé sur sa mère et est mis au sein. Elle est pratiquée en service de soins aux prématurés, le plus souvent quand le bébé est suffisamment en mesure de réguler sa température, sa respiration.

L'évaluation des effets de la méthode kangourou est globalement positive, en particulier pour les bébés colombiens dont le diagnostic neurologique était encore réservé à 6 mois. Ainsi élevés, ils montrent un avantage en terme de quotient de développement à 12 mois. Il a été aussi montré un effet bénéfique sur la sensibilité parentale maternelle et paternelle à 3 mois ainsi qu'une meilleure qualité des interactions à trois (père-mère-bébé). Il convient cependant de se demander jusqu'à quel point cette pratique n'impose pas des contraintes violentes à des mères européennes éloignées des représentations sociales et des pratiques éducatives colombiennes...

Source : R. Tessier, M. Cristo, S. Velez, M. Giron, L. Nadeau, Z. Figueroa de Calume, J. Ruiz-Palaez et N. Charpak, « Kangaroo mother care : a method for protecting high-risk low-birth-weight and premature infants against developmental delay », *Infant behaviour and development*, 26, 2003.

des connaissances en action en intégrant autant que faire se peut les données issues de la neuropsychologie développementale. La passation des épreuves de recherche de l'objet disparu est, selon la clinique piagétienne, un outil d'auscultation mentale. Ainsi l'épreuve se prête-t-elle aussi à l'évaluation de l'intention de l'enfant et de plusieurs processus exécutifs aboutissant à la planification de l'action ou l'inhibition de conduites répétées, ainsi qu'à l'évaluation de la régulation émotionnelle qui fait partie intégrante de l'adaptation intelligente. Une étude conduite à Rouen permet alors de remarquer que les enfants grands prématurés (nés avant 33 semaines de gestation) observés à 12 mois ne se distinguent pas des enfants à terme de même âge du point de vue de la réussite à la tâche et du score d'intention. En revanche, la régulation émotionnelle dans leur résolution de problème n'est pas identique à celle des enfants à terme. Les anciens prématurés restent plus concentrés sur le matériel, regardent moins souvent les adultes présents, ne produisent pas pareillement les expressions émotionnelles par des vocalisations… On peut alors penser que la population d'enfants prématurés ici examinée ne montre pas de déficit cognitif mais que l'exécution est plus coûteuse. Ce constat ouvre alors la question de savoir si les fonctions exécutives facilitent l'application de capacités cognitives déjà présentes ou bien si elles contribuent au développement de nouvelles capacités cognitives. On retrouve là la question cruciale de savoir ce qui se développe, à laquelle les uns répondent en termes d'équipement inné de connaissances fondamentales comme R. Baillargeon, les autres en termes de capacités de contrôle exécutif comme la faculté inhibition *(voir page 43)*.

Un dernier point est de noter que les travaux sur l'intelligence du bébé prématuré ont reconnu l'effet différentiel d'abord de l'éducation familiale puis de l'organisation des soins donnés au bébé à l'hôpital **[14]**. Cela conduit à innover des pratiques d'accompagnement des parents et de l'enfant qui s'améliorent dans leur conception au fil des connaissances acquises sur l'intelligence des bébés *(voir page 86)*.

[14] P. Lequien, N. Haouari et A. Le Masne, « Devenir à long terme d'une cohorte de grands prématurés », *Journées parisiennes de pédiatrie*, 1998.

Arlette Streri est professeur de psychologie du développement de l'enfant à l'université Paris-V-René Descartes. Elle a entre autres contribué à l'ouvrage collectif *Le Développement cognitif du nourrisson*, Nathan, 1999.
Daniel Mellier est professeur de psychologie du développement de l'enfant à l'université de Rouen. Il est notamment l'auteur de la contribution « Les bébés nés prématurément : quels risques pour le développement psychologique ? » in R. Lécuyer (dir.), *Le Développement du nourrisson*, Dunod, 2004 et, avec H. Lehalle, de *Psychologie du développement : enfance et adolescence*, Dunod, 2005.

■ **Jean-François Dortier**

La « théorie de l'esprit », soit la capacité à comprendre les intentions d'autrui, apparaît bien plus tôt chez l'enfant qu'on ne le pensait jusqu'alors. Une expérience récente semble le prouver et relance un débat vieux de trente ans.

Quand l'enfant acquiert la « théorie de l'esprit »

Face à un petit garçon, âgé de 15 mois, assis sur un tapis, une jeune femme manipule un jouet : une tranche de pastèque en plastique. Elle enferme le jouet dans l'une des deux boîtes, verte ou jaune, posées devant elle, puis s'absente. Quelques minutes plus tard, la voilà qui revient prendre le jouet dans la boîte verte, là où elle l'a placé. Rien de plus normal dans tout cela. Et le petit garçon, qui assiste à la scène, n'est pas particulièrement intrigué.

Mais changeons un peu le scénario. Cette fois, pendant que la jeune femme (qui est en fait une chercheuse) a détourné son attention du jouet, on le déplace de la boîte verte vers la boîte jaune. Le changement a lieu sous les yeux de l'enfant tandis que la jeune femme, elle, n'a pu voir la manipulation. Normalement, elle devrait donc rechercher le jouet dans la boîte verte, là où elle l'avait mis. Or, elle va le chercher directement dans l'autre boîte ! Cela intrigue manifestement l'enfant. « Comment a-t-elle pu savoir ? », semble-t-il se dire…

Tout se passe donc comme si le petit garçon de 15 mois pouvait déjà se mettre à la place de l'autre. Il peut adopter le point de vue d'autrui et sait que celui-ci peut se tromper en certaines circonstances. En d'autres termes, l'enfant peut attribuer à autrui des « croyances fausses ».

Voilà justement ce que semble démontrer cette expérience, qui a fait l'objet d'une publication remarquée dans la revue Science, le 8 avril 2005. L'article, publié par Kristine H. Onishi et Renée Baillargeon de l'université McGill de l'Illinois, a provoqué un certain émoi dans la communauté des psychologues [1]. Car cette expérience bouscule singulièrement les données admises jusque-là. En effet, la plupart des chercheurs étaient persuadés que cette faculté à attribuer des croyances vraies ou fausses à autrui n'apparaissait pas avant l'âge de 4 ans.

[1] K.H. Onishi et R. Baillargeon, « Do 15-month-old infants understand false beliefs ? », *Science*, n° 308, 2005.

Qu'est-ce que la théorie de l'esprit ?

Si ce résultat a autant d'importance, c'est qu'il porte sur une aptitude mentale – la « théorie de l'esprit » – qui a fait l'objet depuis trente ans de nombreuses recherches et touche à un aspect central de la cognition humaine. De quoi s'agit-il ?

Les psychologues nomment théorie de l'esprit la capacité d'attribuer à autrui des intentions, des croyances, des désirs ou des représentations mentales. Lorsque face à un ami qui semble perdu dans ses rêves, on lui pose la question « à quoi penses-tu ? », on fait preuve d'une théorie de l'esprit ; on suppose en effet que l'esprit d'autrui est bien occupé par ces états mentaux particuliers qu'on nomme les « pensées ».

Pour comprendre l'importance de cette notion, il faut remonter à 1978, date à laquelle deux chercheurs, David Premack et Guy Woodruff, publient un article remarqué : « Le chimpanzé a-t-il une théorie de l'esprit ? » [2]. Les deux psychologues s'interrogeaient pour savoir si un chimpanzé pouvait attribuer des « état mentaux », c'est-à-dire des croyances, des représentations, à un autre chimpanzé. Une façon détournée de montrer que l'animal possède bien lui-même des intentions, puisqu'il en attribue à d'autres.

[2] D. Premack et G. Woodruff, « Does the chimpanzee have a theory of mind ? », *The Behavioral and Brain Sciences*, n° 4, 1978.

Une façon nette de trancher cette question, selon D. Premack et G. Woodruff, était de savoir si un chimpanzé pouvait mentir ou

« tricher » pour détourner l'attention. Les observations réalisées semblent aller dans ce sens. Il est courant chez les singes de cacher provisoirement de la nourriture aux yeux d'un dominant pour ne pas se la faire voler. On a vu un chimpanzé se livrer à ce petit stratagème : l'animal pousse un cri d'effroi – comme s'il avait vu un serpent – et dès que tous les membres du groupe se sont réfugiés dans les arbres, il profite de la panique générale pour déguster tranquillement les fruits laissés sur place. Ce type de conduite, décrit chez de nombreuses espèces – des mammifères aux oiseaux – a été qualifié d'« intelligence machiavélique » par Richard Byrne et Andrew Withen, deux éthologues britanniques auteurs d'un ouvrage de référence en la matière **[3]**. Pour ces derniers, il ne fait pas de doute que la capacité de supercherie atteste d'une aptitude à attribuer des pensées à leurs congénères.

[3] R. Byrne et A. Whiten, *Machiavellian Intelligence*, Oxford University Press, 1988.

L'apparition de la théorie de l'esprit chez les enfants

Mais, par la suite, la plupart des spécialistes vont se raviser. Le fait d'adopter un comportement de méfiance ou de dissimulation (cacher un aliment à la vue d'autrui pour qu'on ne le lui vole pas) peut être conçu comme une bonne connaissance des comportements de l'autre et non comme une projection de représentations ou de croyances. En d'autres termes, on peut percevoir et comprendre les conduites d'autrui en se réglant sur son comportement habituel et sans forcément lui prêter un « esprit », ou des « croyances ».

Finalement, la majorité des spécialistes, comme Michael Tomasello, Daniel Povinelli ou D. Premack lui-même (le pionnier des études sur la théorie de l'esprit), en sont venus à la conclusion que les chimpanzés et les autres grands singes peuvent développer certaines aptitudes à la reconnaissance des intentions d'autrui, mais que leurs compétences restent très limitées dans ce domaine. La théorie de l'esprit serait donc une spécificité de la cognition humaine.

Restait à savoir à quel moment elle apparaît chez les petits humains, et quels liens elle entretient avec d'autres aptitudes intellectuelles.

Dès 1983, deux psychologues, Heinz Wimmer et Joseph Perner, s'étaient interrogés sur l'apparition chez l'enfant de la théorie de l'esprit. A cette fin, ils ont imaginé l'expérience suivante conçue

[4] H. Wimmer et J. Perner, « Beliefs about beliefs: Représentation and constraining function of wrong beliefs in young children's understanding of deception », *Cognition*, n° 13, 1983.

autour d'un petit théâtre de marionnettes [4]. Des enfants de 3 à 5 ans assistent à un spectacle. Une marionnette – appelons-la Kiki – place un ballon dans un placard, puis s'en va. Alors que Kiki est partie, Koko, une autre marionnette, en profite pour déplacer le ballon du placard dans un autre. Puis Kiki revient chercher son ballon. On demande alors aux enfants : « Où Kiki va-t-elle chercher le ballon ? » « Là ! », répondent les enfants de 3 ans en montrant le second placard, là où est effectivement le ballon. Ils ne se rendent pas compte que Kiki ne peut pas savoir que le ballon a été déplacé. Par contre, les enfants de 4-5 ans répondent correctement : Kiki va chercher son ballon dans le premier placard. Il parviennent à se mettre mentalement à sa place. Conclusion : il semblerait donc que la capacité à attribuer à autrui des croyances (vraies ou fausses) n'apparaisse chez les enfants que vers l'âge de 4 ans.

Or c'est justement cette apparition tardive que remet en cause l'expérience menée par K.H. Onishi et R. Baillargeon, citée en début d'article. Dès 15 mois, soit bien avant l'apparition du langage, les enfants disposeraient bien d'une théorie de l'esprit. Voilà qui trouble les débats, sur un sujet pourtant déjà bien balisé…

Des étapes pour la théorie de l'esprit

Une chose était de découvrir et de nommer la théorie de l'esprit ; une autre est de tenter de décrire les différentes étapes de sa construction. C'est ce qu'ont cherché à établir des chercheurs américains, à partir d'une méta-analyse de l'ensemble des recherches sur le sujet.
Ils ont alors testé leur typologie sur 75 enfants âgés de 3 à 6 ans par une série de sept tests, aux protocoles aussi proches que possible, en évaluant le degré de réussite de chacune des composantes.
1) Différence de goûts : Jean comprend que, s'il préfère les biscuits mais que Pierre préfère les sticks de carotte, Pierre choisira la carotte (composante acquise par 95 % des enfants testés).
2) Différence de croyances : Jean comprend que, s'il pense qu'un chat est en A, mais que Pierre pense qu'il est en B, celui-ci va le chercher en B (84 % des enfants testés).
3) Différence de savoirs : Jean constate qu'il y a un jouet dans un tiroir, puis on ferme le tiroir ; il comprend que Pierre, qui n'a pas vu le tiroir ouvert, ne sait pas ce qu'il contient (73 % des enfants testés).
4) Fausse croyance : Jean constate qu'une boîte de pansements contient, en fait, un jouet, et il comprend que Pierre, qui voit la boîte fermée, s'attendra à y trouver des pansements (59 %).

Où en est-on ?

Si les chercheurs accordent tant de place à cette question, c'est qu'elle est centrale pour la conception de la cognition humaine. Depuis vingt ans, une foule d'études ont été menées sur le sujet **[5]**. Plusieurs directions ont été empruntées. Certains chercheurs, comme Simon Baron-Cohen, Alan M. Leslie et Uta Frith **[6]**, ont établi un lien entre autisme et théorie de l'esprit. Les enfants autistes souffriraient d'un déficit spécifique dans la capacité à comprendre les intentions d'autrui ; d'où leurs difficultés caractéristiques de communication. Cependant, les recherches récentes semblent infirmer cette relation, longtemps admise **[7]**.

D'autres chercheurs se sont demandé si les étapes d'acquisition de la théorie de l'esprit étaient universelles. C'est semble-t-il le cas, si l'on en croit une enquête menée auprès d'enfants appartenant à cinq cultures différentes : le Canada, l'Inde, Samoa, le Pérou et la Thaïlande. Partout, la théorie de l'esprit est définitivement acquise avant l'âge de 5 ans **[8]**.

Une autre piste de recherche porte sur les liens entre théorie de l'esprit et langage. Après avoir fait de la théorie de l'esprit une condition d'apparition du langage, on aborde aujourd'hui le développement des deux aptitudes en termes de « coévolution » **[9]**.

[5] Voir par exemple J.W. Astington, *Comment les enfants découvrent la pensée. La théorie de l'esprit chez l'enfant*, Retz, 1999.

[6] S. Baron-Cohen, A.M. Leslie et U. Frith, « Does the autistic child have a "theory of mind"? », *Cognition*, n° 21, 1985 ; et S. Baron-Cohen, *Mindblindness: An essay on autism and theory of mind*, The MIT Press, 1995.

[7] Voir L. Mottron, « Autisme : les apports de la neuropsychologie », page 207.

[8] T. Callaghan *et al.*, « Research reports synchrony in the onset of mental-state reasoning », *Psychological Science*, vol. XVI, n° 5, 2005.

[9] A. Reboul, « Evolution du langage depuis la théorie de l'esprit ou coévolution du langage et de la théorie de l'esprit », disponible sur le site Internet : www.interdisciplines.org/coevolution/papers/1/language/fr

---

5) Action en fonction d'une fausse croyance : Jean comprend que si Pierre croit, à tort, que ses gants sont dans un placard, c'est là qu'il ira les chercher (57 %).
6) Emotion en fonction d'une fausse croyance : on montre à Jean qu'une boîte à bonbons ne contient en fait que des cailloux ; il comprend que Pierre, si on lui donne cette boîte fermée, sera content (52 %).
7) Différence entre émotion apparente et réelle : Jean comprend que si Pierre ne veut pas montrer qu'une moquerie l'a vexé, il va affecter l'indifférence alors qu'en réalité il est triste (32 %).

Ces sept tests caractériseraient bien un développement progressif de la théorie de l'esprit puisque, chez 80 % des enfants, la réussite à l'une des étapes s'accompagne de la réussite à toutes les étapes antérieures. Aussi les auteurs estiment-ils que leur échelle peut être utilisée pour évaluer le développement mental des enfants.

Claudie Bert

Henry M. Wellman et David Liu, « Scaling of theory-of-mind tasks », *Child Development*, vol LXXV, n° 2, mars-avril 2004

Née pour tenter de trancher un vieux débat sur la spécificité de l'esprit humain, la théorie de l'esprit est devenue un immense et foisonnant chantier de recherches. Les rares certitudes que l'on croyait acquises concernaient l'âge d'apparition de cette aptitude. Et ce sont justement celles-ci que l'expérience de K.H. Onishi et R. Baillargeon vient remettre en cause…

Jean-François Dortier est rédacteur en chef du magazine *Sciences Humaines*.

Annette et Kyra Karmiloff-Smith

Aujourd'hui, on sait que le langage commence à s'acquérir dès la vie intra-utérine ; cela prouve-t-il pour autant qu'il est inné ? Pour les neuropsychologues A. et K. Karmiloff-Smith, il résulte plutôt d'interactions entre les prédispositions du cerveau et le rôle de l'environnement.

Comment s'acquiert le langage

Partout dans le monde, les enfants apprennent sans la moindre difficulté leur langue maternelle. S'ils sont sourds, ils ne tardent pas à acquérir les subtilités complexes de la langue des signes. Contrairement à l'apprentissage de la lecture ou de l'écriture, nul besoin de leçons pour apprendre une langue parlée ou signée. L'expérience et le développement y pourvoient tout simplement. Et pourtant, comment ne pas être saisi de la complexité des formes linguistiques que les enfants sont capables de produire ? Ils savent parler et faire des signes à propos du présent, du passé, du futur. Ils parviennent à se référer à des événements imaginaires ou à des concepts abstraits. Le langage leur permet d'informer, mais aussi de tromper ou de tricher. Ils sont capables de jouer avec la langue, de construire de nouveaux mots ou de transformer le sens des mots usuels.

Le langage est un système qui permet le changement dynamique et la flexibilité. Il joue un rôle essentiel dans la vie des êtres humains, à la fois véhicule d'interactions sociales et outil infiniment créatif permettant de représenter la réalité, mais aussi les expériences et les sentiments les plus hypothétiques. La trajectoire complexe qui mène l'enfant à apprendre les diverses composantes de sa langue maternelle est l'un des aspects les plus passionnants de la psychologie humaine.

L'acquisition du langage est un voyage qui commence dans l'univers liquide de la matrice et se poursuit tout au long de l'enfance et de l'adolescence, et même au-delà. Au cours de cette longue période d'apprentissage, l'enfant est confronté à d'innombrables défis. Depuis les tentatives maladroites du nourrisson qui s'efforce de produire avec son système articulatoire, avec sa bouche, sa gorge et son larynx les sons particuliers de sa langue maternelle, jusqu'aux tâches bien plus complexes qui, plus tard, consisteront à produire et à comprendre de longs récits, les capacités langagières de l'enfant connaissent de nombreux changements. Les progrès réalisés dans les techniques de recherche nous permettent désormais de suivre cet étrange voyage avec une précision jamais atteinte.

Audition *in utero*

Dans le passé, la littérature consacrée à son acquisition situait l'apparition du langage aux environs du douzième mois, lorsque les enfants produisent leurs premiers mots reconnaissables. Nous réalisons aujourd'hui que l'acquisition se trouve engagée bien avant cette date, avant même la naissance. Après vingt semaines de gestation seulement, le système auditif du fœtus est suffisamment développé pour lui permettre de traiter certains des sons qui filtrent à travers le liquide amniotique. Le fœtus perçoit une cacophonie de gargouillis et de grondements provenant du corps de sa mère, avec en bruit de fond le rythme incessant de ses battements de cœur. Ces bruits constituent pour lui une stimulation auditive précoce. Mais ce qui le stimule bien plus encore, ce sont tous les sons du langage qui lui parviennent ainsi filtrés.

A partir du sixième mois, le fœtus consacre l'essentiel de son temps d'éveil à traiter ces sons linguistiques si particuliers, à se familiariser avec les qualités uniques de la voix de sa mère et avec la langue (ou les langues) que celle-ci parle. Il commence également à être sensible à la prosodie (aux intonations des phrases et aux éléments rythmiques qui marquent les mots) qui structure sa parole. Durant les trois derniers mois de sa vie intra-utérine, le fœtus est très occupé à écouter les conversations de sa mère, ce qui constitue une préparation très importante à sa vie dans le monde extérieur. Doté d'une certaine expérience de la perception des sons du langage, le nouveau-né arrive au monde, disposé à accorder la plus grande attention aux paroles des humains, et en particulier à la voix de sa mère. Ces expériences intra-utérines précoces préparent le nouveau-né aux stimulations linguistiques, et l'on peut, par conséquent, estimer qu'elles jouent un rôle important dans le processus d'ensemble du développement du langage.

Le fœtus est capable d'écouter les conversations de sa mère, disions-nous ; les nouvelles techniques de recherche nous ont permis d'épier les sons qui imprègnent l'univers intra-utérin. Des microphones minuscules, placés à l'extérieur des parois de l'utérus, sont capables de mesurer les bruits qui filtrent au travers de la matrice, et des techniques à base d'ultrasons enregistrent les réactions du fœtus à ce qu'il entend. Nous pouvons aujourd'hui déterminer, non seulement ce qu'il entend, mais aussi s'il parvient à distinguer des sons différents. Des expériences menées juste après la naissance nous fournissent des données essentielles sur les effets de l'audition prénatale sur le comportement du nouveau-né. Grâce à ces données, les scientifiques sont désormais capables de se poser de nouvelles questions, pour savoir jusqu'à quel point le nouveau-né se souvient de ce qu'il a entendu in utero. Peut-il reconnaître la voix de sa mère, même lorsqu'elle cesse d'être filtrée par le liquide ? Peut-il faire la différence entre la langue de sa mère et des langues humaines qu'il n'a jamais entendues jusque-là ? Et qu'a-t-il appris de la structure sonore de la parole ? Les réponses à ces questions, et à bien d'autres encore, nous fournissent de précieuses indications sur les premières étapes de l'acquisition du langage.

Ce sont des moments absolument fascinants pour les psycholinguistes qui se consacrent à l'étude du développement. Jusqu'à une époque récente, les recherches dans ce domaine se focalisaient presque exclusivement sur la production de langage. Le comportement communicatif non verbal ou les vocalisations avant l'âge de 12 ou 15 mois étaient considérés comme n'apportant pas grand-chose à notre connaissance de l'acquisition du langage : on ne s'intéressait vraiment qu'à la production de mots reconnaissables.

Une attention nouvelle au babillage du bébé

Aujourd'hui, au contraire, de nombreuses études s'intéressent au rôle essentiel du babil précoce dans l'adaptation du système articulatoire aux particularités de la langue maternelle du nourrisson. Au cours des vingt dernières années, de nouvelles techniques de recherche sur la petite enfance ont été développées, qui ont mis en lumière ces étapes très précoces de l'apprentissage du langage. En même temps que l'on parvenait à une meilleure connaissance du traitement fœtal et néonatal de la parole, l'importance du dialogue non linguistique précoce entre la mère et le bébé a été reconnue. La quantité et la nature de l'interaction mère-bébé peuvent évidemment varier d'une culture à l'autre, et ces différences aident les chercheurs à déterminer quels sont les aspects de l'environnement social absolument essentiels pour l'acquisition du langage.

Nous disposons désormais d'un ensemble de méthodes innovantes pour découvrir ce que les bébés comprennent bien avant de produire leurs premiers mots. Il n'est plus nécessaire de s'en remettre uniquement à ce que disent les enfants pour apprécier leur niveau de connaissance linguistique. Mieux que jamais, les chercheurs peuvent aujourd'hui explorer la manière dont la perception de la parole et la compréhension du langage se développent pendant la période cruciale qui précède la première production de mots reconnaissables. Les techniques modernes de recherche nous ont permis de découvrir chez les enfants des capacités jusque-là insoupçonnées dans le domaine de la segmentation du discours. Elles ont également montré que les enfants réalisent beaucoup plus tôt que nous ne l'imaginions que les mots se réfèrent aux objets, aux gens, aux lieux et aux actions. Nous savons désormais que bien avant l'âge de 2 ans, les tout-petits comprennent déjà que l'ordre des mots, par exemple, véhicule des informations très importantes quant à leur signification. Des expériences scientifiquement contrôlées avec des tout-petits au stade prélinguistique sont désormais utilisées pour approfondir notre connaissance des fondements de l'acquisition du langage.

Bien qu'à l'âge de 5 ans, la plupart des enfants parlent couramment et sans effort, l'acquisition du langage est loin d'être achevée. Ils continuent d'acquérir une grammaire complexe et de nouvelles significations linguistiques tout au long de leur scolarisation. D'autres aspects de l'apprentissage du langage se poursuivent pendant l'adolescence et même à l'âge adulte. Et parce que la langue est dynamique, nous sommes amenés, adultes, à nous adapter aux changements qui surviennent dans notre langue maternelle tout au long de notre vie. La mise à jour permanente des dictionnaires est une preuve suffisante de la nature changeante de la langue, et de nouvelles entrées de termes modernes comme « e-mail », « modem » et « Internet » font peser une menace sur des expressions comme « machine à écrire », amenées à devenir un jour obsolètes.

Le langage est-il inné ?

L'un des grands débats sur l'acquisition du langage concerne le problème de l'innéisme. Le nouveau-né vient-il au monde « précâblé », prédisposé à l'acquisition du langage, du fait de l'histoire de l'évolution humaine ? Existe-t-il dans le cerveau des mécanismes spécialisés dans l'acquisition du langage ? Ou bien l'enfant apprend-il le langage de la même manière qu'il apprend l'univers physique ou social ? Les opinions divergent sensiblement. Les discussions tournent autour de la dichotomie entre nature (nos dons biologiques) et éducation (le monde dont nous faisons l'expérience). Aucune de ces théories ne conteste que toutes deux, nature et éducation, jouent un certain rôle dans l'apprentissage du langage. Les théories s'opposent plutôt fondamentalement sur le rôle et l'importance respective de chacune. Il est vrai que nous sommes la seule espèce à développer des langages grammaticaux complets. Il faut donc que quelque chose appartienne en propre à la biologie humaine pour nous l'avoir permis. Mais l'éducation doit également jouer un rôle important. Il existe environ six mille langues différentes dans le monde, et il est évident qu'aucun enfant n'est jamais né en sachant déjà l'anglais, le swahili ou le russe. C'est donc qu'il faut vivre au quotidien l'immersion dans le flux d'une langue particulière (ou de plusieurs langues) pour acquérir ces langues maternelles. Le débat entre théoriciens de l'acquisition du langage tourne finalement autour de la question suivante : qui de la nature et de l'éducation joue le rôle principal ?

Nature contre éducation ?

Les théoriciens nativistes* de l'acquisition du langage, qui postulent l'existence dans le cerveau de l'enfant d'une sorte de structure linguistique innée ou préexistante (« précâblée »), ont exercé une influence prépondérante dans les années 60. C'est à cette époque que le célèbre linguiste américain Noam Chomsky [1] a démontré que le béhaviorisme, qui considère le cerveau du nouveau-né comme une *tabula rasa*, une tablette vierge sur laquelle l'expérience viendrait simplement imprimer sa structure, ne peut à lui seul rendre compte de l'acquisition du langage. Il explique que les *inputs* (informations entrantes) ne peuvent suffire à rendre compte de l'acquisition d'une grammaire complexe. Ils ne fournissent pas suffisamment d'exemples pour que le cerveau de l'enfant construise les structures grammaticales en partant de zéro, et pour qu'il puisse distinguer par exemple les noms des verbes, ou savoir quelles parties de la phrase

[1] N. Chomsky, « A review of B.F. Skinner's "Verbal behavior" », *in* J.A. Fodor et J.J. Katz (dir.), *The Structure of Language: Readings in the philosophy of language*, Prentice-Hall, 1964.

Comment les enfants apprennent-ils à parler ?

Le langage n'apparaît pas avec la parole et les premiers mots (entre 12 et 20 mois selon les enfants). En fait, dès le stade fœtal, le bébé commence déjà à en acquérir les rudiments. Il apprend d'abord à distinguer son environnement sonore : la voix de sa mère qu'il distingue des autres voix, puis la prosodie typique de sa langue maternelle. Des expériences ont montré que si quelqu'un se met à parler une langue étrangère, le cœur du bébé s'accélère, manifestant qu'il a ainsi repéré quelque chose d'anormal.

A partir de 7 mois, l'enfant comprend certains mots : il bat des mains quand on lui dit : « Bravo » et fait un signe d'adieu quand on lui dit : « Au revoir. » Ces premiers mots sont acquis grâce au « motherese », la formulation caractéristique que les adultes adoptent lorsqu'ils parlent à des petits (intonation aiguë, articulation très prononcée, association entre le mot et le geste). A 10 mois, il repère distinctement les mots au sein des phrases. Et avant un an, il comprend des mots sans la présence des objets associés : biberon, gâteau, maman...

Parallèlement la parole se développe. Tout commence par les « areu » et « ague » vers 2 mois. Vers 7 mois apparaît le babillage, c'est-à-dire la répétition de syllabes, « bababa », « mamama ». L'âge d'apparition des premiers mots, « gâteau », « papa », se situe entre 12 à 24 mois selon peuvent ou ne peuvent pas être déplacées. Si l'enfant ne fondait ses hypothèses sur la structure linguistique que sur ce qu'il entend, il aboutirait nécessairement à des conclusions erronées quant à la structure grammaticale de sa langue maternelle. C'est la raison pour laquelle le béhaviorisme* ne peut rendre compte de l'acquisition du langage.

Il existe plusieurs versions de l'approche nativiste, mais l'idée fondamentale est que les bébés naissent dotés de ce que l'on appelle une Grammaire universelle (ou GU), mais aussi avec des mécanismes spécialisés dans l'apprentissage du langage et destinés à l'acquisition de la langue maternelle. Selon cette théorie, un ensemble commun de principes universels sous-tend chacune des langues présentes dans le monde, et ce en dépit des caractéristiques apparentes très différentes de chaque langue. Ceux qui, parmi les théoriciens, défendent cette position affirment ainsi que les enfants naissent « pré-équipés » de ces principes linguistiques et dotés de cet ensemble de paramètres, qui sont ensuite simplement déclenchés par les informations linguistiques particulières qu'ils reçoivent. Ainsi, selon eux, l'expérience linguistique ne sert qu'à faire découvrir à l'enfant comment ces principes et ces paramètres universellement déterminés se

---

les enfants. Plus tard, ce sera une véritable « explosion linguistique ». Un enfant entre 3 et 10 ans est capable d'intégrer 10 nouveaux mots par jour ! En même temps, l'acquisition de la grammaire s'effectue : entre 2 et 5 ans, on est passé des mots aux phrases « tombé », puis « tombé ballon » avant d'arriver à des phrases complexes, intégrant les temps (présent, futur, passé), la négation, l'interrogation.

Comparé aux performances de chimpanzés ayant appris à utiliser le langage des signes, l'enfant humain se distingue très vite par l'étendue de son vocabulaire, l'usage des règles de grammaire, et surtout l'utilisation du langage à d'autres fins que les simples demandes/réponses.

De l'ensemble des recherches, certains chercheurs ont acquis la conviction que l'enfant n'apprend pas vraiment le langage, mais le redécouvre. Son cerveau est naturellement équipé pour apprendre à parler (même s'il doit apprendre les mots et la grammaire de telle ou telle langue maternelle).

On admet aussi que le langage se déploie dans le cadre d'interactions sociales (sourire, pointage du doigt, échange) et d'un dispositif plus général de communication, qui comprend des compétences sociales plus vastes que la seule compréhension des mots ou de règles : par exemple la capacité à comprendre les intentions d'autrui...

J.-F. D.

réalisent localement. En outre, les mécanismes cérébraux par lesquels l'enfant acquiert le langage sont considérés comme n'étant pas seulement innés, mais également absolument propres à ce domaine : ils sont dédiés au seul apprentissage du langage.

A l'extrême opposé de l'éventail théorique, le point de vue cognitiviste sur l'acquisition du langage a été notamment défendu par le célèbre psychologue suisse Jean Piaget. Pour lui et pour ses disciples, l'acquisition du langage fait appel aux mêmes mécanismes généraux d'apprentissage que ceux que l'enfant utilise pour apprendre la physique, les concepts de nombre, l'espace, les conventions sociales, etc. Selon eux, la manière dont les enfants apprennent le langage n'a rien de spécifique. Le développement cognitif est à la fois le prérequis et le fondement de l'apprentissage du langage. Pour J. Piaget [2], par exemple, un concept comme celui de « permanence de l'objet » – que l'enfant acquiert vers l'âge de 8 mois, et qui lui permet de savoir qu'un objet existe toujours même s'il ne le voit plus – sous-tend les débuts de l'utilisation du mot. L'une de ses disciples, Hermine Sinclair [3], explique également que l'aptitude de l'enfant à emboîter des poupées russes l'une dans l'autre constitue le fondement de sa capacité ultérieure à comprendre comment les phrases peuvent être enchâssées les unes dans les autres. Selon ce point de vue donc, les mécanismes généraux de l'apprentissage, une fois établis dans le développement cognitif général, s'appliquent tout simplement à l'*input* linguistique *(voir page 105)*.

[2] J. Piaget, *Le Langage et la Pensée chez l'enfant*, Delachaux et Niestlé, 2002.

[3] H. Sinclair, « Sensorimotor action patterns as the condition for the acquisition of syntax », *in* R. Huxley et E. Ingram (dir.), *Language Acquisition: Models and methods*, Academic Press, 1971.

Social contre cognitif ?

D'autres théoriciens réservent à l'interaction sociale une place essentielle dans leur théorie du processus d'acquisition du langage. Jerome Bruner [4], par exemple, a insisté sur l'importance des principes d'interaction dans cet apprentissage. Très tôt, dans la relation mère-bébé, puis gagnant progressivement tout l'environnement social de l'enfant, les conventions conversationnelles le sensibilisent aux règles du dialogue et de la prise de parole chacun à son tour.

[4] J. Bruner, *Comment les enfants apprennent à parler*, Retz, 2002.

Si ces théories permettent d'expliquer comment les enfants entrent dans le monde du dialogue, elles disent en revanche peu de chose de la manière dont les complexités de la grammaire s'acquièrent. Elles semblent considérer qu'il y a assez d'informations dans l'environnement linguistique quotidien pour que les enfants découvrent la structure de leur langue maternelle. Ces deux approches, sociale et cognitive, ont ceci en commun qu'elles considèrent que les mécanismes grâce auxquels l'enfant apprend le langage ne sont en rien propres à ce domaine : ils sont les mêmes que ceux utilisés pour appréhender tous les autres aspects du monde dans lequel l'enfant évolue.

Ces débats, où s'opposent des positions théoriques différentes, influencent à la fois les hypothèses que l'on construit et la manière dont on interprète les données de la recherche. Nous sommes néanmoins convaincues que la dichotomie « nature contre éducation » est stérile : il serait plus pertinent de s'intéresser à l'interaction dynamique de ces deux éléments. Oui, le langage est quelque chose de particulier ; mais nous faisons l'hypothèse que la solution élaborée par l'évolution n'a pas consisté à pré-équiper l'esprit du nouveau-né de représentations linguistiques complexes, mais plutôt à réaliser deux choses fort intéressantes : la première a été de faire en sorte que la période de développement cérébral postnatal, chez les humains, soit particulièrement longue, si longue que l'influence de l'environnement a tout loisir de modeler la structure du cerveau en cours de développement. Mais celui-ci n'est nullement cette ardoise vierge qu'y voient les béhavioristes. La seconde est que l'évolution nous a dotés d'un certain nombre de mécanismes d'apprentissage qui, sans être propres au langage, ont un rapport avec lui, lui sont appropriés. C'est lorsqu'il interagit avec différentes données de l'environnement que chacun de ces mécanismes devient progressivement spécifique à ce domaine.

Une construction du processus langagier

Nous voulons dire par là qu'à la naissance et même avant, le bébé dispose d'un certain nombre de prédispositions minimales qui font qu'il va prêter une attention toute particulière à certains éléments de son environnement, comme les visages et les voix. Dès le début, certains mécanismes cérébraux seront plus disposés à traiter certains types de données de l'environnement que d'autres. Ainsi, le mécanisme sensible à ce qui est séquentiel, à ce qui disparaît rapidement, expliquerait que le bébé accorde plus d'attention à la langue orale ou signée qu'aux visages. Se spécialisant sans cesse davantage dans le traitement du langage, ce mécanisme se consacrera de plus en plus à ce domaine spécifique. C'est ce qui expliquerait qu'à l'âge adulte certaines aires cérébrales apparaissent spécialistes dans le traitement du langage.

En d'autres termes, le cerveau du bébé ne dispose pas à la naissance de circuits dédiés à cette seule tâche, mais avec l'expérience, il finira par disposer de tels circuits spécialisés dans le traitement du langage. La connaissance du langage est donc, selon nous, le produit complexe d'une interaction entre certaines prédispositions initiales, appropriées à ce domaine (plutôt que spécifiques à ce domaine), et la riche structure des données linguistiques qui parviennent au bébé.

La question n'est donc pas nature ou éducation, mais interaction étroite des deux. C'est en comprenant cette interaction que nous parviendrons, à terme, à expliquer comment le processus dynamique de l'acquisition du langage se développe du fœtus à l'adolescence.

Annette Karmiloff-Smith est professeur et chef de l'Unité de développement neurocognitif de l'Institut pour la santé de l'enfant à Londres.
Kyra Karmiloff-Smith est chercheuse au Centre de la parole et du langage de l'université de Cambridge.
Ce texte est extrait de leur ouvrage *Comment les enfants entrent dans le langage*, Retz, 2003.

JEAN-FRANÇOIS DORTIER

En 1975, le psychologue Jean Piaget et le linguiste Noam Chomsky confrontèrent leurs théories sur l'acquisition du langage chez l'enfant. Retour sur un débat historique qui a réuni la fine fleur des chercheurs sur la question...

Le débat Piaget/Chomsky

Le cadre : octobre 1975, à Royaumont (Val-d'Oise), dans une magnifique abbaye cistercienne transformée en centre culturel, le Centre Royaumont pour une science de l'homme.

Les acteurs : Jean Piaget, le célèbre psychologue genevois, âgé de 79 ans. Longs cheveux blancs, sourire courtois, esprit vif et culture encyclopédique, il est l'une des grandes figures de la psychologie. Son contradicteur est Noam Chomsky, 47 ans, linguiste américain venu de Cambridge. Sa théorie de la grammaire générative a révolutionné la linguistique. Une pléiade de chercheurs – psychologues, linguistes, philosophes, neurologues... – participent au débat.

L'enjeu : confronter deux conceptions opposées de la genèse de la pensée et du langage, l'innéisme* de Chomsky et le constructivisme* de Piaget. Selon Chomsky, il existe des compétences mentales innées, inscrites dans le cerveau de l'homme, qui expliquent notamment ses capacités linguistiques universelles. Piaget soutient que les capacités cognitives de l'humain ne sont ni totalement innées, ni totalement acquises. Elles résultent d'une construction progressive où l'expérience et la maturation* interne se combinent.

Premiers échanges courtois

Comme l'ont proposé les organisateurs, le débat est préparé par un premier échange écrit. Piaget ouvre la discussion par un texte en sept points, qui résume sa théorie. La pensée ne fonctionne pas par un simple enregistrement des données (comme le supposent les empiristes) : pour saisir le réel, il lui faut des cadres mentaux. Mais ces cadres mentaux ne sont pas innés. La pensée se construit par étapes : de l'intelligence sensori-motrice, où l'action joue un grand rôle, au stade des opérations formelles, qui survient à l'adolescence.

Chomsky accepte d'emblée le cadre du débat. Il existe trois conceptions de la connaissance : l'empirisme*, l'innéisme* et le constructivisme*. Piaget se définit lui-même comme constructiviste. Dans sa réponse, Chomsky se range sans équivoque dans la deuxième catégorie : « *Jean Piaget qualifie très justement mes conceptions comme étant* [...] *une forme d'innéisme.* » Et il ajoute aussitôt : « *Précisément, l'étude du langage humain m'a amené à considérer qu'une capacité de langage génétiquement déterminée est une composante de l'esprit humain...* »

A son tour, Chomsky expose ses conceptions. Pour accéder à une grammaire précise (chinoise ou anglaise), l'enfant déploie une compétence particulière : découvrir les relations entre les mots, et groupes de mots, formant des phrases grammaticalement correctes. Tous les enfants du monde comprennent vite quelles sont les relations qui unissent le sujet (le chien) et son prédicat (aboie) ou les liens qui relient entre elles les grandes fonctions de la phrase : syntagme verbal et syntagme nominal.

Le but de la grammaire générative est de dévoiler ces règles profondes qui gouvernent la langue, ce noyau fixe, fondé sur des propriétés logiques, que l'enfant doit maîtriser pour pouvoir comprendre et produire des phrases. La rapidité avec laquelle il découvre ces propriétés, entre 2 et 5 ans, l'universalité de cette découverte (tous les enfants acquièrent le langage) suggèrent qu'il s'agit là d'une capacité innée, à laquelle l'humain est prédisposé. Les positions des deux auteurs sont donc clairement opposées. C'est à Piaget qu'il revient d'ouvrir le débat oral :

« *Je suis d'accord sur le principal apport de Chomsky à la psychologie, le langage est un produit de l'intelligence ou de la raison et non pas d'un apprentissage au sens béhavioriste du terme. Je suis ensuite d'accord avec lui sur le fait que cette origine rationnelle du langage suppose l'existence d'un noyau fixe nécessaire à l'élaboration de toutes les langues [...]. Je pense qu'il y a accord sur l'essentiel, et je ne vois aucun conflit important entre la linguistique de Chomsky et ma propre psychologie.* »

D'entrée, Piaget fait une énorme concession théorique. Il admet que le langage repose sur une capacité logique à former des phrases grammaticalement correctes. Le débat doit donc porter sur l'innéité ou non de ce noyau fixe, cette capacité logique à produire le langage. Et il argumente : ce n'est pas parce qu'un comportement est universel et solidement enraciné qu'il est transmis héréditairement. Il se pourrait que certaines structures cérébrales et fonctions psychiques associées se stabilisent par une autorégulation, née de l'interaction entre le patrimoine génétique de l'espèce et l'expérience. L'hypothèse laisse sceptique François Jacob, prix Nobel de biologie, qui voit dans les thèses de Piaget un relent de lamarckisme.

Chomsky refuse de s'engager sur un tel terrain. Savoir si le noyau fixe est inné ou non, résulte ou non d'une mystérieuse autorégulation, ne constitue, selon lui, qu'un problème secondaire. La question est de savoir si ce noyau fixe existe, s'il est spécifique et s'il précède tout apprentissage. Les jeux semblent faits, car Piaget l'a admis un peu plus tôt...

Inné ou construit ?

Les échanges vont se poursuivre en gravitant autour de plusieurs questions : peut-on prouver qu'une structure est innée ? Qu'une aptitude intellectuelle est déjà contenue en germe dans les stades initiaux ? Existe-t-il des mécanismes généraux du développement intellectuel ? A la question : « *Peut-on vraiment prouver qu'une structure mentale est innée ?* », Chomsky répond qu'il ne prétend pas vouloir démontrer l'innéité du langage. On ne peut pas « *prouver* », dit-il, que l'araignée tisse sa toile par instinct. Mais il est possible d'apporter des arguments convaincants qui « *rendent plausible cette thèse* ».

Pour lui, l'évolution du langage est comparable à celle de la vision. Il existe dans le cerveau des centres spécialisés qui concernent la vision des couleurs, des formes, du mouvement. Ces aptitudes à distinguer se développent par maturation progressive dans les premières semaines de la vie. Si on apprend bien à identifier tel ou tel objet, les dispositifs mentaux qui permettent de voir sont, eux, innés et hautement spécialisés. Chomsky se réfère alors aux travaux de David Hubel et Torsten Wiesel – deux biologistes dont les recherches commencent à faire grand bruit dans la communauté scientifique [1]. Il en irait de même pour le langage. On apprend, certes, selon les cultures, des règles de grammaire et des lexiques de mots particuliers. Mais tout cela se fait à partir d'une capacité innée à organiser ces éléments entre eux.

[1] Ils obtiendront en 1981 le prix Nobel de médecine pour leur découverte.

Piaget oppose alors à cette hypothèse un modèle concurrent. Si le langage apparaît vers 2 ans, ce n'est pas seulement par une sorte de maturation interne. Son apparition a été préparée par plusieurs étapes de son développement intellectuel. L'accès au langage est conditionné par l'intelligence sensori-motrice. Elle se déploie au cours des deux premières années de la vie. Le tâtonnement physique expérimental permet à l'enfant de découvrir les objets, puis leurs relations, pour enfin accéder à une faculté d'abstraction dont le langage est une des expressions. La maîtrise de la langue est donc l'expression d'une intelligence générale, qui se développe par stades. On ne peut aborder les catégories abstraites que si on a d'abord le concret. La logique qui sous-tend les capacités d'organisation du langage se déploie par phases, du simple au général, du concret à l'abstrait.

Le biologiste Jacques Monod intervient alors. Bien que non spécialiste du sujet, le prix Nobel et président du Centre Royaumont s'intéresse de près à cette rencontre. Il suggère un test qui permettrait de trancher le débat. « *Si le développement du langage chez l'enfant est étroitement associé à l'expérience sensori-motrice, on peut supposer qu'un enfant né quadriplégique aurait les plus grandes difficultés à développer son langage.* » A-t-on étudié, demande-t-il, des cas semblables ? Bärbel Inhelder, proche collaboratrice de Piaget, psychologue à l'université de Genève, répond par la négative. Elle précise cependant que l'intelligence sensori-motrice pourrait passer de toute façon uniquement par des expériences acoustiques ou visuelles.

Jerry Fodor, un philosophe américain tenant des thèses de Chomsky, s'engouffre aussitôt dans la faille. « *S'il suffit, pour que l'intelligence sensori-motrice entre en jeu, qu'il y ait à la limite un mouvement des yeux,* [...] *cela rend triviale la doctrine de l'intelligence sensori-motrice.* »

Une capacité propre aux humains ?

J. Fodor présente alors sa propre contribution. Jeune philosophe, collègue de Chomsky au MIT (Massachusetts Institute of Technology) de Cambridge, il vient de publier *Le Langage de la pensée*, un ouvrage dans lequel il défend une conception computationniste de l'esprit humain. Selon lui, la pensée repose sur un ensemble de règles logiques, une sorte d'algèbre mentale qui gouverne la plupart des fonctions mentales : l'intelligence, la perception et le langage. Il y développe notamment une thèse provocante qui « *va à l'encontre de la pensée dominante des trois cents dernières années* ». Il soutient tout simplement que l'apprentissage des catégories n'existe pas. Certes, on apprend les mathématiques, mais la logique qui les sous-tend est préalable. De la même façon, la capacité linguistique de construire des phrases est antérieure à l'apprentissage de telle ou telle langue.

Il faudrait alors admettre, rétorque Piaget, que l'on n'apprend pas les mathématiques. Les notions d'infini, les nombres négatifs, etc., seraient déjà présents chez l'enfant dès 5 ans, voire 2 ans, et même pourquoi pas chez l'animal ? Or, il est évident que ce sont des inventions récentes de l'humanité, liées à l'histoire des mathématiques.

Des inventions récentes certes, réplique J. Fodor, mais qui ne font pas appel à des capacités logiques nouvelles. La logique humaine existait avant qu'Aristote n'en formule les principes généraux. Il n'a fait que théoriser des règles accessibles à tous les humains. Descartes a raison d'affirmer que la raison est « *la chose au monde la mieux partagée* ». L'enfant n'apprend pas à raisonner, il ne fait que mobiliser une capacité propre à l'espèce.

Le débat prend donc une nouvelle direction : l'intelligence, la raison, le langage sont-ils une capacité spécifique aux humains ? On se tourne alors vers David Premack, qui étudie le langage et la pensée animale à l'université de Pennsylvanie, menant depuis plusieurs années des expériences avec Sarah, une femelle chimpanzé à qui il enseigne la langue des signes.

D. Premack répond en plusieurs points. Tout d'abord, il s'oppose à ceux qui affirment que le langage est le produit de la société et de la communication sociale. Beaucoup d'espèces animales vivent en société. Mais le langage, lui, est une spécificité humaine. Est-il alors lié à l'intelligence générale ? Fort de son expérience, il soutient que les grands singes sont intelligents : ils sont capables d'abstraction, de résolution de problème... Mais leur capacité à utiliser un langage est très limitée. Le langage serait donc une capacité spécifique, non directement liée à l'intelligence générale.

Par ailleurs, D. Premack se montre très sceptique devant l'existence d'une fonction symbolique. Pour lui, il existe des fonctions différenciées : les capacités de représentation, de raisonnement, de catégorisation, qu'il faut étudier une par une plutôt que de généraliser par une fonction générale. Le langage est donc modulaire, non lié à l'intelligence générale, ni à la société en général. Les arguments vont plutôt dans le sens des thèses de Chomsky, même si D. Premack refuse de s'aligner dans le camp innéiste.

Deux programmes de recherche différents

A ce stade, les protagonistes se répartissent alors en plusieurs camps. Il y a ceux, comme J. Monod ou F. Jacob, qui se tiennent sur une prudente réserve. Certains, comme Seymourt Papert ou D. Premack, voudraient engager le débat sur d'autres pistes.

Les tenants de Chomsky campent fermement sur leur position. L'intéressé lui-même refuse de s'engager dans des débats trop spéculatifs et généraux qu'il juge stériles. Il voudrait que l'on s'en tienne à des hypothèses précises sur des questions limitées et réfutables, et au premier chef, sa théorie grammaticale. Sur ce point, il est en position de force, car bien peu de spécialistes présents maîtrisent vraiment la théorie linguistique et peuvent en débattre. Seul Hilary Putnam, un philosophe américain, viendra contester directement et précisément ses thèses [2]. Son argument central : l'enfant ne peut organiser les phrases sans la sémantique. S'il peut découvrir les règles de la grammaire, c'est parce qu'il a accès au sens des mots (alors que Chomsky affirme que sémantique et grammaire sont indépendantes). Toute la construction de Chomsky, est, selon lui, fausse à la racine.

[2] En fait, ce débat a eu lieu, après Royaumont, par échange de textes.

D'autres participants aux débats recherchent la synthèse. C'est le cas de Stephen Toulmin, Guy Cérellier, Jacques Mehler... qui vont tour à tour présenter des tentatives de compromis. Jean-Pierre Changeux propose par exemple une théorie neurologique qui emprunte à la fois à l'innéisme et au constructivisme. Piaget remercie vivement J.-P. Changeux de cette tentative de compromis. « *Pour ma part, j'ai tenté dans ce symposium de trouver un tel compromis en admettant l'hérédité de fonctionnement des constructions elles-mêmes.* »

L'heure est venue de clore les discussions. Globalement, chacun est resté sur ses positions, même si Piaget et ses partisans ont sans cesse recherché un compromis que Chomsky et J. Fodor ont refusé fermement. En fait, comme le signale Massimo Piattelli-Palmarini, un des organisateurs du débat, l'entente était difficile, car le débat mettait aux prises « *deux programmes de recherche différents* » [3]. Avec le recul, cette confrontation apparaît néanmoins comme un moment charnière. Les conceptions concernant le langage et la pensée basculent.

[3] M. Piattelli-Palmarini, *Théorie du langage et théorie de l'apprentissage. Le débat entre Jean Piaget et Noam Chomsky*, Points Seuil, 1979, rééd. 1982.

Avant 1975, les théories nativistes sont ultraminoritaires. L'optique dominante est que l'homme est un être de culture, entièrement façonné par la société, l'expérience, l'apprentissage. Or, ni Piaget ni Chomsky ne partagent cette vision. Dans les années suivantes, l'optique cognitiviste – qui conçoit l'esprit humain comme une sorte de programme interne de traitement de l'information guidé par une logique interne – va s'imposer. Les découvertes sur les capacités précoces des nourrissons mettront par ailleurs à mal les thèses de Piaget.

Aujourd'hui, le débat est loin d'être vraiment tranché. Il reste que Royaumont fut, pour tous les protagonistes, une date clé dans l'évolution de leurs conceptions. Ce fut aussi un modèle de dialogue scientifique, loyal et rigoureux, comme il en existe trop rarement dans l'histoire des sciences humaines.

Jean-François Dortier est rédacteur en chef du magazine *Sciences Humaines*.

■ Rencontre avec **Pierre Roubertoux**

Y aurait-il des gènes de l'intelligence ? Pierre Roubertoux, grand spécialiste de la génétique, s'érige contre un usage abusif de cette discipline qui tendrait à justifier les conceptions héréditaristes. S'ils interviennent bien dans le fonctionnement du cerveau, les gènes se montrent polyvalents et plastiques, et leur rôle dans la cognition est complexe et partagé.

Intelligence : la part des gènes

Les généticiens s'intéressent aux relations entre gènes et intelligence. Mais de quelle intelligence s'agit-il ? De quoi parle-t-on ?

Les études génétiques de l'intelligence se placent maintenant dans une perspective cognitiviste, qui décompose l'intelligence en aptitudes assorties d'un ancrage neurobiologique et cérébral : à chaque fonction psychologique (les variantes de la mémoire, l'apprentissage, la plasticité) correspond un réseau de structures cérébrales. Il est important de préciser que l'intelligence telle que la mesurent les tests donnant lieu à une estimation du niveau intellectuel global (QI) ne se prête pas à des études génétiques. Cela n'est pas très étonnant étant donné que cette mesure est globale et nous renseigne sur le degré d'adaptation sociale et intellectuelle d'un individu. On ne sait rien des fondements biologiques qui permettraient de relier les capacités mesurées aux gènes.

Aucun gène lié au QI n'a pu être détecté, jusqu'ici. Nos travaux sur les pathologies qui affectent l'intelligence, comme le syndrome de Williams (délétion de quelques gènes du chromosome 7) et la trisomie 21 (un chromosome surnuméraire), montrent bien les limites diagnostiques des tests de QI. Le déficit intellectuel pour ces deux maladies se traduit par des différences dans les aptitudes (vocabulaire, apprentissage de techniques nouvelles, changements de stratégies), qu'une mesure globale ne permet pas d'identifier. Dans la trisomie par exemple, on observe un manque de plasticité, une incapacité à acquérir des aptitudes nouvelles. On ne trouve pas ça dans le syndrome de Williams *(voir page 202)*, qui comporte d'autres défauts comme le déficit de la mémoire à long terme...

La génétique et ses outils ont beaucoup évolué ces dernières années... En quoi cela a-t-il fait progresser les recherches sur l'intelligence ?

On s'est longtemps contenté de faire des inférences sur les gènes. La méthode des adoptions*, qui fut très utilisée, est aujourd'hui délaissée pour le peu d'information qu'elle apporte. Elle s'appuyait sur des spéculations douteuses concernant le patrimoine génétique des parents et notamment du père biologique, dont on n'avait bien souvent aucune trace.

De nouveaux outils, comme la détection des QTL*, les puces à ADN*, le criblage exhaustif du génome permettent aujourd'hui de travailler directement au niveau du gène. Il est désormais possible d'associer les variants d'un gène A aux phénotypes* correspondants (une variation d'intelligence par exemple). Les études de génétiques utilisent également de plus en plus le modèle animal. Nous transférons des gènes ou des portions de chromosomes humains chez la souris pour recréer les symptômes de pathologies qui affectent l'intelligence, comme la trisomie 21. On retrouve chez ces animaux transformés les caractéristiques de la pathologie chez l'homme, que sont une réduction du cervelet et du cortex, des difficultés d'apprentissage spatial, une mémoire à long terme perturbée...

A la lumière de ces dernières expériences, dans quelle mesure peut-on dire, aujourd'hui, que les gènes influent sur les comportements et donc sur l'intelligence ?

Des gènes interviennent dans le fonctionnement du cerveau et, par contrecoup, sur nos comportements mais cette relation n'est pas directe. En outre, l'existence d'une relation entre gènes et cognition n'implique pas pour autant que l'intelligence soit héréditaire.

Les gènes n'agissent pas de façon linéaire : ils induisent, en interaction les uns avec les autres, des cascades de réactions extrêmement complexes impliquant une multitude d'acteurs différents. Il n'y a pas le ou les gènes de l'agression. Il y a des gènes qui codent pour des protéines qui, suivant la région de l'organisme où elles sont produites, rempliront des fonctions différentes. Chez la souris, l'un des gènes impliqués dans l'agression, est aussi impliqué dans la fabrication de l'émail des dents ! Bref, chaque gène est polyvalent et il est impossible de dresser une carte du génome où l'on ferait correspondre tel gène à telle fonction.

L'opposition inné-acquis, est-ce un débat dépassé ?

Pas pour tout le monde, hélas ! Certains spécialistes des sciences humaines et notamment les psychologues ont encore l'habitude d'opposer ce qui est inné à ce qui est acquis. Mais de quoi s'agit-il ? L'inné, c'est, par définition, ce qui apparaît à la naissance. Or on a tendance à dire que ce qui apparaît à la naissance, c'est l'effet des gènes. C'est faux : pendant les neuf mois de grossesse, il se passe des tas de choses. La mère sert en

Mots clés

• QTL (locus à effets quantitatifs)
La quasi-totalité des traits observés ou mesurés sont liés à plusieurs gènes. Ces gènes qui contribuent à une proportion du trait sont appelés Quantitative Trait Loci, ou QTL, autrement dit, gènes contribuant au trait de façon quantitative. Il est possible de les localiser sur les chromosomes.

• Méthode des adoptions
Un enfant abandonné par une mère de faible QI est adopté à sa naissance par des parents de QI élevé. Si l'enfant se révèle à l'âge adulte doté d'un haut QI, on conclut à l'effet de l'environnement postnatal ; s'il est doté d'un faible QI, on conclut à l'effet des gènes ou de l'environnement prénatal. La difficulté tient à ce qu'il faut être deux pour faire un enfant et qu'on ne possède pas d'informations, en général, sur le phénotype du père.

• Phénotype
C'est l'ensemble des traits observables (caractères anatomiques, morphologiques, physiologiques) chez un individu, résultant directement de la lecture de son génotype.

• Puces à ADN
La technologie des puces à ADN ou biopuces permet la mesure simultanée du niveau d'expression de plusieurs milliers de gènes, voire d'un génome entier dans des conditions différentes.

quelque sorte de filtre aux événements extérieurs, sociaux mais aussi chimiques (ce qu'elle mange, respire, fume, boit, ingère ou s'injecte comme drogue), elle peut aussi être stressée, anxieuse, fatiguée...
Tout cela n'est pas sans conséquence sur le fœtus. L'effet de l'environnement se fait sentir, dès les premières millisecondes de la fécondation, un effet de l'environnement. Cette action précoce des facteurs génétiques et d'environnement me fait dire que l'inné est en grande partie acquis et qu'on ne peut donc pas prétendre que ce qui arrive à la naissance est prédéterminé par les gènes. Quant à l'acquis, c'est par définition tout ce qui s'apprend. Or, là aussi, l'acquis peut être antérieur à la naissance. On sait que le fœtus est déjà doté de capacités d'apprentissage, qu'il est capable de reconnaître, par exemple, la voix de ses parents. L'opposition inné-acquis ne veut pas dire grand-chose, d'autant moins qu'il est parfois possible de corriger ce que l'on appelle – à tort – l'inné, autrement dit, de corriger les effets du patrimoine génétique par des traitements qui interviennent dans la chaîne métabolique issue du gène muté.

Les polémiques sur une origine génétique de l'intelligence et, par conséquent, sur une origine génétique des différences sociales, sont-elles toujours d'actualité ?

Aux Etats-Unis, la crainte que le niveau inférieur d'intelligence des étrangers ne fasse baisser celui de la nation américaine est un vieux serpent de mer, qui réapparaît à intervalles réguliers depuis 1905. Le discours est simpliste, mécaniste mais efficace. Le dernier en date, défendu par l'anthropologue Philippe Rushton, prétend que les Noirs sont moins intelligents que les Blancs parce qu'ils ont une plus petite tête. Or le risque que les Noirs disséminent leurs gènes est grand car ils ont une capacité sexuelle supérieure, prévient-il. Tout cela ne repose que sur des spéculations.
En réalité, la notion de race n'a pas de sens en génétique. Associer une couleur de peau à un patrimoine génétique particulier est un peu trop simpliste. Il existe un brassage génétique puissant et qui ira s'accentuant, qui remet en cause le concept de race. Quelques chercheurs non généticiens n'en restent pas moins imprégnés de ces théories (ce qui n'est pas forcément vrai du reste des chercheurs). Pas plus tard qu'en juin 2005, l'American Psychological Association faisait paraître une étude menée par le pédagogue Arthur Jensen et Philippe Rushton,

truffée d'erreurs, concluant à un déterminisme génétique de l'intelligence et du rang social [1]. Ces personnages véhiculent un message qui les dépasse : créer des enseignements spécialisés pour les plus riches en limitant les fonds alloués aux catégories de population démunies... Mais les deux auteurs sont soutenus par des intérêts financiers assez puissants pour acheter et envoyer par avion des milliers d'exemplaires de cette revue... même à des chercheurs qui les ont toujours ignorés.

Note

[1] *Psychology, Public Policy and Law*, juin 2005, vol. XI, n° 2.
Site Internet : www.apa.org/journals/law.html

Pierre Roubertoux est professeur de génétique et neurosciences. Il a créé et dirigé le laboratoire Génétique, neurogénétique, comportement du CNRS et travaille aujourd'hui au laboratoire Génomique fonctionnelle, comportement et pathologies du CNRS, à Marseille. Il est notamment l'auteur de *Existe-t-il des gènes du comportement ?*, Odile Jacob, 2004.

Points de repère

- Nativisme versus constructivisme

- La plasticité cérébrale

• Innéisme première manière

Le débat inné-acquis a longtemps sous-tendu les recherches et les théories de l'intelligence. L'innéisme était à l'origine une doctrine philosophique, selon laquelle les idées et les connaissances sont inscrites dans l'esprit humain à la naissance. On naissait donc plus ou moins bien doté, ce qui conditionnait et expliquait l'intelligence de chacun.

Depuis Darwin, cet inné est devenu, pour les évolutionnistes, le produit de ce que l'espèce avait acquis au cours de l'évolution.

• Un contre-modèle issu de l'empirisme

Pendant longtemps, les tenants des conceptions innéistes se sont opposés aux empiristes* pour qui les connaissances venues de l'environnement s'imprimaient sur l'esprit humain comme sur « une table rase », selon la fameuse formule du philosophe J. Locke. Pour les béhavioristes*, il suffisait, pour devenir intelligent, de trouver des techniques d'apprentissage efficaces, ce à quoi s'employèrent de nombreux psychologues et éducateurs.

• Le constructivisme, ou la tentative de conciliation

Au XXe siècle, la naissance des théories constructivistes semble une tentative de conciliation entre partisans du tout inné ou du tout acquis. Celles-ci avancent que nos connaissances se construisent par des interactions entre la pensée du sujet et son environnement, avec une dose variable du rôle de l'une ou de l'autre... selon les auteurs.

La théorie de Jean Piaget notamment, dans les années 1960, est devenue quasi hégémonique, détrônant aux Etats-Unis le béhaviorisme qui y régnait sans partage depuis le début du XXe siècle.

• Le nativisme : un pavé dans la mare

Mais voici qu'au crépuscule du XXe siècle, des scientifiques comme Noam Chomsky, ou encore Jacques Mehler et Emmanuel Dupoux (*Naître humain*, 1990) et Stanislas Dehaene (*La Bosse des maths*, rééd. 2003) rejettent aussi bien les thèses empiristes que constructivistes, au profit d'un nouvel innéisme. Appelé aujourd'hui le « nativisme », ce courant soutient que le cerveau est prééquipé à la naissance. Les thèses nativistes s'appuient sur des méthodes nouvellement utilisées pour tester les compétences des nourrissons *(voir page 73)* qui relèveraient alors, pour certains, du patrimoine génétique tel qu'il a été façonné par l'évolution.

• Le neuro-constructivisme : contre-offensive ?

Mais le débat n'est pas clos pour autant ! Il rebondit même avec le développement des neurosciences. C'est dans ce cadre que certains scientifiques continuent à plaider pour une perspective développementale de l'intelligence.
La chercheuse anglaise Annette Karmiloff-Smith, par exemple, à l'appui de nombreux travaux, montre que le développement dépend de processus innés dans lesquels l'environnement physique et socioculturel joue un rôle crucial.
A. Karmilov-Smith estime en effet que le cerveau n'est pas équipé de modules pré-programmés qui justifieraient un certain nombre de capacités innées. Sa thèse d'une « modularisation graduelle » permet de prendre en compte la plasticité du développement cérébral dans des domaines spécifiques de connaissances comme le langage, le nombre ou la physique…

M.F.

La plasticité cérébrale

1. En quoi le cerveau est-il plastique ?

Longtemps, les scientifiques ont cru que le cerveau, une fois mature, se caractérisait par la stabilité de ses connexions, jugées immuables. Aussi était-il censé couler comportements et apprentissages dans le moule d'une forme de rigidité, voire de déterminisme biologique. Depuis une trentaine d'années, cette vision de la structure et du fonctionnement cérébral a volé en éclats. Selon l'expression du neurobiologiste Jean-Pierre Changeux, le cerveau est, au contraire, un « *système "auto-organisé", ouvert et motivé* ». De fait, il modifie l'organisation de ses réseaux de neurones en fonction des expériences vécues par l'organisme. C'est la plasticité cérébrale.
Le cerveau est « informable » et déformable. Ainsi, s'il était le réceptacle de souvenirs figés qui remonteraient à la surface après avoir été extraits de la « boîte » où ils dormaient, comment, par exemple, reconnaîtrions-nous une personne que nous n'avons plus côtoyée depuis des années ? Sans un cerveau « plastique », à même de remodeler ses connexions en fonction de facteurs environnementaux et contextuels, de « *remettre le passé au goût du jour* », ce serait impossible.

L'hippocampe des chauffeurs de taxi

Une autre illustration de la neuroplasticité nous est fournie par les chauffeurs de taxi londoniens. Ils doivent s'imprégner de ce qu'ils appellent *the knowledge* (la connaissance), c'est-à-dire la carte détaillée de Londres, ville tentaculaire dont ils doivent pouvoir situer toutes les rues, les sens interdits, les raccourcis… Des études d'imagerie par résonance magnétique ont montré que leur hippocampe, cette structure du lobe temporal jouant un rôle essentiel dans les mémoires déclarative (celle des événements et des faits) et spatiale, est surdéveloppé. De même, plus un violoniste s'adonne à son art, plus la zone corticale commandant l'auriculaire gauche (dans le cas d'un droitier) s'étend au détriment des zones dévolues aux autres doigts.
Plus éloquent encore : chez les aveugles de naissance, la lecture du braille suscite une activation de régions occipitales normalement allouées à la vision. Ces personnes n'ayant jamais vu, il ne peut s'agir d'un phénomène d'imagerie mentale. Autrement dit, comme l'écrivent Dominique Lambert et René Rezsöhazy dans un essai récent [1], « *les différentes aires corticales ne semblent donc pas restreintes au type d'intégrations neuronales auxquelles elles sont destinées normalement par la mise en place au cours de l'embryogenèse* ».
Le cerveau est en perpétuel remaniement, et la plasticité suggère un grand jeu de construction et de démolition. Gerald Edelman, prix Nobel de médecine en 1972, parle de darwinisme neuronal. En effet, parmi tous les chemins neuronaux possibles entre deux aires cérébrales, le plus efficace sera sélectionné et consolidé en vue d'une réutilisation ultérieure.

Un darwinisme neuronal

Ce processus que J.-P. Changeux qualifie d'épigenèse par stabilisation sélective des neurones et des synapses connaît son apogée durant la petite enfance. Dès la dix-huitième semaine de la grossesse, la plupart de nos 100 milliards de neurones, dont une fraction importante va mourir, principalement durant la période fœtale, sont constitués et ont trouvé leur destination.

Traits d'union entre ceux-ci, les connexions synaptiques, elles, prolifèrent alors de façon exubérante. Sous l'influence des expériences vécues par l'enfant *in utero* et pendant ses premières années de vie, nombre d'entre elles, redondantes ou « non pertinentes », vont être éliminées, tandis que d'autres vont se consolider.

La fin des périodes critiques du développement ne sonne évidemment pas le glas de la plasticité cérébrale, mais elle réduit l'intensité de ses manifestations. L'enfant doit tout apprendre (marcher, parler...), il est vrai, alors que l'adulte jouit déjà de nombreux acquis.

2. La plasticité cérébrale, clé de voûte des apprentissages

Tel qu'il se dévoile à chaque instant, notre cerveau est le produit de nos gènes et des modifications permanentes que lui impose notre histoire individuelle. Les premiers en déterminent le patron général et président à son précâblage. En réglant son organisation fine au gré des expériences vécues par l'organisme, la plasticité, elle, est le gage de notre adaptabilité et de notre individuation – jamais il n'existera de clones ni de jumeaux vrais identiques aux niveaux cortical et comportemental. La plasticité synaptique implique cependant une balance entre stabilité et remodelage, sinon, faute d'invariants, le cerveau serait sans cesse déstructuré et la mémoire, par exemple, d'une extrême labilité. En un sens, le siège de nos pensées suggère le bateau de Thésée qui, perpétuellement réparé, était toujours différent tout en restant à peu près le même.

Quand les neurones s'égarent

Toutefois, il arrive que la neuroplasticité « s'égare » et se révèle même pathologique. Ainsi, dans l'épilepsie partielle complexe du lobe temporal, le malade a souvent connu une convulsion hyperthermique sévère avant l'âge de 3 ans, mais ses premières crises ne sont apparues que des années plus tard. On sait aujourd'hui que la convulsion initiale induit durant la période dite silencieuse un remodelage des circuits cérébraux locaux, les rendant hyperexcitables et transformant la région en foyer épileptogène. En outre, l'épileptogenèse semble

plagier l'embryogenèse. Par exemple, les récepteurs au GABA, qui génèrent des activités inhibitrices chez l'adulte normal, retournent à leurs premières amours chez le sujet épileptique : ils sont à l'origine de signaux excitateurs comme chez l'embryon et le fœtus.
D'une certaine manière, la plasticité est aux ordres de l'environnement. Des études ont montré l'importance que revêt, déjà, le milieu intra-utérin pour un bon développement cérébral. Ainsi, l'enfant qui naît d'une mère dénutrie possède moins de neurones, ce qui influe sur ses capacités intellectuelles.
La plasticité n'en demeure pas moins la clé de voûte de nos apprentissages et un facteur essentiel de progrès et de survie. Comprendre comment le cerveau évolue en fonction de nos expériences permettrait vraisemblablement des avancées majeures, notamment dans les sphères de la psychologie et de la pédagogie, puisque des modifications de l'activité synaptique seraient à la base des processus d'apprentissage et de mémorisation.

Un outil, l'IRM fonctionnelle cérébrale

L'imagerie par résonance magnétique fonctionnelle (IRMf) est souvent présentée jusqu'à l'excès comme l'outil ayant révolutionné les neurosciences. Actuellement, elle est la technique la plus puissante pour visualiser le fonctionnement cérébral.
Née au début des années 1990, elle a de nombreux avantages par rapport à d'autres techniques plus anciennes : reposant sur des modifications de concentration d'oxygène dans le sang, l'IRMf est totalement inoffensive. Elle permet une image avec les meilleures résolutions spatiale (1 mm) et temporelle (jusqu'à 1/10e de seconde) possibles actuellement. On peut donc visualiser précisément, et en temps réel, l'activité du cerveau : quelle(s) aire(s) est(sont) activée(s) pour jouer aux échecs, lire un livre ou prévoir sa liste de courses ? Dans le champ clinique, cette technique apporte des informations essentielles sur l'effet de la rééducation : les aires utilisées sont-elles les mêmes pour une tâche de mémoire à différents stades de la réhabilitation ?

Apports et limites de l'imagerie

Certaines personnes ayant une lésion cérébrale utilisent des stratégies compensatoires pour effectuer une tâche auparavant déficitaire ; d'autres aires cérébrales prennent ainsi le relais des zones touchées.
L'imagerie cérébrale sert également à affiner les diagnostics comme dans la maladie d'Alzheimer.
Avec l'IRM, le cerveau va-t-il devenir transparent ? Hélas, comme toute technique, l'imagerie cérébrale présente des limites. Elle reste un outil fort utile certes pour la recherche, mais qui se dérobe, lui aussi, à nous livrer les clés des mystères de la pensée et de l'intelligence...

Gilles Marchand

3. La plasticité cérébrale peut-elle tout réparer ?

EN 1953, H.M. subit une exérèse bilatérale des deux tiers antérieurs de l'hippocampe dans le cadre d'une intervention destinée à éteindre de graves crises d'épilepsie. Depuis lors, il est amnésique, au point de ne pouvoir reconnaître une personne rencontrée cinq minutes plus tôt. La plasticité cérébrale ne lui a donc pas offert une deuxième chance. Aucune autre structure, aucun autre réseau n'a pris efficacement le relais, contrairement à ce qui se passe chez certains patients hémiplégiques, qui finissent par recouvrer de la mobilité. Et s'il est démontré désormais qu'il existe une neurogenèse (apparition de nouveaux neurones) au sein de l'hippocampe chez le sujet adulte, phénomène dont on ignore encore les tenants et les aboutissants, elle n'a en rien contribué à réduire le handicap de H.M.
En revanche, l'équipe de Martial Van der Linden, neuropsychologue aux universités de Genève et de Liège, est parvenue il y a quelques années à apprendre le traitement de texte à A.C., patient amnésique qui ignore encore comment il a acquis les connaissances indispensables. Les chercheurs ont travaillé par conditionnement, exploitant sa mémoire procédurale [2], restée intacte, pour pallier la déficience de sa mémoire épisodique lésée. Une façon d'exploiter la plasticité cérébrale.
On sait aussi, par exemple, que les cellules greffées chez des parkinsoniens établissent des connexions, mais avec un résultat thérapeutique mitigé à l'heure actuelle. Bref, dans la sphère réparatrice, la neuroplasticité a ses limites, et les mécanismes mis en œuvre gardent une grande part de mystère.

Quatre types de plasticité

Jordan Grafman, du centre des neurosciences cognitives, à Bethesda (Etats-Unis), distingue quatre types de plasticité fonctionnelle, qui demeurent néanmoins hypothétiques.

• Un premier mécanisme d'adaptation après lésion serait la prise en charge du déficit par la région homologue de l'autre hémisphère, censée remplir une fonction primaire et une fonction secondaire. Dans ce cadre, Harvey Levin, du Baylor College of Medicine, à Houston, s'est intéressé au cas d'un adolescent qui n'éprouvait pas de difficultés visuospatiales en dépit d'une lésion pariétale droite très importante survenue lorsqu'il était très jeune. Par contre, ce garçon peinait en calcul. D'où l'idée que le lobe pariétal gauche se serait substitué au droit, au prix d'interférences touchant sa fonction primaire (le calcul).

•Deuxième mécanisme envisagé par J. Grafman : une région qui ne reçoit plus d'entrées sensorielles peut « *se reconvertir* » et accueillir des *inputs* d'un autre type – nous avons évoqué le cas de l'aveugle de naissance lisant en braille, chez qui s'activent des régions occipitales en principe dévolues à la vision.

• On a également observé, notamment chez des aphasiques, une activation de zones adjacentes à la lésion. J. Grafman parle de « *map expansion* ». Mais quel est le statut fonctionnel de ce troisième mécanisme ? Et ce dernier ne repose-t-il pas sur le principe des vases communicants, ce qui nuirait aux performances du sujet dans les fonctions habituellement exécutées par ces zones contiguës ? On l'ignore.

• Enfin, J. Grafman avance que certaines tâches peuvent être réalisées en utilisant des stratégies alternatives impliquant des substrats neuronaux différents. A l'instar du patient amnésique A.V. apprenant le traitement de texte, une personne cérébrolésée pourrait parfois profiter de la plasticité de son cerveau pour exploiter une voie atypique.

PHILIPPE LAMBERT

Notes

[1] Dominique Lambert et René Rezsöhazy, *Comment les pattes viennent au serpent. Essai sur l'étonnante plasticité du vivant*, Flammarion, Nouvelle Bibliothèque scientifique, 2005.

[2] La mémoire procédurale est impliquée dans l'apprentissage de nouvelles habiletés perceptives, motrices ou cognitives. Difficilement accessibles à la verbalisation, les connaissances qui y sont stockées reposeraient sur des apprentissages ne pouvant s'acquérir que sur le mode stimulus-réponse.

Partie III

LA MESURE DE L'INTELLIGENCE EN D'ÉBAT

Décrire et mesurer l'intelligence... Telle a été la préoccupation majeure de nombreux psychologues depuis le tout début xxe siècle. Alfred Binet, dont on redécouvre la portée de l'œuvre aujourd'hui (voir page 129), *fut l'un des initiateurs des tests d'intelligence.*

Tout au long du xxe *siècle, la pratique des tests a connu un développement spectaculaire. Mais elle a aussi alimenté, comme le montre Jacques Grégoire* (voir page 141), *un débat toujours animé sur les modèles théoriques qui les sous-tendaient : ainsi, par exemple, l'intelligence peut-elle se résumer à un facteur unique ou faut-il la considérer comme un ensemble de composantes distinctes ?*

Et d'ailleurs, lorsque l'on effectue la passation de tests, est-on sûr de ce que l'on mesure réellement ? Pour les psychologues cliniciens, confrontés aux dimensions tant affectives que cognitives des enfants qu'ils rencontrent, le parcours est semé d'embûches (voir page 161). *D'autant que le déploiement des nouvelles avancées de la génétique, de la neuropsychologie et autres imageries cérébrales, ainsi que la palette des méthodes possibles (de la psychanalyse à la pharmacopsychologie...) ne fait qu'accroître la complexité des connaissances. C'est ce que montre Paul Messerschmitt à propos de l'étude des psychopathologies de l'intelligence* (voir page 171).

Michel Huteau

C'est paradoxalement aux Etats-Unis que les travaux d'Alfred Binet connurent leurs premiers succès. Cent après la naissance de son premier test d'intelligence, la communauté scientifique rend hommage à ce psychologue français, dont les intuitions ont gardé toute leur validité.

Alfred Binet (1857-1911)

Il y a tout juste un siècle, la revue *L'Année psychologique,* dans sa livraison datée de 1905, publiait sous la signature de son directeur, Alfred Binet (1857-1911), et d'un jeune psychiatre, Théodore Simon (1873-1961), plusieurs articles qui allaient révolutionner la psychologie de l'intelligence en présentant la première version de l'échelle métrique de l'intelligence – le test « Binet-Simon » – qui a inspiré la plupart des tests lui ayant succédé [1]. Binet était déjà connu pour ses travaux sur l'intelligence. Il avait, en effet, publié deux ans auparavant un ouvrage novateur, *L'Etude expérimentale de l'intelligence*, dans lequel il montrait, à partir de l'observation prolongée de ses deux filles, que nos conduites intellectuelles étaient cohérentes et manifestaient notre individualité [2].

Les articles de 1905 et le livre de 1903 illustrent bien, dans le domaine de l'intelligence, la volonté de Binet de construire une « psychologie individuelle ». En traitant des sujets les plus divers, il a tou-

1. Binet A., Simon T., 1 904-1905, *L'Elaboration du premier test d'intelligence*, Paris, L'Harmattan, 2004.

2. Binet A., 1903, *L'Etude expérimentale de l'intelligence*, Paris, L'Harmattan, 2004.

jours déclaré viser un double objectif. D'une part, étudier la variabilité interindividuelle d'une fonction, ce qui le conduira à rechercher des signes de l'intelligence, puis à l'échelle métrique. D'autre part, étudier l'organisation des fonctions chez un même individu afin de déterminer son type intellectuel ou, dirions-nous aujourd'hui, son style cognitif, ce qui le conduira à montrer que certains sont plutôt « objectivistes », tandis que d'autres sont plutôt « subjectivistes ».

Le paradigme associationniste

Pour juger de l'apport de Binet et apprécier la nouveauté de son approche de l'intelligence, il est nécessaire de se reporter au début du xxe siècle et d'examiner ce qu'était alors la psychologie de l'intelligence. La psychologie scientifique vient de se constituer. Elle se propose d'établir un savoir positif, c'est-à-dire explicité et validé, sur le psychisme humain, savoir qui se distinguerait radicalement des discours de la tradition philosophique, de la littérature et de la clinique médicale. À cette fin, les psychologues de l'époque s'efforcent d'utiliser des méthodes voisines de celles que les physiologistes ou les physiciens mettent en œuvre. Ils sont persuadés que, pour « faire de la science », il faut procéder à des mesures précises au moyen d'appareils sophistiqués et que l'expérimentation consiste à mettre en évidence l'effet des variations des stimulations physiques sur les réactions des sujets.

Cette option méthodologique est tout à fait en accord avec le paradigme dominant qui est l'associationnisme. L'associationnisme est constitué d'un ensemble de théories issues de la philosophie empiriste anglaise (John Stuart Mill, Herbert Spencer) et introduites en France par Théodule Ribot. Il repose sur trois principes : l'empirisme (toutes nos connaissances proviennent des sens), le réductionnisme (toute connaissance provient de l'association d'images qui sont les résidus ou les réactivations des sensations) et le mécanisme (l'association est un phénomène automatique). Dans cette perspective, la base du psychisme est la sensation. C'est heureux, car les sensations peuvent être mesurées avec précision et elles peuvent donner lieu à des expérimentations qui ressemblent à celles de physiologistes. On doit à Hippolyte Taine (1828-1893) les développements les plus systématiques des thèses associationnistes. Pour Taine, « l'esprit est un polypier d'images » *et les lois des idées se ramènent aux lois des images,* « puisque nos idées se ramènent à des images ».

Les associationnistes ne remettent pas en cause l'objet de la psychologie tel qu'il a été défini par les philosophes. Pour les uns et les autres, la psychologie doit étudier des états de conscience. Les associationnistes se contentent de définir autrement les états de conscience : aux états de conscience complexes des philosophes ils vont substituer les états de conscience élémentaires que sont les sensations et qui sont seuls accessibles, pense-t-on, à l'expérimentation et à la mesure.

On a donc un ensemble tout à fait cohérent, qui, aujourd'hui, nous paraît un peu étrange, entre les propositions épistémologiques (les états de conscience comme objet), la théorie (l'associationnisme) et la méthodologie (une conception de la mesure et de l'expérimentation issue des sciences naturelles). Au début de sa carrière, Binet adhère pleinement à ce paradigme. Dans son premier ouvrage sur la psychologie du raisonnement (1886), il se propose de montrer que « *l'élément fondamental de l'esprit est l'image ; que le raisonnement est une organisation d'images, déterminée par les propriétés des images seules et qu'enfin il suffit que les images soient mises en présence pour qu'elles s'organisent et que le raisonnement s'ensuive avec la fatalité d'un réflexe* ». Mais, très vite, Binet va rompre radicalement avec ce paradigme.

Un nouveau paradigme : l'étude de l'activité

En 1903, la rupture est consommée. Binet déplace l'objet de la psychologie, montre que la théorie est infondée et renouvelle la méthodologie expérimentale. Pour Binet, la psychologie doit cesser de s'intéresser aux états de conscience et placer au premier plan l'analyse de l'activité. Les actes tendent à prendre la place des images : « *Comprendre,* écrit Binet en 1903, *comparer, rapprocher, affirmer, nier, sont, à proprement parler, des actes intellectuels et non des images.* » Binet participe donc à ce vaste mouvement qui, au début du XXe siècle, avec des personnalités aussi différentes que le fondateur du behaviorisme* Watson et le pionnier de la psychologie clinique Janet, donne à la psychologie un nouvel objectif : l'étude des conduites, qu'elles soient motrices ou verbales.

Binet découvre, avec quelques autres, qu'il existe une pensée sans image, ce qui est tout à fait contradictoire avec les postulats associationnistes. « *Toute la logique de la pensée,* écrit-il en 1903, *échappe à l'imagerie.* » Définir la psychologie comme la science de l'action conduit à limiter le rôle des images pour insister sur la régulation de l'action. Binet, en 1909, propose une théorie de l'intelligence qui met l'accent sur la régulation de l'action et dans laquelle il n'est plus question des images. L'intelligence est un ensemble de fonctions qui permettent l'adaptation à des situations nouvelles. Quatre de ces fonctions – on dirait plutôt aujourd'hui des processus paraissent essentielles : la direction (qui oriente l'activité), la compréhension, l'invention et la critique (qui vise à ajuster l'action au but poursuivi). Avec Binet, l'intelligence se manifeste uniquement dans les processus supérieurs (jugement, imagination, raisonnement...), alors que, pour beaucoup de ses contemporains, elle se manifeste au moins autant dans les processus élémentaires que sont, par exemple, l'acuité sensorielle et le temps de réaction simple.

L'invention de l'échelle métrique de l'intelligence

L'étude des processus supérieurs appelle un élargissement de l'expérimentation et de la mesure. Binet juge « étroite » la conception alors dominante selon laquelle l'expérimentation ne peut être scientifique que si elle porte sur des processus simples. Il considère que tout changement dans la conscience du sujet est une excitation et que le langage est un excitant bien plus intéressant que les excitants sensoriels. Sa méthode privilégiée est l'introspection expérimentale et les témoignages introspectifs qu'il recueille ressemblent beaucoup aux verbalisations sollicitées par les psychologues cognitivistes. La mesure des processus élémentaires était calquée sur la mesure des excitants physiques. Binet (dans la seconde version de l'échelle métrique en 1908), avec la notion d'âge mental, introduit une nouvelle manière de classer les sujets qui, dit-il, « *est équivalent pour les besoins de la pratique à une mesure* ».

Cette nouveauté des points de vue de Binet explique le succès de l'échelle métrique. Celle-ci n'est pas la transcription opérationnelle de sa théorie de l'intelligence ; Binet marquait d'ailleurs une grande désinvolture à l'égard de toutes les théories et savait se montrer pragmatique. Beaucoup d'items ne correspondent pas aux quatre processus centraux de la théorie et quand il y a correspondance, elle n'est pas toujours évidente. Mais les grandes idées de Binet se retrouvent dans son test. Les items concernent tous des processus psychologiques supérieurs, et c'est sur ce point que la différence avec les autres tests construits à l'époque, ceux de Toulouse, Vaschide et Piéron en France, ceux de Cattell aux États-Unis, est la plus frappante. Ces items sont variés, ce qui correspond bien à l'idée que l'intelligence est une constellation de fonctions. Enfin, l'âge mental est un mode d'étalonnage original qui permet une ordination des sujets qui semble fondée.

Réticences françaises

Bizarrement, l'impact de l'œuvre de Binet en France a été très limité. En revanche, elle a été à l'origine du développement des tests, surtout aux États-Unis et en Angleterre, et elle a fortement inspiré Piaget.

Binet, on le sait, a construit la première version de son test comme un outil de diagnostic de la débilité mentale en vue du recrutement des classes de perfectionnement. La création de ces classes avait été recommandée fin 1905 par une commission ministérielle à laquelle Binet participait. Binet et Simon ont travaillé très vite, mais ils ne partaient pas de rien et le test a été en quelque sorte la mise en forme des recherches que Binet conduisait depuis une quinzaine d'années sur ses propres enfants, sur des écoliers et sur des enfants anormaux dans les hospices. La version de 1908 sera bien plus élaborée et destinée à des usages plus diversifiés (orienter la pédagogie, repérer les « anormaux militaires »).

Les premières classes de perfectionnement ouvrent en 1907, et la loi qui les crée officiellement est promulguée en 1909. Le moins que l'on puisse dire, c'est que ce test a été mal accueilli par les philosophes qui se targuaient de faire de la psychologie – alors encore nombreux –, par les psychiatres et les médecins et, ce qui est plus surprenant, par les autres psychologues à prétention scientifique.

Le rejet des philosophes était tout à fait prévisible : vouloir mesurer quelque chose d'aussi complexe et d'aussi subtil que l'intelligence ne pouvait être, à leurs yeux, que le signe d'une grave aberration mentale. L'hostilité des psychiatres traitant de l'arriération mentale provient de ce que leur formation et leur pratique clinique les préparaient peu à procéder à des observations objectives et contrôlées. Elle est renforcée par les critiques sévères que Binet, pas très diplomate, leur adresse : il parle « *de l'intuition, du subjectivisme, de l'empirisme grossier, décoré du nom de tact médical, et derrière lequel s'abritent l'ignorance, le laisser-aller et la présomption* » La plupart des psychiatres ignorent le test, ceux qui en parlent lui adressent quatre types de reproche : les réponses des sujets sont fortement biaisées (suggestibilité de l'enfant, labilité de son attention…), les épreuves ne se distinguent pas des exercices scolaires, les résultats ne permettent pas de se faire une idée d'ensemble, enfin l'application est trop coûteuse en temps. L'hostilité des psychiatres et, plus généralement, des médecins est aussi corporative. Ils considèrent que le diagnostic de la débilité mentale est de droit leur domaine, droit que Binet leur dénie. Pour le recrutement des classes de perfectionnement, il considère que le rôle du médecin doit se limiter à la reconnaissance des maladies dont l'anormal peut être atteint. Décider qui est anormal et qui ne l'est pas ne relève nullement de sa compétence. On a là la première manifestation du conflit entre médecins et psychologues, conflit qui aura un bel avenir.

Critiques tous azimuts

Les réticences des psychologues scientifiques, essentiellement regroupés dans le laboratoire d'Édouard Toulouse à l'asile de Villejuif, sont d'une autre nature. Ils sont restés attachés au paradigme associationniste et considèrent que l'étude des processus élémentaires est la voie principale pour l'étude de l'intelligence. La plupart de leurs tests supposent des appareils de laboratoire et ils n'utilisent pas d'étalonnages. Ils sont persuadés de leur légitimité scientifique et accusent Binet d'avoir trahi la cause de la psychologie expérimentale.

Mal reçue, l'échelle métrique sera peu utilisée en France, même pour le recrutement dans les classes de perfectionnement. Ce n'est qu'à partir des années 1960, avec le développement des classes de perfectionnement, après que l'échelle métrique a été révisée par René Zazzo (1966) et que les effectifs des psychologies scolaires se sont suffisamment étoffés, que le test a été significativement utilisé pour le diagnostic de la débilité mentale. Mais ce succès sera de courte durée. Un nouveau test, bien plus satisfaisant à bien des égards, la Wisc, supplantera très vite le vieux Binet-Simon, même rénové *(voir page 188)*. Par ailleurs, dès le début des années 1970, le problème du recrutement des classes de perfectionnement va perdre de son acuité avec un changement radical dans le mode de traitement du handicap mental. Alors que l'on se proposait d'aider les handicapés mentaux au moyen d'enseignements spécifiques, on se propose alors de les intégrer au système normal. La conséquence de ce changement de politique a été une réduction massive du nombre de classes de perfectionnement.

Une personnalité isolée

Le peu de succès du test de Binet et, plus généralement, le fait que son œuvre n'ait pas eu de prolongements (ce qui n'a pas empêché de nombreux auteurs de saluer rituellement son « génie ») s'expliquent pour une part par la personnalité de Binet. Binet est un marginal qui, malgré ses efforts, n'a jamais été intégré à l'*establishment* psychologique. Il n'a jamais enseigné et n'a pas formé d'élèves susceptibles de travailler dans la direction qu'il avait indiquée. Son seul disciple est Simon. Mais celui-ci, dès 1910, s'est surtout consacré à son activité de clinicien (comme médecin aliéniste). Il s'est toujours opposé à ce que Zazzo révise le test. On a donc assisté à un phénomène assez grotesque : la traduction en français d'adaptations américaines du Binet-Simon... Le véritable continuateur de Binet, tant par les thèmes de recherche que par le style de travail, est Zazzo. Mais deux générations les séparent (Zazzo est né en 1910). Une autre raison du peu d'impact de l'œuvre de Binet provient de l'influence d'Henri Piéron. Piéron remplace Binet à la direction du laboratoire de la Sorbonne et il deviendra vite, pendant quarante ans, le *leader* incontesté de la psychologie expérimentale en France. Piéron développe une conception de l'intelligence différente de celle de Binet. Il concède que le Binet-Simon est un bon test de développement, mais c'est pour affirmer aussitôt qu'il n'est pas un bon test d'intelligence, car les différences d'intelligence doivent se manifester à niveau de développement constant. Piéron, par ailleurs, et cela est à porter à son crédit, est opposé à une conception unidimensionnelle de l'intelligence, conception qu'il juge « dangereuse ». Il pense qu'il est plus pertinent de caractériser les individus par un profil que par un score unique. Le test qu'il construit, et qu'utilisent les quelques conseillers d'orientation professionnelle qui, dans les années 1930, font passer des tests, décrit les individus au moyen d'un profil en 21 points.

Le succès de l'échelle métrique aux Etats-Unis

Le test de Binet et Simon a été mieux reçu dans les pays où la psychologie connaissait un développement significatif qu'en France, mais c'est aux États-Unis qu'il a eu le plus de succès. Ce succès n'a pas été immédiat. Les nombreux universitaires américains qui travaillaient à la construction d'un test d'intelligence et qui, pourtant, connaissaient les travaux de Binet, n'ont pas perçu la nouveauté de l'échelle métrique. C'est Henry Goddard (1866-1957), un obscur psychologue d'une institution pour déficients mentaux qui, à l'occasion d'un voyage d'études en Europe, découvre le test en 1908, à Bruxelles, au cours d'une rencontre avec Ovide Decroly.

De retour aux États-Unis, Goddard devient un ardent propagandiste du Binet-Simon. Il traduit d'abord la version de 1905, puis il donnera une adaptation de celle de 1908 (en 1911). Goddard agit d'abord auprès du personnel des institutions qui reçoivent des débiles, auprès des médecins et des enseignants. Son établissement devient un centre de formation aux méthodes de Binet et Simon. Il réalise de vastes enquêtes auprès des écoliers et promeut ainsi l'idée d'un dépistage systématique de la débilité mentale. Il applique aussi l'échelle métrique à des émigrants (1913), et il est le premier psychologue à faire état des résultats à des tests devant une cour de justice (1914). Cette extension du *testing* culminera avec l'intervention des psychologues dans la constitution de l'armée américaine qui conduira à tester en un peu plus d'un an un million sept cent cinquante mille recrues. Goddard participe évidemment à cette opération, mais ce n'est plus lui le *leader* du mouvement des tests, il a été supplanté par Yerkes et Terman. Le développement des tests deviendra alors l'affaire des universitaires.

Après la première guerre mondiale, le *testing* continuera à se développer fortement dans le domaine éducatif et dans l'industrie. Dans l'esprit de l'échelle métrique, Terman propose son adaptation, le Stanford-Binet, en 1916. Ce test individuel est destiné à être utilisé en clinique, et Terman, tout à fait dans la ligne de Binet, insiste sur les précautions à prendre pour l'application et sur la nécessité d'interpréter les réponses des sujets. Jusqu'à l'apparition du Wechsler-Bellevue en 1938, le Stanford-Binet, à nouveau révisé en 1937, sera le test d'intelligence de référence et il servira de critère de validation pour les nouveaux tests. Les tests collectifs, construits d'abord pour l'examen des conscrits, vont connaître un succès considérable. Mais, évidemment, comparés à l'épreuve individuelle, ils apportent une information plutôt pauvre. Avec Yerkes, les items cessent d'être représentatifs d'un âge. Ils permettent d'obtenir un certain nombre de points que l'on fait correspondre ensuite à des niveaux d'âge (par exemple, dire soixante mots en trois minutes est un item de douze ans ; Yerkes donne 1 point à ceux qui énoncent de 30 à 40 mots, 2 points pour 41-59 mots, 3 points pour 60-74 mots et 4 points pour 75 mots et plus ; on examine ensuite le nombre de mots moyen fourni aux divers âges). Par la suite, on abandonnera purement et simplement la référence à un âge mental pour se limiter au constat d'un niveau d'efficience. Enfin, la culture statistique des psychologues américains étant nettement plus développée que celle de leurs collègues européens, les techniques de construction et de validation vont devenir plus sophistiquées. Mais, bien que plus élégants et sans doute plus efficients, tous les nouveaux tests sont fondés sur le même principe que le vieux Binet-Simon.

Les tests seront souvent utilisés dans le contexte d'une idéologie conservatrice. Le QI, réifié, deviendra pour beaucoup la mesure d'une intelligence héréditaire et servira parfois de justification à des politiques eugénistes, racistes et xénophobes.

Binet, inspirateur de Piaget

A la mort de Binet, Piaget est alors âgé de quinze ans. Il se préoccupe de philosophie et commence à étudier les mollusques des lacs du Valais. Il a déjà l'idée d'une théorie biologique de la connaissance et il déclarera plus tard avoir éprouvé le besoin de se donner une formation en psychologie. A Paris, où il résidera de 1919 à 1921, il suit les cours de l'Institut de psychologie que Piéron vient de créer et, introduit par Simon, il observe des enfants dans le laboratoire que Binet avait créé dans l'école de la rue de la Grange-aux-Belles (étrange laboratoire, car Piaget est le seul à le fréquenter...).

Piaget a affirmé qu'il devait « beaucoup », « même énormément », à la tradition de Binet. Il a écrit que sa psychologie des opérations logiques correspondait à un programme prévu par Binet qui avait préparé la définition de l'intelligence en termes d'actions intériorisées et fait de la pensée un système d'actions. Il y a aussi une influence manifeste de Binet sur les méthodes que va privilégier Piaget. L'entretien clinique de Piaget ressemble beaucoup au dialogue que Binet entretenait avec ses sujets. La mise en série des observations en fonction de l'âge ou du niveau d'intelligence afin de décrire une évolution est une méthode que Binet a pratiquée bien avant Piaget. Enfin, bien des situations expérimentales piagétiennes trouvent leur origine dans des travaux de Binet qui s'est montré à maintes reprises un expérimentateur particulièrement astucieux. En 1890, par exemple, dans ses premières recherches portant sur des enfants, anticipant de cinquante ans les expériences de Piaget sur la genèse du nombre, Binet montre que l'estimation d'une quantité d'éléments dépend de l'étendue de l'espace que ces éléments occupent.

Quelle actualité pour Binet ?

Manifestement, Binet est moderne, mais il n'est pas pour autant notre contemporain. Constatant que l'action qu'il prend en compte et qu'il analyse est davantage la production d'idées (l'idéation) que la résolution de problèmes et que les concepts qu'il utilise pour interpréter ses observations sont souvent tirés du langage commun, certains hésitent à en faire un précurseur de la psychologie cognitive. Un examen rapide des travaux actuels sur la variabilité des fonctions intellectuelles et leur mesure montre – et le contraire serait un peu inquiétant ! – que des progrès considérables ont été réalisés depuis Binet (abandon de la conception unidimensionnelle de l'intelligence, analyse des performances dans le cadre des modèles du traitement de l'information…) [3]. Relire les textes de Binet qui concernent cet aspect de la psychologie individuelle (l'étude d'une fonction) ne présente plus qu'un intérêt historique. La situation est un peu différente pour la seconde facette de la psychologie individuelle (l'étude de l'organisation des fonctions). Les progrès réalisés dans ce domaine sont beaucoup moins spectaculaires et il peut sans doute être utile de relire *L'Étude expérimentale de l'intelligence.*

3. Huteau M. et Lautrey J., 2003, *Evaluer l'intelligence. Psychométrie cognitive*, Paris, Puf.

Michel Huteau est professeur émérite de psychologie au Conservatoire national des arts et métiers (Institut national d'étude du travail et d'orientation professionnelle)

Jacques Grégoire

Une mesure parfaitement objective de l'intelligence est-elle possible ? Cette question, débattue depuis plus d'un siècle, supposerait que nous disposions d'un modèle unifié de son fonctionnement ! Même si les tests qui la mesurent ont beaucoup progressé, ils restent soumis à des modèles théoriques toujours discutés, au fur et à mesure que l'on découvre la multiplicité des facteurs qui conditionnent l'efficience intellectuelle.

L'évaluation de l'intelligence en questions

En créant le premier test d'intelligence, Alfred Binet n'imaginait sans doute pas les polémiques que son instrument allait engendrer tout au long du XXe siècle. Le débat sur la mesure de l'intelligence a, depuis longtemps, débordé le cercle des spécialistes et envahi la place publique. Le terme « QI » est devenu un nom commun figurant dans les dictionnaires de la langue française. Mais cette vulgarisation d'un concept de la psychologie s'est accompagnée d'une perte de sens et de nombreuses confusions. En particulier, le concept d'intelligence et sa mesure, exprimée par le QI, sont fréquemment utilisés comme des synonymes. Une clarification conceptuelle est, dès lors, un préalable indispensable à toute discussion sérieuse sur l'intelligence et sa mesure.

L'intelligence comme caractéristique unitaire du fonctionnement cognitif a très tôt été mise en question par les chercheurs. Dès le début des années 20, Edward Lee Thorndike défend l'idée d'intelligences multiples, indépendantes les unes des autres. Il suggère l'existence d'une intelligence sociale (capacité de résoudre des problèmes interpersonnels) et d'une intelligence mécanique (capacité de résoudre des problèmes concrets) au côté de l'intelligence abstraite mesurée par les tests classiques. Plus près de nous, Howard Gardner [1] reprend cette idée en l'amplifiant, puisqu'il défend l'existence de huit intelligences indépendantes (*voir page 196).* Dans les années 30, Louis Leon Thurstone adopte une position plus radicale, suggérant l'abandon pur et simple du concept d'intelligence au profit de celui d'aptitude mentale primaire (numérique, verbale, spatiale...) (*voir page 192).* Il définit les aptitudes mentales primaires comme étant les composantes élémentaires de la cognition, les activités intellectuelles complexes n'étant que la combinaison d'un nombre variable de ces composantes élémentaires (par exemple, la résolution d'un problème de géométrie combine les aptitudes numériques et spatiales). Les modèles modulaires* développés dans le cadre de la psychologie cognitive contemporaine apparaissent comme les héritiers du point de vue analytique défendu par Thurstone. Dans ces modèles, le concept d'intelligence disparaît au profit d'entités cognitives d'étendue plus limitée, telles que les modules responsables de la perception de l'espace tridimensionnel ou de l'analyse phonologique des mots.

[1] H. Gardner, *Frames of Mind: The theory of multiple intelligences*, Basic Books, 1983 ; « Are there additional intelligences ? The case for naturalist, spiritual and existential intelligences », *in* J. Cain (ed.), *Education : Information and transformation*, Prentice-Hall.

Critiques récurentes de la mesure

Les mesures de l'intelligence ont, quant à elles, fait l'objet de critiques d'une autre nature. Ces mesures, et en particulier le QI, ont été accusées de conforter les iniquités sociales et de justifier des décisions culturellement et socialement biaisées. Il est vrai que certaines utilisations du QI, ouvertement racistes et eugénistes, ont apporté de l'eau au moulin de ses détracteurs [2]. Certains auteurs ont également accusé le QI d'être peu pertinent pour la clinique, fournissant une information trop globale, sans grande utilité pour comprendre et aider les sujets souffrant de troubles cognitifs.

[2] S.J. Gould, *La Mal-mesure de l'homme*, Ramsay, 1983, éd. revue et augmentée Odile Jacob, 1997.

Pourtant, malgré les critiques abondantes et parfois virulentes, le concept d'intelligence et sa mesure continuent d'être largement utilisés par les praticiens et, à l'aube du XXIe siècle, leur succès ne faiblit pas. Les tests d'intelligence sont, de loin, les tests psychologiques les plus utilisés en clinique et en éducation. L'évaluation intellectuelle fournit des éléments d'information au sein de nombreux examens diagnostiques. Comment comprendre cette situation schizophrénique ? Les psychologues maintiennent-ils en vie des pratiques anachroniques par ignorance ou paresse intellectuelle ? Ou, contre l'avis de chercheurs influents, perçoivent-ils la pertinence d'observations cliniques négligées par les non-praticiens ?

Si l'on regarde d'un peu plus près les motifs qui sous-tendent la pratique de l'évaluation intellectuelle, on peut identifier quatre catégories de justification. La mesure de l'intelligence peut être une exigence administrative, le critère diagnostique de certains troubles, une occasion d'observer cliniquement le sujet à l'œuvre face à diverses situations problèmes, et un indicateur global de l'efficience cognitive utile pour comprendre un sujet et prédire ses performances futures. Cette dernière fonction des mesures intellectuelles est importante pour de nombreux praticiens. Elle s'appuie sur des données empiriques solides. Un nombre considérable de données confirment en effet la valeur prédictive des mesures d'intelligence générale. Ces mesures sont les meilleurs prédicteurs des performances scolaires et professionnelles *(voir ci-dessous)*.

Validité prédictive des mesures globales de l'intelligence

Critère	Corrélation
Performances professionnelles [1]	0,51
Formation professionnelle [1]	0,56
Lecture [2]	0,54
Mathématiques [2]	0,64

Ce tableau présente les corrélations entre les mesures globales de l'intelligence et diverses performances professionnelles et scolaires. Ces corrélations sont d'intensité moyenne, se situant entre 0,50 et 0,65 (la corrélation maximale étant égale à 1 et la corrélation nulle égale à 0).

[1] F.L. Schmidt et J.E. Hunter, « The validity and utility of selection methods in personal psychology : Practical and theoretical implications of 85 of research findings », *Psychological Bulletin*, n° 124, 1998.
[2] I.L Zimmerman et J.M. Woo-Sam, « Review of the criterion-related validity of the WISC-III: The first five years », *School Psychology Quarterly*, n° 12, 1997.

Mais l'observation de telles corrélations, si elle témoigne en faveur des mesures intellectuelles, n'est pas en soi suffisante. Encore faut-il en comprendre la cause profonde. De quelle réalité cognitive ces corrélations sont-elles la manifestation ? Que représentent les mesures de l'intelligence et que signifient-elles ? Quelle est leur légitimité théorique et clinique ? Est-il pertinent d'utiliser de telles mesures dans le cadre d'un examen diagnostique ? La réponse à ces questions s'articulera en deux parties. Dans la première, nous discuterons de la mesure de l'intelligence comme index d'efficience globale. La seconde partie abordera le problème de la relativité de ce type de mesure. Chemin faisant, nous déterminerons dans quelles conditions cette mesure peut avoir un avenir et la place que le concept d'intelligence peut aujourd'hui occuper au sein de l'examen clinique.

I. Comment évaluer l'efficience intellectuelle globale ?

Discuter des mesures de l'intelligence, c'est d'abord discuter de ce que ces mesures sont censées refléter. Le concept d'intelligence est plurivoque et sa définition ne fait l'objet d'aucun accord. Robert J. Sternberg et Douglas K. Dettermann [3] ont mis en évidence la multiplicité des définitions de l'intelligence chez les chercheurs eux-mêmes. Toutefois, au travers de cette diversité, deux grandes conceptions de l'intelligence peuvent être dégagées. Certains chercheurs identifient l'intelligence à une caractéristique cognitive élémentaire qui déterminerait l'ensemble des productions intellectuelles des individus. D'autres, au contraire, considèrent que l'intelligence est une qualité émergente, issue de l'organisation efficace d'un ensemble de capacités cognitives, et même non cognitives.

[3] R.J. Sternberg et D.K. Dettermann, *What is intelligence ? Contemporary viewpoints on its nature and definition*, Ablex Publishing, 1986.

Les données empiriques n'ont pas apporté de preuve de l'existence d'une capacité élémentaire qui déterminerait l'essentiel des différences individuelles observées dans les tâches intellectuelles. Au contraire, ces différences apparaissent comme le fruit de multiples facteurs en interaction. Il semble dès lors que l'intelligence doive plutôt être conçue comme une propriété d'ensemble du système cognitif. Certains individus se révèlent plus intelligents que d'autres parce qu'ils possèdent une compétence générale qui leur permet d'identifier, analyser et résoudre la diversité des problèmes rencontrés au cours de leur existence. Les sujets qui ne manifestent qu'une compétence dans un domaine très restreint, à l'exception de tous les autres, ne sont habituellement pas considérés comme des personnes intelligentes. On trouve dans la littérature scientifique la description d'individus, parfois qualifiés d'« idiots savants », résolvant avec aisance certains calculs complexes, mais incapables de faire face à la plupart des problèmes quotidiens et, par conséquent, de gérer leur propre vie.

Pour évaluer le niveau intellectuel global d'un individu, nous nous basons sur un échantillon de tâches révélatrices de l'efficience intellectuelle, sélectionnées au sein d'un univers de tâches. Si la sélection a été opérée correctement, la performance moyenne de l'individu au travers de cet échantillon nous fournira une mesure relativement

[4] A. Binet, « Nouvelles recherches sur la mesure du niveau intellectuel chez les enfants d'école », *L'Année psychologique*, n° 17, 1911.

[5] D. Wechsler, *The Measurement and Appraisal of Adult Intelligence*, Williams and Wilkins, 4e éd. 1958.

précise de son niveau d'efficience. Cette procédure est suivie dès l'origine par Binet [4] qui souligne d'ailleurs qu'« *un test particulier, isolé de tout le reste ne vaut pas grand-chose.* [...] *Ce qui donne une force démonstrative, c'est un faisceau de tests, un ensemble dont on conservera la physionomie moyenne* ». Elle est également suivie par tous les défenseurs d'un modèle global de l'intelligence. Ainsi, David Wechsler [5] affirme clairement que « *la seule chose que nous puissions demander à une échelle d'intelligence est qu'elle mesure des domaines suffisants de l'intelligence pour nous permettre de l'utiliser comme index fiable de la capacité globale de l'individu* ». Wechsler souligne également que cet index est, par essence, une approximation et qu'il est, par conséquent, indispensable de prendre en compte les inévitables erreurs de mesure lors de son interprétation.

La logique statistique qui sous-tend la mesure globale de l'intelligence n'est toutefois pas sans défaut. Le psychométricien ne possède pas de relevé exhaustif de l'univers des tâches intellectuelles. Par conséquent, lorsqu'il sélectionne les tâches qui vont composer son test d'intelligence, il n'a aucune garantie que sa sélection ne soit pas biaisée et que les tâches retenues soient représentatives de l'ensemble des tâches possibles. Cet aspect du problème n'avait pas échappé à Binet qui avait pris soin de déterminer les critères d'une bonne épreuve d'intelligence et d'ainsi circonscrire un univers d'épreuves potentielles. Une question était éligible pour faire partie de son test si sa probabilité de réussite s'élevait avec l'âge des enfants et si elle permettait de distinguer les sujets normaux des sujets retardés mentaux, ces derniers ne réussissant pas (ou réussissant beaucoup plus tardivement) les tâches réussies par la moyenne des enfants du même âge.

Une ou plusieurs intelligences ?

Le problème de la représentativité des tâches dans les tests d'intelligence globale est à l'origine des travaux sur les intelligences multiples dont Sternberg et, surtout, Gardner sont les figures les plus connues. Ces auteurs reprochent aux tests d'intelligence traditionnels de ne pas rendre justice à toutes les formes d'intelligence et d'en donner une représentation tronquée au travers d'une unique mesure globale. Sternberg [6] défend l'existence de trois formes d'intelligence indépendantes : analytique, pratique et créative. De son côté, le modèle des intelligences multiples développé par Gardner [7] comprend, dans sa dernière version, huit intelligences indépendantes : verbale, logico-mathématique, spatiale, musicale, kinesthésique, interpersonnelle, intrapersonnelle et naturaliste.

[6] R.J. Sternberg, *Beyond IQ : a triarchic theory of human intelligence*, Cambridge University Press, 1985.

[7] H. Gardner, « Are there additional intelligences ? The case for naturalist, spiritual and existential intelligences », *op. cit.*

Selon Gardner, chacune de ces compétences satisfait la définition qu'il donne de l'intelligence : « *la faculté de résoudre des problèmes et de produire des biens qui ont de la valeur dans une ou plusieurs cultures ou collectivités* ». En élargissant l'étendue des activités intellectuelles, tant le modèle de Sternberg que celui de Gardner ont le mérite de nous faire prendre conscience de la représentativité limitée de certaines mesures intellectuelles classiques. Mais, pour séduisants qu'ils soient, ces modèles ne sont pas à l'abri des critiques.

Ainsi, John B. Carroll [8] reproche à Gardner de n'apporter aucune preuve empirique solide de l'indépendance des différentes formes d'intelligence qu'il propose. La plupart de ces intelligences interagissent (par exemple, les intelligences musicale et kinesthésique chez le pianiste) et se recouvrent plus ou moins (par exemple, les intelligences interpersonnelle et intrapersonnelle). Or Gardner ne propose aucune modélisation de ces interrelations entre intelligences. Pour pouvoir étudier les éventuelles interactions entre les formes d'intelligence, il est indispensable de disposer de mesures valides de chacune d'elles. Malheureusement, les rares instruments d'évaluation de l'ensemble des intelligences multiples décrites par Gardner sont des questionnaires investiguant les expériences et les comportements antérieurs dans les domaines correspondant aux huit intelligences. Bien que certains de ces questionnaires possèdent des qualités psychométriques indéniables, ils permettent difficilement de distinguer ce qui est de l'ordre des compétences et de l'intérêt. Les mesures des formes d'intelligence proposées par Sternberg ne sont, elles non plus, guère convaincantes. Ces constats soulèvent la question de l'indépendance des diverses formes d'intelligence et suggèrent la présence d'un facteur commun sous-jacent à celles-ci.

[8] J.B. Carroll, *Human Cognitive Abilities*, Cambridge University Press, 1993.

Le facteur *g* de Spearman

Toutes les tentatives de faire éclater le concept d'intelligence en une multitude de composantes indépendantes se heurtent à un constat fait par Charles Spearman dès 1904 et qui a été systématiquement confirmé depuis lors : toutes les tâches intellectuelles sont intercorrélées. Ce constat est particulièrement interpellant car il est contre-intuitif. Comment, par exemple, expliquer l'observation d'une corrélation significative entre deux tâches aussi différentes que les tests de Vocabulaire et de Cubes de la WAIS-III (*voir page 188).* Dans le premier cas, le sujet est invité à définir des mots du langage courant, alors que dans le second il doit analyser des formes géométriques puis les reproduire à l'aide de cubes. *A priori*, ces deux tâches ne partagent aucun traitement cognitif et les performances à ces tâches devraient donc être indépendantes. Pour Spearman, les corrélations observées s'expliquent par un facteur cognitif commun à toutes les tâches intellectuelles. Faute d'une identification précise de la nature de ce facteur, Spearman l'appelle simplement *g*. Par la suite, ce « facteur *g* » va faire couler beaucoup d'encre, stimuler des débats passionnés et motiver de nombreuses recherches empiriques.

Les créateurs de tests d'intelligence globale, comme Wechsler, y ont vu, à juste titre, un argument en faveur du calcul du QI. Jusque-là, on pouvait en effet accuser le QI de n'être qu'une valeur numérique dénuée de sens, simple moyenne d'un melting-pot de scores. Il en va tout autrement dès le moment où l'on peut prouver que toutes ces tâches, apparemment hétérogènes, partagent un facteur commun. Il est légitime d'additionner des pommes, des bananes et des oranges parce que ce sont des fruits. De même, il est légitime d'additionner les scores obtenus par une personne aux épreuves d'un test d'intelligence parce qu'ils ont tous la propriété d'être déterminés, au moins partiellement, par le facteur *g*.

Spearman démontre l'existence du facteur *g* à l'aide d'une méthode statistique dont il est l'inventeur : l'analyse factorielle. Il s'agit d'une procédure permettant d'identifier les variables latentes qui sous-tendent l'essentiel des différences interindividuelles observées dans les différentes épreuves utilisées. Dans le cas des épreuves intellectuelles, Spearman constate qu'un seul facteur suffit à expliquer la plus grande partie des différences observées dans une grande variété de tâches intellectuelles.

Les aptitudes mentales primaires de Thurstone

Dans les années 30, Thurstone met toutefois en question les résultats des analyses factorielles de Spearman. Grâce à des progrès de la technique d'analyse, il montre que les corrélations observées peuvent être expliquées par un autre modèle factoriel que celui proposé par Spearman, sans facteur commun et constitué de plusieurs facteurs indépendants, tous placés sur un pied d'égalité *(voir encadré ci-dessous)*. A l'origine, il identifie cinq facteurs indépendants (numérique – N –, verbal – V –, spatial – S –, fluidité verbale – W – et raisonnement – R –) qui sous-tendent chacun un sous-ensemble des performances intellectuelles. Par la suite, son élève Joy Paul Guilford identifiera plusieurs dizaines d'autres facteurs. La solution proposée par Thurstone fait toutefois long feu. Celui-ci se rend en effet compte que les facteurs qu'il extrait ne sont pas indépendants. Partant des corrélations entre les facteurs, une analyse factorielle de second ordre peut être

Les modèles factoriels de Spearman et de Thurstone

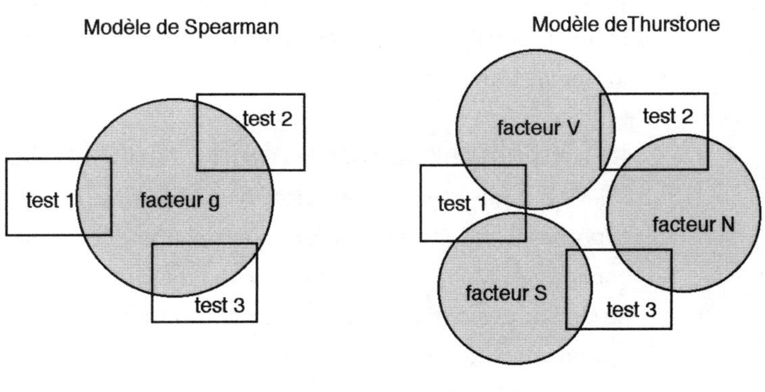

Facteur g = intelligence générale

Facteur V = verbal
Facteur S = spatial
Facteur N = numérique

réalisée qui conduit à mettre à nouveau en évidence un facteur général. Chassé par la porte, le facteur *g* rentre ainsi par la fenêtre.

En définitive, le débat entre le modèle de Spearman et celui de Thurstone a débouché sur la proposition de modèles hiérarchiques qui combinent des facteurs d'étendue variable. S'il existe aujourd'hui un large accord à propos de l'existence d'un facteur général, la plupart des chercheurs reconnaissent aussi qu'un seul facteur est insuffisant pour expliquer l'essentiel des différences interindividuelles qui se manifestent dans les épreuves intellectuelles. Il est nécessaire d'associer au facteur général d'autres facteurs d'étendue plus réduite qui permettent de rendre compte des divers degrés de corrélations entre épreuves (par exemple, les épreuves verbales sont plus étroitement corrélées entre elles qu'avec les épreuves visuo-spatiales). Actuellement, le modèle hiérarchique le plus influent est celui proposé par Carroll en 1993 dans le cadre de sa Three Stratum Theory. Carroll a analysé plus de 460 matrices de corrélations entre des épreuves intellectuelles issues de recherches sur les aptitudes réalisées entre 1930 et 1985. Il constate que toutes ces matrices peuvent être expliquées par un modèle en trois niveaux. Au premier niveau figurent un grand nombre de facteurs d'étendue réduite, comme le raisonnement séquentiel, la mémoire associative, l'aisance numérique… Au deuxième niveau se trouvent huit facteurs de large étendue comme l'intelligence fluide*, l'intelligence critallisée*, la mémoire générale, la vitesse de traitement de l'information… (*voir page 194).* Enfin, au troisième niveau apparaît le facteur *g* qui intervient dans toutes les tâches.

L'intelligence : une réalité multifactorielle

Mais à quoi correspond effectivement le facteur *g* ? Plusieurs hypothèses ont été formulées, toutes soutenues par des données empiriques. Malheureusement, aucune des preuves avancées n'est au-dessus des critiques. La vitesse de traitement est un candidat sérieux au titre de facteur *g*. Le nombre d'informations que nous pouvons traiter en même temps est en effet limité. Un traitement rapide permet de traiter plus d'informations en un laps de temps donné. On peut raisonnablement penser que les sujets qui peuvent traiter plus rapidement les informations disposent d'un avantage sur ceux qui les traitent plus lentement. Les surdoués sont d'ailleurs souvent décrits comme raisonnant et apprenant plus vite que la moyenne des sujets du même âge. À l'inverse, les handicapés mentaux se caractérisent par un raisonnement et des apprentissages particulièrement lents. Toutefois, les mesures expérimentales de vitesse de traitement, comme le temps de réaction et le temps d'inspection, n'ont pas abouti à des conclusions indiscutables. L'hypothèse de la vitesse de traitement n'est pas nécessairement rejetée, mais sa défense demande la production de données expérimentales plus robustes.

La mémoire de travail est un autre candidat au titre de facteur *g*. Il s'agit plus précisément de la gestion attentionnelle qui est source de différences interindividuelles d'efficacité de la mémoire de travail. Patrick C. Kyllonen rapporte des résultats qui tendent à confirmer cette hypothèse. J. Duncan, P. Burgess et H. Emslie ont, eux aussi, publié des résultats allant dans ce sens, mais dans le cadre d'une conceptualisation quelque peu différente. Selon ces chercheurs, le facteur *g* correspond à la capacité de maintenir l'attention focalisée sur le but poursuivi lors de la résolution d'un problème. Cette capacité de focalisation attentionnelle vers un but fait partie des fonctions exécutives et est particulièrement affectée en cas de lésion du lobe frontal.

Sur la base des données disponibles, on ne peut totalement assimiler le facteur *g* ni au contrôle attentionnel ni à la vitesse de traitement. Il n'est pas exclu que le facteur *g* soit une combinaison de ces deux variables. Une vitesse de traitement élevée facilite en effet la tâche de contrôle attentionnel et, inversement, un contrôle attentionnel efficace permet une accélération de la vitesse de traitement. On peut donc penser que les avantages combinés d'un traitement rapide et d'un contrôle attentionnel efficace déterminent une part importante des différences interindividuelles au niveau du facteur *g*.

Notre rapide parcours des travaux d'analyse factorielle des épreuves intellectuelles nous a permis de constater que l'intelligence est une réalité multifactorielle. Un seul facteur ne peut rendre compte de manière satisfaisante de l'essentiel des différences interindividuelles. Ces facteurs ne sont pas indépendants, mais coordonnés sous une forme hiérarchique. Au sein de cette organisation hiérarchique, le facteur *g* apparaît comme la composante centrale de l'intelligence, mais les facteurs de groupe (niveau 2 du modèle de Carroll) en sont aussi des composantes importantes. Par conséquent, une mesure satisfaisante de l'intelligence doit inclure un échantillon représentatif d'épreuves mesurant les différents facteurs de groupe.

D'une manière plus générale, nous devons tenir compte du fait que toute mesure psychologique comporte inévitablement une part d'erreur. Les performances du sujet subissent l'influence aléatoire de multiples variables non souhaitées, source de fluctuations des scores d'une passation du test à l'autre. L'inévitable complexité des mesures observées, en particulier de celles de l'intelligence, implique nécessairement un travail d'interprétation des résultats par un psychologue. Aucune mesure intellectuelle ne peut être prise pour argent comptant. Seul un professionnel compétent peut apprécier sa qualité et déterminer sa véritable valeur.

Il n'est donc pas possible de mesurer le facteur *g* de manière pure et indépendante des autres facteurs. S'il est vrai que le facteur *g* joue un rôle plus important dans certaines tâches, d'autres facteurs sont toujours agissants et ne peuvent être considérés comme quantité négligeable. Du coup, les mesures observées sont nécessairement des variables complexes déterminées, pour une part, par la variable latente visée (les facteurs intellectuels), mais aussi par d'autres variables non souhaitées. Certaines de ces variables interférentes sont de nature cognitive (par exemple, une connaissance approximative de la langue utilisée lors de l'examen), mais d'autres variables sont non cognitives. Il n'est en effet pas possible d'éliminer de nos mesures de variables cognitives les facteurs émotionnels et de personnalité. Comment empêcher qu'un sujet soit anxieux ou peu motivé lors de la passation d'un test d'intelligence ?

Du modèle de Carroll aux tests actuels

Depuis une dizaine d'années, on peut observer l'influence croissante des modèles de l'intelligence de Carroll et celui de Cattell-Horn sur le développement des nouveaux tests. Le modèle de Cattell-Horn est en fait très proche de celui de Carroll. Il s'en distingue par une dénomination quelque peu différente des facteurs de groupe et, surtout, par l'absence d'un facteur *g* coiffant l'ensemble de ces facteurs (*voir pages 192-193*). Les révisions récentes de plusieurs tests d'intelligence ont été profondément influencées par ces deux modèles. C'est le cas du Leiter International Performance Scale-Revised (Roid & Miller, 1997), du Woodcock-Johnson-III (Woodcock, McGrew & Mather, 2001) et du KABC-II (Kaufman & Kaufman, 2004). Ces trois tests permettent de mesurer une large gamme de facteurs de groupe décrits dans les modèles de Carroll et de Cattell-Horn. S'appuyant tous les trois sur un modèle hiérarchique de l'intelligence, ils permettent également de calculer un niveau global d'intelligence dont le nom varie d'un instrument à l'autre. S'il continue de s'appeler QI dans le Leiter International Performance Scale-Revised, il est dénommé « Aptitude intellectuelle générale » dans le Woodcock-Johnson-III et « Indice Fluide-Cristallisé » dans le KABC-II. Mais, quel que soit le terme utilisé, ces scores globaux représentent tous des mesures de l'intelligence globale, comme en témoignent les corrélations élevées observées entre eux.

Des tests plus représentatifs

Les échelles de Wechsler ont, elles aussi, subi l'influence des modèles de Carroll et de Cattell-Horn. Mais les changements ont été moins radicaux par rapport aux versions antérieures de ces échelles. L'échelle d'intelligence de Wechsler pour adultes – 3e édition [9] permet à présent de calculer quatre indices factoriels : Compréhension verbale, Organisation perceptive, Mémoire de travail et Vitesse de traitement correspondant, plus ou moins, à quatre des facteurs de groupe des modèles de Carroll et de Cattell-Horn. Soucieux de ne pas trop bousculer les habitudes des praticiens, les concepteurs de la WAIS-III ont toutefois conservé la possibilité de calculer les traditionnels QIV* et QIP*. L'échelle d'intelligence de Wechsler pour enfants – 4e édition (WISC-IV) [10] introduit, quant à elle, des changements plus profonds puisque les QIV et QIP sont supprimés et remplacés par les seuls indices factoriels. Trois de ces indices sont similaires à ceux de la WAIS-III : Compréhension verbale, Mémoire de travail et Vitesse de traitement. Par contre, des changements importants ont été apportés à l'échelle Organisation perceptive (remplacement de plusieurs épreuves, diminution de l'influence accordée à la vitesse...) qui ont justifié une nouvelle

[9] D. Wechsler, *Manuel de l'échelle d'intelligence de Wechsler pour adultes – 3e édition*, Editions du Centre de psychologie appliquée.

[10] D. Wechsler, *WISC-IV – Manuel d'administration et de cotation*, Editions du Centre de psychologie appliquée, 2005.

dénomination : Raisonnement perceptif. Comme les autres tests d'intelligence cités plus haut, la WAIS-III et le WISC-IV conservent la possibilité de calculer un indice d'intelligence globale qui, dans le cas des échelles de Wechsler, continue de s'appeler QI.

Sous-tendus par des modèles solides de l'intelligence, de nombreux tests permettent aujourd'hui de mesurer de multiples facettes du fonctionnement intellectuel. La gamme élargie d'épreuves incluses dans les tests actuels constitue un meilleur échantillon de tâches que celui des tests plus anciens. Cette amélioration de la représentativité des épreuves permet d'obtenir une mesure plus valide de l'intelligence globale des sujets. Elle offre aussi des informations cliniques plus complètes. Toutefois, les scores factoriels proposés dans les nouveaux tests ne doivent pas être interprétés de manière littérale. Il n'existe pas de mesure pure des facteurs de l'intelligence. Les mesures dont nous disposons sont des reflets approximatifs des facteurs visés. Si nous souhaitons des mesures plus robustes de certains facteurs, il est indispensable de disposer de plusieurs mesures d'un même facteur et de tenter de dégager la composante commune de ces différentes mesures. Dans cette perspective, Kevin S. McGrew et Dawn P. Flanagan [11] ont proposé de croiser les informations provenant de différents tests. Pour ce faire, ils ont analysé les épreuves des principaux tests d'intelligence selon les modèles de Carroll et de Cattell-Horn et ont fourni d'utiles tableaux de référence permettant de repérer les épreuves les plus adéquates pour mesurer chacune des composantes de l'intelligence.

[11] K.S. McGrew et D.P. Flanagan, *The intelligence Test Desk Reference*, Allyn & Bacon, 1998.

II. Une évaluation relative de la compétence intellectuelle

Les mesures de l'intelligence, comme toutes les mesures psychologiques, sont des mesures relatives. Si l'on compare les performances des athlètes aux Jeux olympiques d'Athènes de 1896 et de 2004 dans le 100 mètres et le marathon, on peut constater dans les deux cas que la performance du gagnant de 1896 est très inférieure à celle du dernier arrivé aux mêmes épreuves de 2004 *(voir encadré ci-dessous)*. En fait, avec de telles performances, les gagnants de 1896 n'auraient même pas été sélectionnés pour participer aux Jeux olympiques de 2004 ! Il en va de même pour les mesures intellectuelles. Nos performances intellectuelles ne valent que par rapport à celles des autres. Si ces dernières sont faibles, nous serons jugés brillants, et inversement. Par conséquent, les mesures de l'intelligence nous informent seulement à propos de la position des performances d'un individu par rapport aux performances des autres individus de la même population.

Relativité des mesures de performance aux épreuves sportives des JO

	Athènes 1896	Athènes 2004
100 mètres (hommes)		
Vainqueur	Burke (USA)	Gatlin (USA)
Temps du vainqueur	12 s	10,10 s
Temps du dernier		
Marathon		
Vainqueur	Louis (Grèce)	Baldini (Italie)
Temps du vainqueur	2 h 58 min 50 s	2 h 10 min 55 s
Temps du dernier		2 h 15 min 39 s

« L'effet Flynn » nous sommes de plus en plus intelligents !

Tout comme les performances sportives, les performances intellectuelles d'une population ne sont pas stables dans le temps. Dans les pays occidentaux, elles ont, en moyenne, tendance à augmenter. C'est l'observation faite par James R. Flynn sur la base d'une analyse de 73 études américaines comparant les scores des mêmes sujets à différents étalonnages des mêmes échelles. Flynn constate qu'entre 1932 et 1978 (intervalle de 46 ans), le QI moyen des Américains s'est élevé de 13,8 points, ce qui correspond à un gain annuel moyen de 0,33 points.

Par la suite, Flynn a mené une enquête internationale où il a comparé les performances de sujets du même âge au même test, en l'occurrence celles de jeunes conscrits à des tests comme les Matrices de Raven *(voir page 193).* Il s'est aperçu que le gain intellectuel des populations est un phénomène continu dans tous les pays occidentaux depuis la Seconde Guerre mondiale. Ce gain est surtout marqué aux tests non verbaux de raisonnement inductif, du type des Matrices de Raven. Il est moins prononcé dans les tests de connaissances scolaires (vocabulaire et mathématiques). Les recherches ultérieures ont montré que l'effet Flynn est d'intensité moyenne dans les épreuves d'intelligence visuo-spatiale, comme les Cubes des échelles de Wechsler. Il est faible dans les épreuves d'intelligence verbale où les connaissances acquises jouent un grand rôle *(voir ci-dessous).*

Évolution des performances cognitives moyennes au sein de différentes populations occidentales (d'après Flynn, 1987)

Pays	Période	Tests de Raven	Vocabulaire	Maths
Hollande	1952-1972	12,43 (0,62)	-	-
Belgique (Fr)	1958-1967	6,47 (0,72)	2,65 (0,29)	3,16 (0,35)
Belgique (Nl)	1958-1967	7,82 (0,87)	4,50 (0,50)	4,36 (0,48)
France	1949-1974	25,12 (1,01)	9,06 (0,36)	9,64 (0,39)
Norvège	1954-1968	8,80 (0,63)	8,40 (0,60)	7,90 (0,56)
Norvège	1968-1980	2,60 (0,22)	1,50 (0,13)	-3,10 (-0,26)

Note : Le gain annuel moyen figure entre parenthèses. Pour la Belgique, les données francophones et flamandes sont présentées séparément.

...mais les arbres ne grimpent pas jusqu'au ciel

Cet effet Flynn montre que les changements observés sont les plus importants dans les épreuves habituellement considérées comme peu influencées par l'éducation. Comme le gain apparaît sur une période relativement courte (une cinquantaine d'années), il n'est pas possible d'incriminer des modifications génétiques qui ne se produisent que très lentement sur des périodes extrêmement longues. Une abondante littérature est consacrée aux causes possibles de l'effet Flynn. Il est vraisemblable que celui-ci découle de l'impact conjugué de plusieurs facteurs sur le développement intellectuel des individus, dont les suivants semblent les plus importants :

– l'élévation du niveau scolaire de la population (scolarisation précoce et prolongée) ;

– les modifications économiques et éducatives au sein des familles (élévation des ressources et du temps disponible pour l'éducation, diminution de la taille des familles) ;

– l'impact croissant de la technologie au sein de nos sociétés (valorisation des aptitudes cognitives et nécessité d'un apprentissage constant) ;

– les modifications bio-environnementales (amélioration de la nutrition et réduction des maladies durant la petite enfance).

Les conditions environnementales permettent une actualisation plus ou moins importante du potentiel intellectuel inné de chaque individu. On constate en effet que les gains aux tests d'intelligence sont apparus plus tôt dans les pays du nord de l'Europe et se sont manifestés plus tardivement dans les pays du Sud au fur et à mesure de leur développement économique. Le potentiel intellectuel des individus nous est inconnu ; nous n'en connaissons que ce qui a pu en être actualisé grâce à des conditions de développement favorables. Toutefois, certaines données indiquent un fléchissement de l'effet Flynn dans les pays du nord de l'Europe où cet effet a été le plus précoce à se manifester *(voir les données norvégiennes dans l'encadré ci-contre)*. Les arbres ne grimpent pas jusqu'au ciel, même si les conditions optimales pour leur développement sont réunies. De même, les effets positifs de l'environnement sur le déploiement des capacités intellectuelles ne semblent pas infinis.

L'effet Flynn nous apprend en définitive que les mesures intellectuelles ne sont pas seulement relatives selon les populations considérées. Elles varient également dans le temps, les caractéristiques intellectuelles d'une même population n'étant pas stables. Par conséquent, les normes des tests d'intelligence doivent être régulièrement mises à jour pour prendre en compte les modifications de la distribution des performances intellectuelles au sein de la population de référence. En utilisant des normes obsolètes, nous agissons comme un entraîneur qui jugerait les performances d'un sprinter d'aujourd'hui en se référant à celles des athlètes d'il y a vingt ans. Une telle évaluation induirait ce sprinter en erreur en lui donnant un feedback trop positif à propos de ses performances et aboutirait inévitablement à une sévère déception lors des compétitions. Dans le cas des tests d'intelligence, l'usage de normes anciennes a un impact tout aussi négatif. Il biaise nos diagnostics et fausse les décisions qui en découlent [12].

[12] S.J. Ceci, « So near and yet so far: Lingering questions about the use of measures of general intelligence for college admission and employment screening », *Psychology, Public Policy and Law*, n° 6, 2000.

Quel avenir pour la mesure de l'intelligence ?

En conclusion, les résultats de nombreuses recherches plaident aujourd'hui en faveur d'un modèle multifactoriel de l'intelligence où celle-ci apparaît comme une propriété collective du système cognitif, résultant des relations efficaces entre une large gamme d'aptitudes. Ces aptitudes sont organisées de manière hiérarchique, en fonction de leur étendue d'application. La structure des aptitudes intellectuelles est chapeautée par un facteur général qui intervient dans toutes les tâches intellectuelles.

Si nous nous appuyons sur un modèle hiérarchique solide, comme celui de Carroll, il est possible de construire un test d'intelligence constitué d'un échantillon suffisamment représentatif de l'univers des tâches intellectuelles pour que le résultat global obtenu à ce test puisse être pris comme un bon index de l'efficience intellectuelle d'une personne. Un tel index est d'une grande utilité clinique car il nous fournit une information valide à propos de la capacité d'adaptation générale d'un individu à son environnement, et nous permet de prédire ses performances futures dans les domaines de l'apprentissage et de l'activité professionnelle. Toutefois, les modèles hiérarchiques actuels ne sont pas définitifs. Sans doute faudrait-il y donner une place au traitement de certaines informations aujourd'hui négligées, comme les informations interpersonnelles ou kinesthésiques. Le rôle de la créativité dans le fonctionnement de l'intelligence demanderait également à être clarifié.

Il faut rappeler aussi que, même si nous disposions d'un modèle de l'intelligence parfait et que nous construisions un test sur cette base, les mesures recueillies à l'aide de ce dernier ne seraient, quant à elles, jamais parfaites. Aucune épreuve ne permet de recueillir des mesures pures d'une caractéristique cognitive précise. Diverses variables non souhaitées, cognitives et non cognitives, influencent à des degrés divers les performances observées aux épreuves d'intelligence. La tâche des développeurs de test est donc de construire des épreuves qui soient le moins possible contaminées par des variables parasites. Ils doivent également identifier la présence et le poids de ces variables indésirables qui subsistent dans les épreuves publiées. En outre, toute compréhension simple et directe des mesures intellectuelles ne peut prendre son véritable sens qu'au travers d'une interprétation par un psychologue compétent. La tâche de ce dernier est rendue plus difficile encore par le caractère relatif de ces mesures. Elles ne nous informent en effet que de la position de l'individu au sein de sa population d'appartenance, et ne constituent en aucun cas des mesures indépendantes de l'espace et du temps. Elles reflètent l'actualisation d'un potentiel individuel dont l'étendue exacte nous demeure inconnue...

Jacques Grégoire est docteur en psychologie, professeur à l'université catholique de Louvain. Il est l'auteur de *L'Examen clinique de l'intelligence de l'adulte*, Mardaga, 2004.

■ CLAIRE MELJAC ET GILLES LEMMEL

La démarche du psychologue face à l'enfant est semée d'embûches. Comment prendre en compte la dimension affective aussi bien que cognitive dans les résultats aux tests ? Comment ne pas le réduire à un chiffre ou une évaluation qui ignore son propre cheminement intellectuel ? Comment faire qu'il reste sujet de sa parole ? Réflexions croisées de praticiens...

Clinique et examen psychologique : points de vue de praticiens

Comment guider la réflexion autour de la démarche du psychologue évaluant l'intelligence de l'enfant ?

Au colloque international qui s'est tenu à Paris en octobre 2005, un symposium a été consacré à ce sujet. « Enfant, intelligence, clinique » : ces trois mots clés constituaient l'articulation d'une table ronde, dont quelques réflexions des participants sont exposées ici. Les différentes contributions s'inscrivaient dans les questions que chaque praticien est amené à se poser quand il examine un enfant évoluant dans une dynamique familiale et sociale. Elles ont évoqué :

– la demande ;
– les différentes dimensions du fonctionnement psychique ;
– les particularités de l'enfant de six ans, qui entre dans les apprentissages ;
– les différentes manières de rendre compte des observations recueillies lors de l'examen psychologique ;
– l'importance du milieu culturel.

1. La demande : l'enfant sujet de sa parole

Les réflexions de Christine Arbisio [1] s'inscrivent dans la filiation des démarches cliniques d'Alfred Binet et David Wechsler qui privilégient la dimension relationnelle du bilan au lieu d'en faire un pur acte technique. C'est un point de vue qui pourra en étonner certains, tant les noms de ces chercheurs sont liés à une psychométrie* aride, se situant à distance du sujet. Pourtant, si l'on se réfère aux textes fondateurs, on remarque, par exemple, que Binet introduit la méthode clinique* et s'attache non aux « facultés » mais aux processus intellectuels les plus complexes.

[1] « Le bilan psychologique comme acte de parole » : communication de Christine Arbisio, psychologue, psychanalyste, maître de conférences à l'université Paris-XIII.

Binet et Simon insistaient sur l'aspect relationnel impliqué dans le *testing* et sur l'expérience clinique du psychologue, indispensable à la pratique de l'examen. Ce modèle, qui redonne la parole au sujet, réhabilite la subjectivité de celui qui passe le test et aussi celle du praticien.

Dans cette optique, concevoir le bilan psychologique comme une consultation psychanalytique est possible, dans la mesure où son point de départ est constitué par une demande. A noter cependant : quand il s'agit d'un enfant, la demande est toujours faite par un adulte (enseignant, travailleur social, collègue psychologue, médecin psychiatre, etc.), généralement relayé par les parents, même s'ils ne se sentent pas directement impliqués.

Partir de la demande, c'est cependant prendre en considération celle de l'enfant qui souffre de ses difficultés. C'est pourquoi il faut comprendre ce qu'on appelle habituellement « bilan » comme un moment où il s'agit d'aider l'enfant et de chercher avec lui les raisons des obstacles qu'il rencontre. Le psychologue est là pour entendre tous ces discours. L'essentiel de sa tâche ne consiste pas forcément à en opérer la synthèse mais à permettre un déplacement dont l'objectif, avec la médiation des tests, sera de parler autrement aux parents, à l'enfant et aux différents intervenants.

Même si la tentation a été grande, ces dernières années, d'adhérer à une approche psychotechnique des tests, de réduire les performances à une énumération de données élémentaires juxtaposées et de mettre en pratique ce type de méthodologie, on peut aussi utiliser l'examen psychologique dans une relation clinique qui considère l'enfant comme sujet de sa parole.

2. Les différentes dimensions du fonctionnement psychique

Rappelant l'opposition traditionnelle entre fonctionnement intellectuel et fonctionnement affectif, Anne Andronikof **[2]** précise que, pour un enfant en difficulté scolaire, il est courant d'évaluer d'abord son efficience intellectuelle. Ainsi :

– soit le QI de l'enfant est bas ; on en déduit alors qu'il présente des troubles cognitifs et on préconise de poursuivre l'examen psychologique par des tests instrumentaux, neurologiques, etc. ;

– soit son QI est moyen ou supérieur à la moyenne ; on note alors la présence de troubles affectifs et on lui propose des tests projectifs **[3]**.

Cette dichotomie simpliste supposerait que le cognitif ne fait pas partie de la personnalité. Où se situe alors le sujet ?

En ce qui concerne le cognitif, le QI nous indique le degré d'efficience d'un enfant à un moment de son histoire et par rapport à un certain type d'activité. Les tests cognitifs modernes permettent d'explorer des secteurs de fonctionnement : mémoire, attention, coordination visuo-motrice…

Cependant des questions restent posées : quels sont les mécanismes en jeu ? Comment repérer les phénomènes de compensation très connus aujourd'hui en matière de fonctionnement du cerveau, de dynamique psychologique ? A quel point les difficultés constatées handicapent-elles l'enfant lui-même ?

Finalement, l'examen psychologique doit répondre à certaines questions fondamentales. Ce que l'on constate chez l'enfant, est-ce un point d'arrêt du développement ? Est-ce dû à une régression ? Est-ce que cela s'inscrit dans un mouvement évolutif, un processus de changement et de développement ?

Le but de l'examen psychologique est de comprendre les besoins propres de l'enfant ; découvrir les secteurs d'activité dans lesquels il excelle, souvent plus difficiles à définir que les zones de dysfonctionnement ; concevoir des modalités d'intervention pertinentes.

Le clinicien cherche quels sont le désir et le plaisir d'apprendre de l'enfant. Il se demande s'il a élaboré des modèles d'identification internes, quels sont ses modes de gratification, s'il est habité de préoccupations annexes (quant à la sexualité, ou au sentiment d'être

[2] « L'articulation du cognitif, de l'affectif et du narcissique dans l'examen psychologique de l'enfant » : communication d'Anne Andronikof : professeur à l'université de Paris-X-Nanterre, directrice du laboratoire IPSé (psychopathologie de l'identité, de la pensée et des processus de santé).

[3] Tests destinés à mieux approcher la personnalité et à suggérer la nature des conflits éventuels que traverserait le sujet.

aimé de ses parents, par exemple). Le psychologue s'interroge aussi sur les modes de relation de l'enfant par rapport au monde extérieur des personnes et des objets physiques. L'affectif représente le fond sur lequel une forme sera possible ; l'affectif, c'est ce qui donne la couleur, l'odeur, la texture de la réalité et des objets qui peuplent cette réalité.

Une recherche effectuée par Gilles Lemmel dans le cadre du laboratoire IPSé de l'université Paris-X-Nanterre illustre ce propos : des élèves de 9 ans, de QI moyen, sont divisés en deux groupes contrastés, établis à partir d'une évaluation scolaire en français et en mathématiques : les élèves forts, qui réussissent bien en classe et les élèves faibles qui sont en échec scolaire.

Les résultats obtenus au Rorschach (test de personnalité) montrent qu'il n'y a aucune différence entre les deux groupes en ce qui concerne les signes de dépression, de dévalorisation de soi, la confusion des émotions, le retrait affectif, l'impulsivité émotionnelle, la colère, la frustration relationnelle, la vulnérabilité au stress. La seule différence majeure, au profit des élèves forts, concerne les éléments de la relation à soi :

– l'investissement de soi, c'est-à-dire la capacité à avoir des repères internes solides pour faire face au monde et aux apprentissages ;

– la capacité à se critiquer.

En conséquence, des enfants qui fonctionnent d'une manière identique sur les plans cognitif et affectif se distinguent par l'articulation entre ces deux dimensions : les élèves forts ont un style déterminé et les élèves faibles ont davantage tendance à éviter les conflits de quelque nature qu'ils soient.

On peut concevoir alors un modèle de compréhension original qui schématise le fonctionnement de l'enfant : le noyau étant le soi ; le fond sur lequel se développe le noyau étant l'affect ; les apports cognitifs se déplacent, gravitent dans ces deux aires et permettent à l'enfant de penser. C'est pourquoi on ne peut opposer le cognitif et l'affectif.

3. Six ans : un âge clé pour le développement cognitif

Dans un clin d'œil à Binet, Marie-Luce Verdier-Gibello [5] rappelle qu'il accueillait l'enfant ainsi : « *Bonjour, petit, comment t'appelles-tu ?* » Elle précise que lorsqu'elle reçoit un jeune consultant de six ans, elle évoque toujours Jean Piaget qui répétait souvent, à l'occasion, par exemple, des épreuves de conservation : « *Dis-moi, qu'est-ce que tu en penses ?* » La question n'est pas alors de savoir si un enfant est ou non « intelligent » mais de comprendre comment il pense et comment il sait qu'il est capable de penser.

[5] « Apprentissage et processus de pensée chez l'enfant » : communication de Marie-Luce Verdier-Gibello, psychologue, psychothérapeute et formatrice.

Six ans apparaît comme un âge particulièrement préoccupant. En effet, la famille, l'école, l'entourage en général, attendent de l'enfant qu'il se montre intelligent, autonome, si possible non turbulent, concentré et qu'il aille à l'école avec plaisir. L'ensemble de ces exigences véhicule la croyance selon laquelle on pourrait éviter l'échec scolaire à condition de dépister à temps tous les troubles qui peuvent altérer cette représentation de l'enfant idéal.

Par conséquent, quand un enfant est amené en consultation par ses parents (poussés ou non par une demande de l'école), on requiert du psychologue de trouver la recette miracle qui le rendra attentif et performant.

Or, au moment du passage à l'école élémentaire, le petit écolier se trouve dans une période de profonde mutation. Il doit renoncer à certains privilèges de la première enfance pour adopter de nouvelles attitudes : l'activité intellectuelle et les relations sociales s'en trouvent modifiées. Lors de son passage à la « grande école », il entre dans la seconde enfance qui se caractérise par une métamorphose de sa pensée, de son rapport à lui-même. Il découvre alors, dans un mouvement narcissique qu'il peut trouver, grâce aux élaborations qui lui sont propres, les réponses aux questions : il pense et ce qu'il pense est intéressant. De même, il s'aperçoit que ses pairs pensent et que leurs idées sont dignes d'être entendues : « *Je découvre que je suis un individu qui fait partie d'une société et je prends conscience de l'existence de semblables avec lesquels je peux entrer en interaction ; j'apprends à prendre la parole, à me faire respecter, à occuper ma place et je vais aussi accorder de l'importance et de l'intérêt à la parole de l'autre et à la place qui est la sienne.* »

Depuis la naissance, la dynamique d'un individu s'organise autour de trois pôles : les relations avec les humains, les relations avec les objets (non humains), l'investissement du sujet par lui-même. Le pôle humain relève de l'affectif et du cognitif ; le pôle des relations avec les objets de la réalité est objectif et affectif. Quant au troisième pôle, il est sujet à des remaniements en fonction des lois du passage à l'école élémentaire. Ce système dynamique, fonctionnant en interaction, traverse des moments d'équilibre et se trouve périodiquement déstabilisé pour s'ouvrir à de nouvelles connaissances.

Au CP, les rapports aux objets changent : ils sont imposés, présentés dans l'ordre nécessaire du programme et se succèdent rapidement. L'enfant est véritablement bombardé de stimulations. Il ne peut faire face que s'il s'adapte à ces nouveaux rythmes et ces nouveaux objets. Il doit par exemple mémoriser des savoirs et apprendre à les évoquer au moment où il en a besoin. Il lui faut également s'habituer à laisser une trace écrite montrant qu'il a compris ce qu'on lui a présenté.

Deux systèmes doivent alors se mettre en place : un système de représentation interne et un système de représentation tourné vers l'extérieur. Et il faudra un certain temps pour réguler ces systèmes. Le fait d'être surstimulé et déséquilibré conduit parfois l'enfant à se sentir inintelligent. Dans ce cas, apparaissent certains mécanismes de défense : l'omnipotence qui lui permet de tenir mais peut présenter certains inconvénients si elle subsiste ; ou, au contraire, l'inhibition (« Je suis nul »)... C'est ainsi que certains enfants adoptent alors un comportement totalement passif. D'autres, à l'inverse, activent leurs mécanismes de liaison avec l'entourage, au point de présenter des troubles du comportement.

Marie-Luce Verdier-Gibello en conclut que, avant de se précipiter sur la défaillance ou sur ce qui dysfonctionne, il importe de préserver pour l'enfant la possibilité de rester sujet de son expérience propre. Si, au contraire, l'enfant devient objet de soins après avoir été objet de préoccupations, alors il est dépossédé de son vécu et aura dans ce cas toutes les chances d'être de moins en moins performant.

Le rôle du psychologue se situe justement dans l'analyse clinique fine de ces systèmes et des voies de dégagement possibles pour le développement de l'intelligence de l'enfant.

4. Que dire ? A qui dire ? Comment dire ? Rendre compte des consultations

Monique Plaza [6] pose ces questions auxquelles sont confrontés les psychologues, même s'ils ne répondent pas tous de la même façon. Comment rédiger le compte rendu d'un examen psychologique ? A qui transmettre cet écrit ? Aux parents, aux professionnels qui s'occupent de l'enfant et à ses différents interlocuteurs ? Et sous quelle forme ?

[6] « Que dire ? A qui dire ? Comment dire ? Rendre compte des consultations » : communication de Monique Plaza, chargée de recherche CNRS à l'université René-Descartes, laboratoire Cognition et développement.

La première précaution est de différencier les compétences et les performances. Il est fondamental de dissocier dans un test le « brut » du « standard » : autrement dit, ce qu'un enfant peut faire, ses façons de réaliser les tâches (le brut) et le nombre d'items qu'il réalise dans le temps imparti (c'est-à-dire la note « standard », qui est relative à son âge). Il importe également de distinguer ce que l'enfant peut faire à un moment donné (ici et maintenant) et ce qu'il peut faire en général.

Le compte rendu doit soigneusement décrire ces différents aspects et les réinsérer dans leur contexte. Plusieurs cas de figure peuvent dès lors se présenter :

- **La réparation par l'intelligence**

Les enfants présentant des troubles d'apprentissage (appelés « dyslexiques dysorthographiques ») ont souvent des doutes très profonds quant à leurs capacités intellectuelles. Dans un tel cas, il convient de distinguer le trouble d'apprentissage des capacités générales de l'enfant. Mettre en avant et expliquer le résultat à une épreuve d'intelligence peut se révéler « réparateur ». On peut accompagner l'énoncé de cette évaluation d'un commentaire comme : « Tu n'es pas stupide, tu n'es pas paresseux (paresseuse), tu es intelligent (intelligente) mais tu éprouves des difficultés particulières pour lesquelles on va tenter de t'apporter une aide. »

- **L'intelligence contre le handicap**

Certains parents s'acharnent à dévaloriser leur enfant : ils cherchent à tout prix une reconnaissance du handicap, réglant parfois des comptes avec une certaine partie d'eux-mêmes. Le clinicien doit alors guider les parents et leur enfant, souligner les capacités de ce dernier, éventuellement son efficience. C'est une façon de le sortir d'un statut délétère où il se trouve comme englué.

• **L'intelligence relativisée**

Certains enfants dits « surdoués » arrivent devant le psychologue car ils rencontrent des difficultés à l'école. Ils disent s'ennuyer en classe, manquer de camarades en raison de leur QI élevé et de leur intelligence supérieure…

L'analyse clinique des observations et des résultats aux épreuves d'intelligence peut pourtant parfois révéler des dissociations et/ou des dysharmonies cognitives, ou bien encore psychoaffectives. Dans ce cas, l'enfant et ses parents doivent être guidés dans la compréhension de cette complexité par-delà le (ou à l'encontre du) chiffre du QI.

• **La problématique « limitation des ressources »**

La limitation des ressources intellectuelles est un constat dont les origines et les causes nous sont inconnues. De cela, également, le clinicien doit rendre compte. Il cherche alors à inscrire les difficultés de l'enfant dans un contexte plus large : celui de la limitation des hypothèses scientifiques en matière de ce que l'on appelle la déficience ou la débilité mentale. Il ne doit pas hésiter à se poser toutes les questions en termes de diagnostic différentiel.

Monique Plaza conclut par une mise en garde. Dans le cas des enfants au développement perturbé ou ayant subi des blessures cérébrales (traumatismes, tumeurs, infections...). Certains cliniciens oublient parfois que ces enfants ont des profils cognitifs atypiques. Ils rendent compte de leur évolution à coup de tableaux, de moyennes ou d'écarts types qui aboutissent à mettre en évidence des différences de plus en plus accentuées par rapport à la norme au fil de l'âge. Il serait pourtant préférable, dans ces cas, de privilégier la question de savoir d'où ces enfants sont partis, quels progrès réels ils ont accomplis, quelles acquisitions ils ont réussi à engranger… Ces enfants ne peuvent, en définitive, être comparés qu'à eux-mêmes.

En guise de conclusion

Dans une révision qu'il avait opérée à partir du Binet-Simon, pour le rendre en particulier utilisable auprès des grands adolescents et des adultes, le psychologue américain Lewis M. Terman (1877-1956) avait ajouté, comme épreuve, l'analyse et la compréhension d'une longue déclaration. Son contenu proclamait la confiance de l'auteur dans les tests et l'importance de leur rôle pour établir une distinction indispensable entre l'intelligence innée et les connaissances acquises. Ce texte, qui reflétait sans doute les préoccupations de l'Immigration Act qui, jusqu'aux années 60 du XXe siècle réglementait l'entrée des nouveaux immigrants aux Etats-Unis, aurait sûrement fait frémir Binet. On le sait maintenant grâce, entre autres, aux travaux de Monique Vial [7], le concepteur de l'échelle métrique de l'intelligence ne concevait nullement son test comme un instrument d'exclusion.

[7] M. Vial, *Les Enfants anormaux à l'école*, Armand Colin, 1990.

Trop choquante, cette pensée de Terman avait été éliminée, en 1966, dans la NEMI de René Zazzo (*voir page 187*).

On le voit, le Binet-Simon est devenu non seulement un instrument pour évaluer le développement de l'enfant, mais aussi un contenant pour que le psychologue d'aujourd'hui puisse se faire rapidement une idée sur les thèmes dominants d'une époque ou d'un pays. Cent ans se sont écoulés depuis la conception de cet instrument d'un nouveau type. En adaptant la formule d'Armstrong posant pour la première fois le pied sur la lune, on pourrait dire que c'est un long chemin pour les praticiens (trois générations environ) mais un court délai pour l'évolution scientifique.

La psychologie demeure, en effet, une science jeune. La clinique de l'intelligence de l'enfant est une innovation encore plus récente. De grandes mutations sont peut-être à venir, comme l'a évoqué le pédopsychiatre et psychanalyste Bernard Golse [8] dans sa communication : « L'intelligence entre neurosciences et psychanalyse ». Une grande modestie, respectueuse d'approches pluridisciplinaires, s'impose donc. Elle doit inspirer le psychologue qui opère la distinction entre les recherches fondamentales et la pratique quotidienne.

[8] « L'intelligence entre neurosciences et psychanalyse » : communication de Bernard Golse, chef de service de pédopsychiatrie de l'hôpital Necker-Les enfants malades et professeur de psychiatrie de l'enfant et de l'adolescent à l'université René-Descartes-Paris-V.

Un exemple parmi d'autres où il faudra raison garder est celui de l'utilisation d'une notion telle que le QI. Quasi abandonné par les chercheurs spécialisés dans la mise au point de nouveaux instruments, et par tous ceux qui défendent le modèle de l'intelligence multiple, le QI, toutefois, reste un outil de travail pour les praticiens, une sorte de « commodité technique ». Une épreuve d'efficience intellectuelle inaugure souvent la démarche qui mène tout naturellement à un diagnostic progressif, comme le recommandait le psychologue René Zazzo (1910-1995). Cette façon de conduire l'examen psychologique, à l'aide d'instruments variés et en demeurant perpétuellement attentif aux différents registres de réponses adoptés par l'enfant (qui réagit lui-même différemment à des approches multiples), permet de garantir une meilleure compréhension de l'être en développement. Elle est pourtant trop souvent considérée comme facultative.

Dans le cadre des connaissances actuelles, seule une conception d'une méthodologie intégrée permet de se faire une idée de l'évolution et de déterminer les aides les plus appropriées aux difficultés éventuelles de l'enfant.

Claire Meljac est docteur en psychologie, psychologue à l'hôpital Sainte-Anne (Paris) et membre fondateur de l'Association DEEP (pour le développement des études sur l'examen psychologique). Elle est l'auteur de *Qui donc a inventé les mathématiques ?* Audibert-La Martinière, 2003 et, avec A. Van Hout et J.-P. Fischer, de *Troubles de calcul et dyscalculies chez l'enfant*, Masson, 2e éd. 2005.
Gilles Lemmel est docteur en psychologie, psychologue à l'Education nationale, consultant à l'hôpital Sainte-Anne, chargé d'enseignement aux universités de Paris-VIII et Paris-X-Nanterre et membre du laboratoire IPSé (Paris X-Nanterre).

PAUL MESSERCHMITT

Génétique, neuropsychologie, imagerie cérébrale, psychopharmacologie... Devant les troubles mentaux et les dysfonctionnements cognitifs, le clinicien est aujourd'hui confronté à toute une palette de connaissances et de techniques, qui se répondent et se complètent.

Comment aborder les pathologies de l'intelligence ?

L'intelligence est un domaine tout aussi indéfinissable que la santé. On pourrait la considérer comme la santé de l'esprit qui permet d'activer et de traiter des connaissances, d'appréhender et d'explorer le monde, de vivre en spiritualité... L'intelligence est en fait chez l'homme ce qui permet d'additionner une pomme, deux sexes, la peur, trois ouragans, le hasard, et quelques inconnues pour préserver l'avenir.

De son côté, le médecin est un penseur de l'utile, pour ne pas dire du nécessaire. Il est voué à répondre aux souffrances, aux manques, aux inconforts humains. Il est fait pour aider l'individu avant de théoriser sur l'espèce.

Les pathologies et psychopathologies de l'intelligence sur lesquelles se penchent les psychologues forment un champ situé à l'intersection de la « clinique », tout en faisant appel à des examens de « laboratoire », fondés sur la recherche fondamentale et appliquée. Il s'agit pour les praticiens de ce domaine de répondre à une demande, générale, sociale, qui comporte de multiples facettes, mais dans laquelle les besoins et les désirs individuels, particuliers à cet enfant-là, à cette famille-là, à cette histoire-là, doivent rester l'essentiel.

Jauger la réussite

Pour évaluer la réussite d'un individu sur les apprentissages objectifs que la vie réelle lui demande, le meilleur test reste la réalité sociale : la vitesse de frappe, la rapidité de synthèse et de résumé d'un texte, l'organisation technique de la journée de l'équipe sont plus intéressants pour engager cette jeune assistante qu'un test de Wechsler ou le dessin d'un arbre.

On peut d'ailleurs regretter que le marché du travail ait pu jusque récemment gérer l'embauche (fruit tant attendu du développement et du travail scolaire) à partir d'évaluations souvent terriblement déplacées, projectives, numérologiques, graphologiques, astrologiques, souvent ambiguës et perverses, voire délabrantes : tout et n'importe quoi pour éviter de jauger les capacités d'une personne dans le domaine précis qu'elle a à traiter...

Le développement de l'enfant – dès avant la naissance – comprend des marqueurs précoces et successifs des qualités globales qui constitueront plus tard l'intelligence. La mise en mouvement de l'être, ses rythmes propres, sa motricité, ses apprentissages dans tous les registres sont des éléments fondamentaux de la prise de possession du monde. La compétition socio-scolaire précoce pour l'enfant, puis la compétition sociale sont pour nous les meilleurs indicateurs de capacités de développement. Les parents le savent bien, qui comparent eux-mêmes les enfants, et qui perçoivent bien souvent les handicaps avant les professionnels.

La tâche du psychologue est alors de prévoir l'adaptation avant l'installation d'une compétence (ce qu'on appelle par exemple des pré-requis de la communication langagière, ou des étapes de la théorie de l'esprit...), de contourner un trouble pour apprécier les tissus sains, de suivre la progression d'une fonction ou d'un dysfonctionnement, d'étudier des populations atteintes par un processus pathologique, de comparer les productions d'un individu donné, à un moment donné, à sa population de référence donnée...

Le psychologue étudie le mental : vaste domaine dans lequel se

• 1912 : le quotient intellectuel

Comment se calcule le QI ?

En 1912, Le psychologue allemand William Stern (1871-1938) établit le quotient intellectuel (QI), rapport entre l'âge mental et l'âge chronologique, qui mesure donc la vitesse de développement.

$$QI = \frac{\text{âge mental x 100}}{\text{âge réel}}$$

La notion d'âge mental est définie par un test où, par convention, la moyenne des enfants d'un âge donné obtient la note 100. Ainsi, si un enfant de 10 ans répond à un test comme le fait la moyenne des enfants de 9 ans, cet enfant à un âge mental de 9 ans. Son QI est donc de :

$$QI = \frac{9 \times 100}{10} = 90$$

• 1916 : le succès du Stanford-Binet

Dès 1909, le Binet-Simon est adapté aux Etats-Unis. En 1916, une seconde version due à Lewis M. Terman (1877-1956), de l'université de Stanford, voit le jour : le « Terman-Stanford » permet le calcul du QI de type Stern, et mesure l'intelligence des adultes.

L'échelle métrique d'intelligence connaîtra un succès considérable aux Etats-Unis. Appelée Stanford-Binet, elle a subi de nombreuses révisions et est toujours utilisée aujourd'hui.

• 1966 : une actualisation française tardive, la NEMI

En France, il faudra attendre 1949 pour que le test de Binet soit réétalonné.

En 1966, un groupe de psychologues dont René Zazzo en présente une nouvelle version : nouvelle échelle métrique d'intelligence (NEMI). La NEMI affine le calcul de l'âge mental ; elle s'adresse aux enfants de 3 à 14 ans. Elle est de moins en moins utilisée aujourd'hui en raison de ses items vieillots et de son étalonnage trop ancien.

Les échelles de Wechsler

• WAIS, WISC, WPPSI… qu'est-ce que c'est ?

A partir de 1939, les échelles d'intelligence du psychologue américain Daniel Wechsler vont progressivement se substituer à l'usage des tests précédents (Binet-Simon, Stanford-Binet), et sont régulièrement réétalonnées. Les épreuves de Wechsler sont aujourd'hui en France les plus utilisées par les psychologues.

– **WAIS** : *Wechsler Adults Intelligence Scale* ;
– **WISC** : *Wechsler Intelligence Scale for Children*, très utilisée par les psychologues scolaires, et aujourd'hui le test le plus utilisé dans le monde ;
– **WPPSI** : *Wechsler Preschool and Primary Intelligence Scale*, adaptée aux enfants de 4 à 6 ans.

• Un QI verbal et un QI de performances

Dans les tests de Wechsler, deux échelles distinguent le verbal et les performances non verbales. Les notes obtenues aux tests d'épreuves verbales sont transformées en QIV ; celles obtenues aux tests de performances en QIP.
La spécificité des échelles de Wechsler est qu'elle permet une analyse qualitative des différents QI obtenus, de mieux cerner les aptitudes et les déficits du sujet testé. Pour Wechsler, le QI n'est plus un quotient d'âge mental mais simplement un classement du sujet par rapport à ses performances.

Le WISC-III

Le Wisc-III évalue l'intelligence des enfants de 6 à 16 ans. Les chiffres du tableau indiquent l'ordre de passation des épreuves.

SUBTESTS VERBAUX

• Information (2)
Questions relatives à la connaissance dans des domaines connus

• Similitudes (4)
Explication de la similitude entre deux objets ou deux concepts

• Arithmétique (6)
Résolution mentale de problèmes et réponse orale

• Vocabulaire (8)
Définition d'une série de mots

• Compréhension (10)
Résolution de problèmes relatifs à la vie sociale

• Mémoire des chiffres (12)
Répéter des chiffres dans le même ordre ou dans l'ordre inverse

SUBTESTS DE PERFORMANCE

• Complètement d'images (1)
Identification de la partie manquante d'une image

• Code (3)
Association d'un symbole simple avec une série de formes géométriques ou de chiffres

• Arrangement d'images (5)
Remettre des images dans l'ordre logique

• Cubes (7)
Reproduction de modèles géométriques avec des cubes bicolores

• Assemblage d'objets (9)
Réalisation de puzzles

• Symboles (11)
Retrouver en 120 secondes maximum un symbole donné parmi d'autres

• Labyrinthes (13)
Résoudre des labyrinthes de difficulté croissante

Source : Virginie Laval, *La Psychologie du développement. Modèles et méthodes*, Armand Colin, 2002.

Le K – ABC

Évaluer les processus mentaux

Le K-ABC (*Kaufman-Assessment Battery for Children*) est l'un des derniers-nés des tests d'intelligence. Elaborée aux Etats-Unis en 1983 par A. et N. Kaufman, et adaptée en France en 1993, cette batterie de tests concerne les enfants de 2 à 12 ans.

Le K-ABC tient compte des recherches en psychologie cognitive et en neuropsychologie mettant en évidence une spécialisation hémisphérique du cerveau dans les différents processus mentaux :

– hémisphère gauche ——➤ traitement analytique ;

– hémisphère droit ——➤ traitement global de l'information ;

– des zones sont réservées au traitement successif – ou séquentiel – de l'information, d'autres réservées au traitement simultané.

• Les 4 échelles du K-ABC

– **L'échelle des processus séquentiels :** l'enfant doit répondre aux tests en traitant les problèmes dans un ordre donné. Ex : reproduire une séquence précise de mouvement des mains, répéter dans l'ordre une série de chiffres...

– **L'échelle des processus simultanés :** l'enfant doit traiter simultanément plusieurs problèmes. Ex. : reconnaître un objet ou une scène sur un dessin incomplet ; reproduire un modèle à l'aide de triangles identiques ; ordonner chronologiquement les photos d'un événement (à partir de 6 ans).

– **L'échelle composite :** elle combine les deux épreuves précédentes et permet d'évaluer globalement le fonctionnement intellectuel.

– **L'échelle des connaissances :** tests évaluant les connaissances dans le cadre scolaire : vocabulaire, arithmétique, lecture et compréhension (à partir de 7 ans).

• Les apports du K-ABC

Le K-ABC propose une nouvelle approche pour évaluer l'intelligence, non pas en termes de connaissances acquises, contrairement aux tests de Binet ou de Wechsler, mais en termes de processus.

Il permet de remédier à des problèmes spécifiques d'apprentissage, en définissant un profil propre à chaque enfant.

Il existe en version gestuelle, ce qui permet son utilisation pour les enfants mal entendants, atteints de troubles du langage ou ne parlant pas la langue du test.

Les tests piagétiens

• Piaget et la méthode clinique

Pour comprendre l'intelligence, Piaget avait mis au point une méthode originale, unique en son genre. La clinique piagétienne consiste en une conversation guidée avec l'enfant, autour d'un thème, visant à comprendre comment il raisonne.

Les thèmes proposés correspondent aux hypothèses piagétiennes sur les stades de développement : conservation du nombre, conservation du poids, du volume… (*voir paragraphe suivant*)

La méthode clinique est qualitative ; elle se distingue de l'observation, car le psychologue intervient dans le déroulement des épreuves.

• L'épreuve des conservations

C'est l'une des épreuves les plus célèbres de Piaget.

On transvase par exemple une quantité d'eau d'un vase étroit dans un vase plus large. A un certain moment de son développement, l'enfant comprend que la quantité d'eau se conserve malgré la montée du niveau dans le vase plus étroit. Les mêmes exercices se font pour la conservation du nombre (alignement de jetons plus ou moins serrés), du poids, ou de la matière.

• EPL, ECDL, RTOF, UDN…

• Pour éprouver sa théorie, Piaget avait mis au point des situations expérimentales que les chercheurs par la suite ont tenté de standardiser.

– L'EPL (1969), l'échelle de développement de la pensée logique vise à évaluer le stade de développement opératoire par des épreuves de conservation, de combinatoire, de probabilité logico-mathématique et de représentation dans l'espace.

– Le TOF (1974), test d'opérations formelles de Longeot, comportant des petits problèmes de probabilités, de logique de propositions ou de combinatoire.

– L'UDN (1980), batterie très utilisée en France, centrée sur l'utilisation du nombre, mise au point par Claire Meljac et Gilles Lemmel (version de 1999).

• Les tests piagétiens, plus difficiles à standardiser et à évaluer (les enfants réussissent certaines épreuves d'un stade tout en échouant à d'autres) ne se sont pas généralisés. Des études ont montré par ailleurs que leur réussite est souvent fortement corrélée avec celle des tests d'intelligence plus classiques comme la mesure du QI.

Ces tests ont toutefois le mérite :

– d'avoir un solide fondement théorique (contrairement aux tests cités dans les pages précédentes) ;

– de mesurer le niveau de développement de l'enfant par rapport à un critère précis plutôt qu'à un rang dans la population ou une note de QI.

Plusieurs formes d'intelligence?

- Intelligence fluide, intelligence cristalisée
- Le modèle hiérarchique de Caroll
- Des intelligences multiples

Plusieurs formes d'intelligence ?

L'évaluation de l'intelligence provoque un débat dès le début du xxe siècle : l'intelligence est-elle une ou multiple ? Apparaissent alors les tests factoriels conçus dans le cadre d'une conception plus analytique de l'intelligence.

• Charles Spearman (1863-1945) : une intelligence unique

A partir de mesures recueillies dans l'école d'un petit village, ce psychologue anglais fait l'hypothèse de l'existence d'une seule intelligence générale. Il pose les bases d'un nouvelle méthode statistique, l'analyse factorielle*, qui lui permet d'affirmer qu'un facteur général, appelé le **facteur g** explique les différences de performances des élèves ; autrement dit, un élève qui réussit bien une tâche de raisonnement logique réussira également bien une épreuve verbale.

• Leon L. Thurstone (1887-1955) : une intelligence multi-factorielle

A partir de tests sur les étudiants, l'Américain L. Thurstone parvient à une conclusion inverse de Spearman. Pour lui, l'intelligence est composée de neufs facteurs indépendants : vitesse perceptive, capacité numérique, compréhension verbale, visualisation spatiale, mémorisation, induction, déduction, raisonnement. Thurstone développe les méthodes d'analyse factorielle en précisant leurs fondements mathématiques. En 1938, paraît la première version du *Primary Mental Abilities Children*, test s'appuyant sur cette conception multifactorielle de l'intelligence.

• Raymond B. Cattell (1905-1998) : un modèle hiérarchique de l'intelligence

Ce psychologue anglais, ancien élève de Spearman, influencé par Thurstone, propose une synthèse entre ces deux conceptions.

Le modèle Cattell-Horn (1966) propose un modèle hiérarchique, dans lequel le facteur général coiffe 5 grands facteurs dont :

• **l'intelligence fluide,** mettant en œuvre des capacités de raisonnement et faisant peu appel aux connaissances acquises.

L'intelligence fluide est mesurée par des tests comme les matrices de Raven *(voir ci-contre)*. Elle fait appel à ce que la psychologie cognitive actuelle appelle la mémoire de travail*.

• **l'intelligence cristallisée,** qui repose sur les connaissances acquises, proche de l'intelligence verbale, mais en mettant l'accent sur l'organisation conceptuelle des connaissances. Elle est mesurée entre autres par des tests de vocabulaire. Pour la psychologie cognitive actuelle, elle s'apparente à la mémoire déclarative*, qui fait appel à des connaissances explicites.

Intelligence fluide - Intelligence cristallisée

Aujourd'hui, deux formes d'intelligence sont très fréquemment évaluées :
- l'intelligence fluide, dite logico-mathématique ou de performance.
- l'intelligence cristallisée, ou verbale.

• *Des tests pour l'intelligence fluide*

Les épreuves ci-dessous mettent en jeu la capacité de raisonnement, de logique que l'on appelle l'intelligence fluide. Elles révèlent la souplesse de raisonnement. Ces épreuves sont construites de façon à ne nécessiter aucune connaissance particulière.

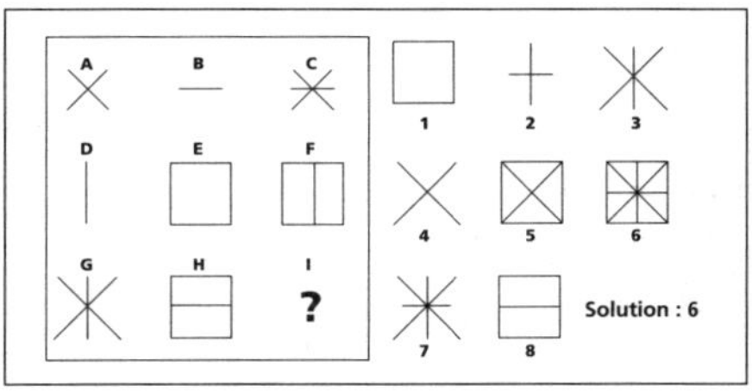

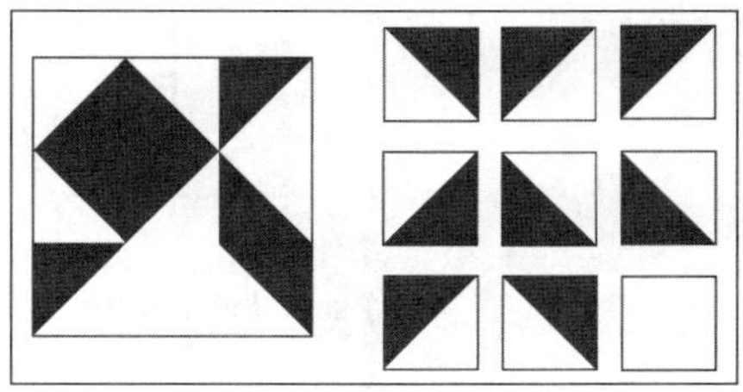

Les matrices de Raven

Il s'agit de trouver l'élément manquant parmi différentes possibilités, ainsi que des suites logiques

Les cubes de Kohs

QI de performance de la WAIS
Le test consiste à reproduire un modèle à l'aide de neufs cartons bicolores.

• *Des tests pour l'intelligence cristallisée*

L'intelligence cristallisée s'exprime le plus souvent – mais pas uniquement – dans des tâches verbales, qui mettent en jeu des connaissances scolaires ou culturelles.

Test de vocabulaire :
Il s'agit de choisir le synonyme du mot présenté en majuscule parmi les différentes propositions.
CONFESSER : Entonner-Composer-Attraper-Avouer-Repousser-Confluer
EXCÈS : Etau-Immodération-Violence-Succès-Punition-Caprice
ADÉQUAT : Répandu-Bas-Possible-Trié-Congruent-Las

QI verbal de la WAIS (Epreuve d'information)
Répondre aux questions suivantes :
Qui était Pierre Corneille ? Où se trouve le Mexique ?
Quelle est la distance entre Paris et Marseille ?

Epreuve de compréhension :
A quoi servent les impôts ?
Que signifie le proverbe : « Il ne faut pas jeter de l'huile sur le feu » ?
Que faites-vous si, au théâtre, vous êtes le premier à remarquer qu'il y a le feu ?

1993 : le modèle hiérarchique de Carroll

Le modèle de Carroll réalise une synthèse entre les conceptions unitaires de l'intelligence et les conceptions multifactorielles. D'une part il distingue des formes d'intelligence variées et relativement indépendantes : il est possible

Le modèle hiérarchique de Carroll

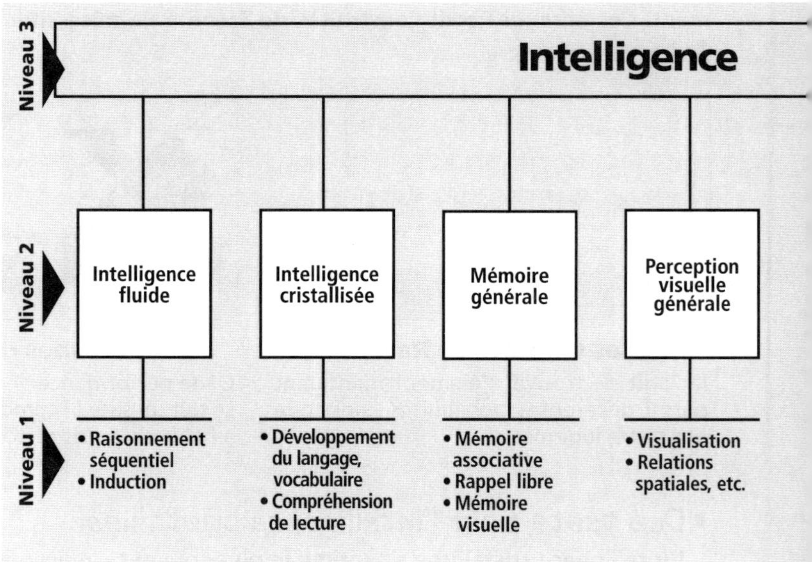

Après avoir effectué une méta-analyse de 460 études réalisées au cours du siècle, le chercheur américain J.B. Carroll a construit en 1993 un modèle hiérarchique de l'intelligence qui permet de réaliser une synthèse entre les modèles unitaire (qui admettent l'existence d'une intelligence générale) et les modèles multifactoriels (selon lesquels l'intelligence est formée de plusieurs facteurs spécifiques).

d'être performant davantage dans les unes que dans les autres. D'autre part, il affirme l'existence d'un facteur général : si on est performant dans certaines formes, on a des chances de l'être aussi dans les autres.

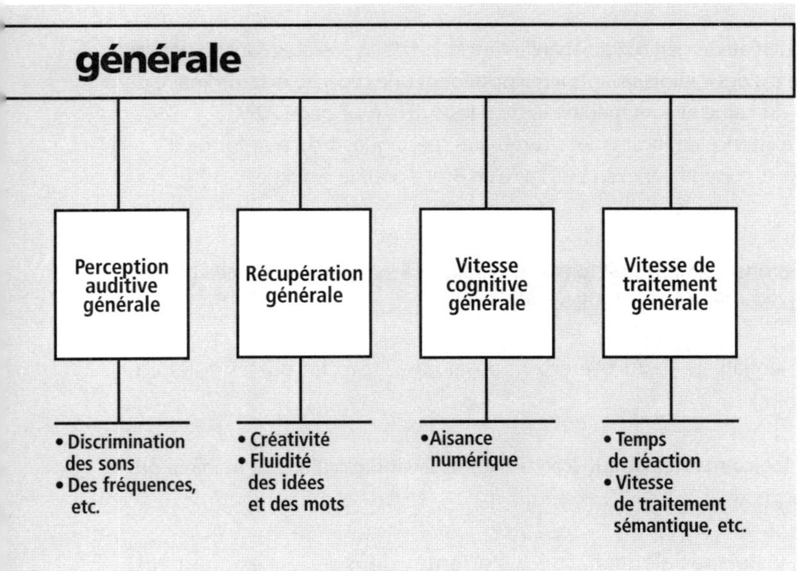

Ce modèle est organisé selon trois niveaux.

• **Au niveau inférieur** sont présentées les très nombreuses aptitudes mentales primaires (niveau de difficulté de raisonnement, vitesse perceptive, etc.).
• **Au niveau 2** sont regroupés 8 facteurs de groupes. Ainsi, l'intelligence fluide met en œuvre le raisonnement logique et est peu reliée à des connaissances acquises.
L'intelligence cristallisée porte sur le langage (vocabulaire, lecture). Elle est plus liée à ces connaissances et aux habitudes de lecture…
• **Au niveau 3** figure l'intelligence générale, qui repose sur la relation statistique observée entre les facteurs de groupe.

Des intelligences multiples

Les approches et évaluations proposées ci-dessus correspondent toutes à des activités intellectuelles valorisées dans le cadre scolaire (logico-mathéma-

• Les intelligences multiples d'Howard Gardner

Pour ce psychologue, professeur de neurologie à l'université de Harvard, l'intelligence n'est pas une mais multiple. Pour l'affirmer, il s'appuie sur trois critères :
– les créateurs géniaux qui manifestent leurs talents précoces dans un domaine ;
– le cas des « idiots savants » qui possèdent une capacité extraordinaire dans un domaine et sont médiocres dans les autres *(voir page 202)* ;
– l'existence de localisations cérébrales spécifiques à chaque forme d'intelligence, comme par exemple, l'aire de Broca pour le langage.

Gardner identifie huit formes d'intelligence indépendantes, mais qui peuvent cependant interagir entre elles :

• **langagière** (particulièrement développée chez les poètes et les écrivains),

• **logico-mathématique** (certains idiots savants calculent de manière prodigieuse),

• **visio-spatiale** (capacité à s'orienter dans un environnement),

• **l'intelligence musicale** (présente chez certains autistes),

• **kinesthésique** (visible chez les footballeurs ou les danseurs),

• **l'intelligence interpersonnelle** (sensibilité aux humeurs d'autrui),

• **intrapersonnelle** (capacité à s'analyser et à s'adapter),

• **naturaliste** (sensibilité à l'environnement).

Cette théorie des intelligences multiples est très diffusée à l'heure actuelle surtout dans les sciences de l'éducation. Plusieurs tentatives d'application ont été mises en place dans le champ éducatif en Amérique du Nord.

thiques, verbales, spatiales…). Certains chercheurs tentent cependant d'élargir cette vision académique du concept d'intelligence.

• La théorie triarchique de Robert J. Sternberg

Stemberg, professeur de l'université de Yale, a été nommé en 2005 à la tête de la Tufts School of Arts and Science.

Il a identifié trois formes d'intelligence :

• **une intelligence analytique,** abstraite et déductive (mesurée par les tests classiques) ;

• **une intelligence créatrice** mettant en œuvre l'imagination, l'invention et la capacité à s'adapter à des situations nouvelles ;

• **une intelligence pratique,** permettant une bonne adaptation au contexte par les connaissances « tacites », qui, contrairement aux connaissances formelles, sont acquises de manière implicite.

Intelligence sociale, pratique ou encore émotionnelle…, le concept d'intelligence semble s'élargir sans cesse sans toutefois que des évaluations fiables existent pour le moment, attestant ou non de leur indépendance par rapport à l'intelligence générale.

Partie IV

FORMES ET MÉFORMES DE L'INTELLIGENCE

L'intelligence joue parfois de drôles de tours : le syndrome d'Asperger ou le syndrome de Williams, le cas des enfants autistes ou des enfants surdoués posent bien des problèmes aux chercheurs !

Comment, par exemple, expliquer que des enfants dont le QI bat tous les records fassent souvent preuve de difficultés affectives et sociales frisant l'incompétence ? Pour Maria Pereira-Fradin, ce constat plaide plutôt pour la prise en compte de multiples dimensions de l'intelligence **(voir page 201)**.

L'autisme non plus n'a pas livré tous ses mystères. En évoquant une défaillance de la théorie de l'esprit ou une certaine rigidité des fonctions cérébrales centrales, les neuropsychologues, cependant, apportent une meilleure compréhension des aspects cognitifs de ce déficit **(voir page 207)**.

En fait, l'étude de ces dysfonctionnements est une source d'informations et de questionnements pour l'ensemble de la recherche sur l'intelligence.

La créativité par exemple, si elle prend des formes variées selon le contexte social, culturel, éducatif..., s'avère être un élément essentiel pour le développement cognitif, en aidant l'enfant à se construire des représentations qui structurent son univers mental **(voir page 219)**.

Maria Pereira-Fradin

Qu'ils soient musiciens prodiges, petits génies des mathématiques ou écrivains en herbe..., les enfants dits à haut potentiel manifestent souvent une précocité dans un domaine très spécifique. Leur étude apporte du crédit à l'idée d'une multiplicité des formes d'intelligence.

Ces enfants à « haut potentiel »

On les a appelés « génies », « surdoués », puis « enfants précoces ». Aujourd'hui, on préfère parler d'« enfants à haut potentiel ». Depuis plus d'un siècle, ils ont fait l'objet de très nombreuses recherches. Les premières furent celles du Britannique Francis Galton. Ses études sur les « génies » étaient destinées à montrer que l'intelligence était héréditaire. Dans *Hereditary Genius* (1869), il voulut le prouver en montrant la fréquence des êtres d'exception dans la parenté de savants célèbres.

Dans le sillage de F. Galton, l'Américain Lewis Terman, lui aussi animé par le souci de démontrer l'hérédité de l'intelligence, va entreprendre une vaste enquête auprès d'enfants américains destinée à faire date. Après avoir fait passer des tests d'intelligence générale à plus de 250 000 enfants, L. Terman et son équipe en sélectionnèrent, parmi eux, plus d'un millier considérés comme des génies potentiels. Le projet fut alors de suivre ces enfants tout au long de leur vie pour savoir ce qu'ils allaient devenir. Publiées au fil des décennies suivantes, les enquêtes vont apporter des renseignements notables. Une grande partie des « enfants Terman » atteindra le niveau d'études supérieures (ce qui était beaucoup plus rare à l'époque qu'aujourd'hui), et une proportion notable une excellente situation professionnelle. Parmi ceux qui n'auront pas d'emploi à la hauteur de leurs capacités, il y avait beaucoup de filles, devenues en fait mères au foyer, ce qui était courant à l'époque.

Les résultats de cette étude ont été beaucoup commentés et critiqués. En examinant de près les protocoles des enfants testés mais non sélectionnés, Joel Shurkin a ainsi trouvé deux futurs prix Nobel de physique, William Shockley (1956) et Luis Alvarez (1958) : leurs résultats aux tests n'avaient pas atteint le seuil fixé...

Depuis la seconde moitié du XXe siècle, la définition de l'intelligence a bien évolué. L'abandon d'une conception unitaire (centrée uniquement sur les tests de QI et les aptitudes locigo-mathématiques et verbales) ne pouvait que réorienter le regard porté sur les enfants à haut potentiel [1]. Dès 1972, aux Etats-Unis, le rapport Marland avait formalisé cette évolution en élargissant la prise en

[1] M. Huteau et J. Lautrey, *Evaluer l'intelligence. Psychométrie cognitive*, rééd. Puf, 2003.

Le syndrome de Williams : le cas des « idiots savants »

On sait que certains enfants autistes – souffrant précisément du syndrome d'Asperger – manifestent des talents exceptionnels dans certains domaines : le calcul ou le dessin. Le contraste entre le retard intellectuel général et l'aisance dans ces domaines intellectuels intéresse particulièrement les psychologues spécialistes de l'intelligence. C'est ainsi qu'on en est venu à étudier de près le cas fascinant des enfants atteints du syndrome de Williams.

On dit qu'ils ressemblent aux elfes ou aux lutins. Ils semblent en avoir toutes les caractéristiques. D'abord la morphologie : petite taille due à un retard de croissance, front haut, nez en trompette, grande bouche, iris étoilé. Ils sont enjoués, extravertis, sociables ; ils aiment chanter et raconter des histoires.

Tel est le profil des enfants atteints du syndrome de Williams, une maladie génétique rare (1 pour 20000) due à l'absence d'un fragment de petite taille (microdélétion) dans l'un des deux chromosomes 7. Souvent associée à une malformation cardiaque, cette maladie a été décrite pour la première fois en 1961 par le cardiologue néo-zélandais Williams.

Du point de vue de leur personnalité, on les décrit toujours comme des enfants très sociables, affectueux et joyeux. De façon générale, ils n'ont pas de méfiance ou de préjugés à l'égard des inconnus.

compte du haut potentiel à d'autres domaines que celui des aptitudes intellectuelles ou scolaires : les domaines artistiques, la créativité et les aptitudes interpersonnelles ou sociales (comme le leadership) étaient ainsi pris en compte. Actuellement, les théories de l'intelligence les plus présentes dans le champ de l'étude des enfants à haut potentiel sont celle d'Howard Gardner et celle de Robert Sternberg. Tous les deux s'appuient sur une conception pluraliste de l'intelligence. Une des spécificités de la théorie de H. Gardner réside dans ses principes de construction ; l'auteur n'a pas utilisé les tests classiques mais s'est basé sur des études de cas, comme ceux qu'on a appelés les « idiots savants ».

Les huit formes d'intelligence

Ces enfants, atteints d'autisme ou du syndrome de Williams, ont en général un déficit intellectuel associé à des dons extraordinaires dans un domaine spécialisé. Ainsi Nadia, une petite enfant autiste de 5 ans, pouvait dessiner des chevaux ou des monuments avec une précision extraordinaire, à l'âge où les enfants normaux en sont encore à réaliser de grossières esquisses. De même, les personnes atteintes de lésions cérébrales peuvent souffrir de déficit dans un

---

Ils sont très volubiles et s'expriment avec beaucoup d'aisance. Demandez à un enfant de 5-6 ans de décrire une girafe, il vous parlera *«d'un animal avec un grand cou et des taches de partout, qui vit en Afrique...»* L'enfant atteint du syndrome de Williams, lui, se lancera dans un discours sans fin : *«C'est un très grand animal. J'en ai vu au zoo quand j'y suis allé avec ma maman, l'an passé. Il y avait toute une famille, des petits, des très grands ; sur la tête, il avait des cornes avec une boule au bout. La girafe, elle a des grands yeux et elle peut voir très loin. Si son petit s'en va, elle peut le rattraper parce qu'elle voit loin et elle a des grandes jambes. Je ne connais pas d'animal plus grand, etc.»* Imaginatif, intarissable, il emploie même des expressions complexes et des formules sophistiquées, ce qui contraste avec un retard mental, plus ou moins important. Leur QI se situe généralement entre 50 et 80 (alors que la moyenne est de 100).

Particulièrement sensibles aux bruits et à la musique, ces enfants sont très perturbés par les bruits forts (pétard, feu d'artifice, aspirateur). Certains ont un sens musical très développé, et même certains ont l'oreille absolue ; d'autres déploient des dons musicaux exceptionnels. De même, ils seraient particulièrement doués pour l'apprentissage des langues étrangères.

Jean-François Dortier

domaine particulier (le calcul, l'expression verbale) sans que d'autres domaines soient affectés. Autant de preuves selon H. Gardner que l'intelligence n'est pas une mais multiple.

En suivant cette méthodologie, il est parvenu à décrire huit formes d'intelligence indépendantes les unes des autres (bien que susceptibles d'interagir entre elles) : l'intelligence verbo-linguistique ; l'intelligence logico-mathématique ; l'intelligence visuo-spatiale (capacité à visualiser, se représenter des objets dans l'espace, s'orienter dans son propre environnement) ; l'intelligence musicale-rythmique ; l'intelligence corporelle-kinesthésique ; l'intelligence interpersonnelle (qui concerne la capacité à percevoir et distinguer les humeurs, les intentions, les motivations et les sentiments d'autrui) ; l'intelligence intrapersonnelle (la capacité à se comprendre

Chloé, 10 ans, 147 de QI

Chloé est âgée de 10 ans, possède un QI total de 147, ce qui la situe trois écarts types au-dessus de la moyenne générale et correspond à un haut potentiel élevé. On note une légère supériorité (7 points) du QI performance sur le QI verbal. Du point de vue de la variabilité des scores aux tests, on remarque des faiblesses aux épreuves « Code », « Similitudes » et « Vocabulaire ». Dans son parcours scolaire, Chloé a bénéficié de deux sauts de classe. Globalement, la qualité des relations avec les enseignants a été fondamentale, avec décrochage complet en cas de difficultés relationnelles et réinvestissement lorsque l'entente était bonne. Au niveau des méthodes de travail, Chloé privilégie la compréhension immédiate et refuse de faire ses devoirs ou d'apprendre ses leçons, elle ne note jamais les corrections des exercices et réagit très vivement si on lui demande d'améliorer son travail alors qu'elle pense avoir compris. Son profil de résultats scolaires est très hétérogène avec des performances élevées dans les matières scientifiques et des difficultés importantes en orthographe et en grammaire. Le contraste entre aptitudes verbales et spatiales est très marqué.

En dehors de l'école, Chloé manifeste une très grande créativité. Elle est inscrite dans un atelier de robotique, participe à des jeux de stratégie complexes et aime les jeux de construction où elle réalise des figures très élaborées.

Les relations avec les autres sont difficiles. En cas de conflit avec un adulte, même sans cause majeure, Chloé se referme complètement et refuse toute discussion. Avec les enfants de son âge, Chloé est très immature. Sa seule amie est une enfant à haut potentiel. Ensemble, elles jouent énormément en se comportant *« comme des bébés »*, selon l'expression de leur entourage. En cas de conflits avec d'autres enfants, Chloé devient très agressive allant jusqu'à se battre et en se positionnant ensuite comme victime. Son immaturité affective est flagrante.

M.P.-F.

soi-même et à s'adapter en fonction de cette connaissance) ; et, enfin, l'intelligence naturaliste qui est définie comme la sensibilité à l'environnement.

Pour H. Gardner, l'apprentissage scolaire classique ainsi que les outils d'évaluation du QI font surtout appel aux intelligences verbo-linguistique et logico-mathématique, au détriment des autres formes d'intelligence ; cela masquerait l'existence d'enfants à haut potentiel dans les autres domaines. En Amérique du Nord, plusieurs tentatives d'application de la théorie de H. Gardner ont été faites dans les domaines éducatifs. C'est le cas du programme Discover, développé par June Maker aux Etats-Unis, ou du programme Alberta Learning, mis en place par le ministère de l'Education de la province de l'Alberta au Canada.

La théorie de l'intelligence développée par R. Sternberg repose elle aussi sur une approche multidimensionnelle. Nettement plus complexe que celle de H. Gardner, elle sert aussi de support à des applications pratiques comme le programme de développement du haut potentiel proposé par Joseph Renzulli.

En résumé, R. Sternberg définit trois formes d'intelligence : l'intelligence analytique qui présente un lien assez fort avec l'intelligence générale telle que les échelles de Wechsler peuvent la mesurer ; l'intelligence pratique qui reflète une bonne capacité d'adaptation au contexte et qui permet d'acquérir rapidement des connaissances dites « tacites » (terme que R. Sternberg oppose aux connaissances formelles) et de les mettre en œuvre avec efficacité ; pour finir, l'intelligence créative, liée aux capacités d'automatisation des processus et de synthèse qui permettent d'être efficace dans des situations nouvelles.

On n'est pas surdoué dans tous les domaines

Ces évolutions théoriques ont des conséquences importantes sur la manière de considérer les enfants à haut potentiel. En premier lieu, le terme de « haut potentiel » devrait systématiquement être suivi du nom du domaine où cette potentialité se manifeste. On n'est pas « surdoué » dans tous les domaines, mais dans des domaines qu'il convient de spécifier. Il existe en effet de grandes différences interindividuelles dans les formes d'intelligence exprimées. Et il n'est pas rare que des aptitudes exceptionnelles sur le plan cognitif soient associées à d'importantes faiblesses sur un autre plan, affectif [2]. Ainsi le décalage entre haut potentiel cognitif et maturité affective est très souvent évoqué chez les enfants dits « surdoués ». De plus, les répercussions sur les méthodes d'identification sont importantes, les tests d'intelligence générale et particulièrement du QI ne pouvant plus être considérés comme les seuls indicateurs possibles du haut potentiel [3]. D'ores et déjà, dans certains pays, les procédures d'identification intègrent des mesures de personnalité et des traits de comportement recueillis auprès des parents, pairs, enseignants, etc. C'est sans doute dans cette voie que nous devrons aller pour mieux comprendre et aider ces enfants qui, pour certains, présentent le paradoxe de posséder des aptitudes exceptionnelles et de connaître des difficultés d'apprentissage ou d'adaptation importantes.

[2] J.-C. Terrassier, *Les Enfants surdoués ou la Précocité embarrassante*, ESF, 6e éd. 2004.

[3] *Psychologie française*, « État de la recherche sur la précocité intellectuelle », vol. XLIX, n° 3, 2004.

Maria Pereira-Fradin est maître de conférences en psychologie à l'université René-Descartes-Paris-V.

LAURENT MOTTRON

Après des décennies de recherches, l'autisme reste une énigme. Si plusieurs explications et modèles ont été avancés, aucun ne s'est montré pleinement satisfaisant. La neuropsychologie cognitive entend explorer de nouvelles pistes.

Autisme : les apports de la neuropsychologie

Lorsqu'on annonce à des parents que leur enfant est porteur d'un diagnostic d'autisme, cela signifie qu'il différera profondément d'eux dans sa façon d'entrer en relation avec eux et les autres, de partager leurs émotions, et qu'il vivra la plupart du temps isolé du réseau social. Ils le verront manifester des comportements étranges, comme des balancements du corps ou des vocalisations répétées. Ils découvriront aussi son intérêt passionné pour des domaines précis du monde qui l'entoure, comme les numéros de téléphone ou le reciopage de dessins très complexes. Ils prennent en même temps connaissance de son expertise, et de la difficulté à l'intéresser à d'autres choses que celles vers lesquelles il s'oriente spontanément. Enfin, ils devront aussi dans un certain nombre de cas l'aider à gérer son retard mental et ses troubles du langage.

Encore aujourd'hui, le diagnostic de l'autisme ne se fait que sur l'observation des comportements de l'enfant. Le pédopsychiatre tient compte d'une part de ce que l'on appelle les signes « positifs », comme les examens prolongés d'objet en mouvement dans l'angle du champ visuel, c'est-à-dire des comportements qui n'existent sous cette forme que chez les personnes autistes, et d'autre part des signes « négatifs », c'est-à-dire ceux qui sont absents par comparaison à un enfant non autiste, comme l'absence de réaction à la voix maternelle. L'établissement des critères diagnostiques à partir de ces signes, et de leur variation selon l'âge, le niveau de développement ou tout autre facteur, fait l'objet de la recherche en psychiatrie.

Des modèles cognitifs « unifiants »

Cependant, le diagnostic est une démarche descriptive. Il dit bien peu de chose sur les mécanismes qui expliquent l'autisme. Généralement, ceux qui tentent de comprendre ces mécanismes recourent à des modèles du comportement et de l'esprit humain non autistes, et font l'hypothèse que certains éléments de ces modèles sont défectueux. La psychanalyse s'y est essayée, avant toute autre discipline, mais elle a essuyé un cuisant échec. Elle s'est avérée incapable de concilier ses hypothèses sur les causes de la maladie – qu'elle attribuait très largement à l'environnement relationnel et affectif de l'enfant – avec les premières indications d'une implication génétique dans la transmission du handicap. Le relais fut alors pris par la psychologie scientifique à partir des années 70. Au contraire de la psychanalyse, celle-ci s'appuyait sur des résultats empiriques issus de la psychologie expérimentale, incorporés ensuite dans le grand courant des sciences cognitives. Aujourd'hui, la neuropsychologie cognitive occupe une place majeure dans l'effort d'explication de ce syndrome [1]. Cette discipline offre depuis plus d'une décennie des hypothèses explicatives de l'autisme qui sont discutées, testées scientifiquement et qui entrent en concurrence les unes avec les autres.

[1] L. Mottron, « Neuropsychologie de l'autisme » *in* M. Poncelet, S. Majerus et M. Van der Linden (dir.), *Traité de neuropsychologie de l'enfant*, Editions Solal.

Les interprétations neuropsychologiques de l'autisme ont été très influencées à leurs débuts par les modèles cognitifs en vogue au moment de leur mise en place. Uta Frith, sans doute la personnalité la plus influente dans le domaine qui nous occupe, a longtemps travaillé à quelques portes du bureau de John Morton, un cognitiviste influent. A eux deux, ils ont établi les bases de la démarche qu'ils estimaient valable pour une approche neuropsychologique de l'autisme : déterminer une opération cognitive déficiente, puis démontrer qu'il existe une relation entre le déficit de cette opération et les signes de l'autisme. Par exemple, on peut établir l'incapacité de l'autiste à interpréter l'intention qu'expriment les mimiques faciales d'autrui, puis tenter de montrer que ce sont les personnes les plus handicapées dans ce domaine qui présentent le plus de difficultés sociales. Cette démarche a ainsi produit entre les années 1985 et 2000 des modèles cognitifs « unifiants », dont le but était d'expliquer le plus de signes possible de l'autisme par l'atteinte d'une seule fonction cognitive. Deux des trois modèles les plus influents (l'atteinte des « théories de l'esprit », et la « faiblesse de la cohérence centrale ») sont sortis de l'école de U. Frith, et le troisième (le « modèle exécutif ») du groupe de Sally Ozonoff.

Une théorie de l'esprit défaillante ?

Une littérature considérable a été consacrée à l'hypothèse que les personnes autistes présentaient un déficit des « théories de l'esprit » (TdE) [2]. L'expression « théorie de l'esprit » désigne la capacité d'interpréter le comportement d'autrui à partir de ses intentions, ses désirs, ses croyances, ses états mentaux, donc à lui attribuer un esprit, plutôt que de considérer qu'il fonctionnerait comme une machine dont les comportements sont directement imputables à son apparence et ses propriétés mécaniques. Selon les chercheurs de ce courant, les personnes autistes ne seraient pas capables de détecter les intentions ou états mentaux que reflètent un acte ou un visage, mais n'interpréteraient les comportements et les émotions de leurs semblables qu'en fonction de ce qu'ils en perçoivent. Ce déficit des TdE expliquerait alors tout ce qui touche de près ou de loin le déficit social dans l'autisme. Il expliquerait aussi le retard dans la capacité à regarder là où l'autre regarde (qu'on appelle « attention conjointe ») ou l'incapacité de jouer à faire semblant. En effet, ces deux aptitudes requièrent de dissocier l'apparence d'un visage ou d'un objet de ce qu'il signifie.

[2] S. Baron-Cohen, *Mindblindness : An essay on autism and theory of mind*, MIT Press, 1995.

Les observations systématiques qui ont été accumulées sur les déficits de TdE ont grandement affaibli la portée explicative de ce modèle. Il est vrai que les TdE sont déficientes chez les enfants autistes d'une certaine tranche d'âge, avant l'adolescence, et chez ceux qui souffrent d'une déficience intellectuelle. Néanmoins, dans ce dernier cas, le déficit de TdE est noté dans le retard de l'ensemble des opérations cognitives. Dans d'autres cas, la mauvaise performance aux TdE s'explique par des troubles de langage, plutôt que par un déficit spécifique à cette fonction. Par ailleurs, des déficits de TdE ont aussi été observés dans d'autres affections que l'autisme. De plus, on ne trouve pas cette déficience chez toutes les personnes autistes, puisque les autistes de haut niveau de développement réussissent très bien les tâches qui l'évaluent. Enfin, les chercheurs ont constaté que les personnes qui maîtrisent les TdE sont tout aussi différentes socialement des non-autistes que celles qui y échouent. L'atteinte des TdE ne peut donc être tenue pour responsable, à elle seule, du déficit social dans l'autisme.

Le modèle des TdE ne s'attaquait qu'aux signes sociaux de l'autisme – l'apparente indifférence émotionnelle du patient à ceux qui l'entourent, sa grande difficulté à communiquer avec autrui sur autre chose que des faits, son incapacité à établir des liens affectifs sur le modèle des non-autistes – qui sont loin de composer l'ensemble des symptômes. Il laissait inexpliquée la rigidité dont font preuve les personnes autistes. Celle-ci se manifeste tant par la répétition de certains comportements (par exemple, écrire des listes ou prononcer plusieurs fois une phrase avec les mêmes mots et le même ton) que par le caractère fixe de leurs intérêts (comme les chemins de fer, les canalisations ou les marques de machines à laver).

Une rigidité des fonctions exécutives ?

Les neuropsychologues connaissaient déjà bien cette rigidité, car ils en avaient observé une voisine chez des patients dont le lobe frontal a subi une lésion (et qui souffrent de ce qu'on appelle un « syndrome frontal »). Ils ont établi que ces patients souffraient d'une déficience des « fonctions exécutives », c'est-à-dire de l'ensemble des capacités mentales qui permettent à chacun de gérer son comportement, d'être flexible face à une tâche, d'initier une action, etc. Frappés par cette ressemblance, ils ont tenté d'expliquer l'autisme par cette atteinte des « fonctions exécutives », et parlent donc de « modèles exécutifs » de l'autisme.

Des chercheurs comme S. Ozonoff et Claire Hugues ont ainsi montré que l'on trouvait des déficits cognitifs voisins dans l'autisme et le syndrome frontal. Mais surtout, ils ont voulu prouver que certaines des difficultés relationnelles des enfants autistes, que l'on avait attribuées à un déficit de TdE, pouvaient plus directement s'expliquer par un trouble des fonctions exécutives. En effet, chez les enfants normaux, les fonctions exécutives deviennent efficientes au même âge que la théorie de l'esprit. De plus, cette rigidité est présente pour le traitement de l'information aussi bien sociale que non sociale. Par contre, ce modèle est peu informatif pour les particularités émotionnelles observées dans l'autisme. De plus, la rigidité des intérêts peut aussi s'expliquer par un plus grand effet produit sur eux par la perception du monde qui les entoure **[3]**.

[3] U. Frith, *L'Enigme de l'autisme*, Odile Jacob, 1992.

L'art de reconstituer les puzzles...

A la même époque, le groupe animé par U. Frith a tenté d'examiner le problème sous un tout autre angle. Jusque-là, les chercheurs s'étaient surtout attardés sur les déficits des autistes, principalement de type social. Pourtant, ces personnes ont une caractéristique importante : elles manifestent des compétences cognitives extraordinaires dans certains domaines, étant parfois très en avance sur leur âge chronologique. U. Frith a donc accumulé des observations expérimentales sur la façon dont les personnes autistes réalisent des puzzles ou reproduisent graphiquement des formes. Les autistes révèlent en effet dans ces tâches des stratégies particulières : ils reconstruisent le puzzle en emboîtant les pièces de proche en proche, sans tenir compte de la forme globale, ou recopient une image complexe, comme un dessin de flûte et de ses multiples clés, sans se baser sur la forme générale de l'instrument mais en partant d'un détail et en le complétant par le détail suivant, etc.

Elle a tiré de ces observations l'idée que les autistes souffraient de ce qu'elle appelle une « faiblesse de la cohérence centrale » (FCC), c'est-à-dire la tendance spontanée à inclure une information dans son contexte, son sens, la tâche en cours, ou de façon générale à inclure un niveau de traitement inférieur (ou « de bas niveau ») dans le niveau supérieur (ou « de haut niveau »). Par exemple, quand nous voyons un objet, nous l'identifions de façon automatique, et ne nous attardons sur son apparence que de manière volontaire, si besoin. De la même manière, quand nous lisons un mot, nous le traitons rapidement au niveau de son sens et non des caractères d'imprimerie avec lesquels il est écrit. Au contraire, les personnes autistes traiteraient de façon privilégiée l'information locale du fait d'un déficit dans le traitement global. Elles traiteraient préférentiellement les aspects perceptifs du monde, du fait d'une capacité moindre à accéder à son sens.

Une des qualités de ce modèle, outre de prendre en compte des faits précédemment négligés, est... qu'il s'est ajouté aux précédents, plutôt que d'essayer de les remplacer. Dans la dernière édition de son livre U. Frith défend l'idée que le déficit de TdE peut expliquer les troubles relationnels de l'autiste, alors que le modèle de la FCC paraît plus approprié pour expliquer les pics d'habileté de ces patients et leur façon de traiter les aspects perceptifs du monde.

En ce sens, le modèle de la FCC sonne la fin des modèles unifiants [4] et de leur concurrence. Les tentatives ratées pour prouver que l'un d'entre eux (soit celui d'un déficit de TdE, soit celui d'une FCC) permettait à lui seul de rendre compte de l'ensemble des signes de l'autisme sont dépassées. Au lieu de produire une théorie générale, dès qu'on est en possession de quelques résultats positifs, il est maintenant de mise de vérifier si un déficit ou un surfonctionnement est présent dans de multiples conditions d'âge et d'intelligence, et dans de multiples paradigmes expérimentaux, avant d'en produire un modèle [5]. Les chercheurs ont ainsi disséqué les composants requis pour une compréhension normale de l'intention d'autrui, pour réaliser des tâches exécutives, ou pour percevoir un élément en relation avec son contexte. De plus, ces résultats doivent être compatibles avec ceux provenant des disciplines voisines, particulièrement l'imagerie cérébrale et la neuro-anatomie, ce qui n'était guère considéré il y a vingt ans.

[4] L. Mottron, M. Dawson, I. Soulières, B. Hubert, J.A. Burack, « Enhanced perceptual functioning in autism: an updated model, and eight principles of autistic perception », *Journal of Autism and Developmental Disorders, special issue: Perception in autism*, 2006.

[5] L. Mottron, *L'Autisme : une autre intelligence. Diagnostic, cognition et support des personnes autistes sans déficience intellectuelle*, Mardaga, 2004.

Les autistes, des experts du détail ?

L'échec aux situations expérimentales créées pour tester le modèle d'un déficit de TdE peut ainsi s'expliquer autrement. Il serait en fait la conséquence de la faiblesse de trois niveaux distincts de traitement. Premièrement, les autistes présenteraient des particularités perceptives et attentionnelles qui altèrent leur capacité de percevoir l'orientation du regard de leur interlocuteur, comme de se construire une représentation mentale des expressions émotionnelles d'un visage ou d'une voix. Les personnes autistes traiteraient préférentiellement les dimensions physiques et locales des visages et des voix plutôt que leur signification ou l'émotion dont ils sont porteurs. Deuxièmement, les patients autistes ne semblent pas capables d'éprouver les émotions de leur partenaire et, donc, d'entrer en empathie. Enfin, au moins pour ceux qui sont limités intellectuellement, ils ne seraient pas capables de traiter le niveau de complexité requis pour attribuer des intentions ou des désirs à quelqu'un d'autre.

Le modèle de la FCC est celui qui, à notre sens, a conduit aux résultats les plus prometteurs. La prédiction d'un déficit dans le traitement global des formes perceptives n'a toutefois pas été confirmée. En revanche, il existe un grand nombre de résultats montrant que la perception de bas niveau est à la fois supérieure dans l'autisme et plus autonome vis-à-vis du traitement de haut niveau qu'elle ne l'est chez les non-autistes. Tout se passe comme si les personnes autistes étaient des experts du détail, tant visuels qu'auditifs ou des autres sens, et que leur perception était moins influencée que chez les non-autistes par leurs attentes ou la signification, comme, par exemple, lorsqu'on interprète un mot mal prononcé par le sens général de la phrase. L'autre intérêt de l'hypothèse d'un surfonctionnement perceptif est qu'on l'observe même chez des autistes adultes et d'intelligence normale. Il ne se confond donc pas avec un retard développemental ou une déficience intellectuelle. Comme de nombreux modèles ont manifestement été établis trop tôt, le plus important maintenant n'est pas d'essayer de tout expliquer par ces résultats, mais de vérifier s'ils sont vrais tout au long du développement, et pour tous les niveaux d'intelligence. Par ailleurs, au lieu de décrire l'autisme par rapport à ce que ces personnes ne font pas comme les autres – les signes négatifs, surtout sociaux –, l'intérêt se trouve déplacé vers l'étude de ce qu'ils font, parfois mieux que les non-autistes, ou aussi bien, mais autrement – les signes positifs, surtout non sociaux.

Une autre forme d'intelligence ?

L'étude de l'autisme par la neuropsychologie cognitive présente par contre un défaut majeur : elle laisse de côté cette mystérieuse notion qu'est l'intelligence, ainsi que la grande question du développement. Il n'y a ainsi jamais eu de tentative de définir et encore moins d'expliquer la déficience intellectuelle dans l'autisme, lorsque celle-ci est présente. On considère aujourd'hui que moins de 40 % des autistes souffrent de retard intellectuel (bien que le chiffre de 75 % soit toujours annoncé dans les manuels), mais ces personnes sont celles qui sont les plus dépendantes et qui subissent le plus gravement les conséquences de notre mauvaise compréhension de leur état. On ignore toujours si la déficience intellectuelle dans l'autisme est de même nature que celle, par exemple, d'un syndrome de Down. Il y a même de sérieux arguments pour penser qu'une partie des personnes autistes déficientes a accès à une autre forme d'intelligence, permettant d'accomplir des opérations sophistiquées d'une autre façon que nous. L'étude de personnes autistes qui possèdent des « capacités spéciales » en dessin tridimensionnel, en mémoire de listes, en traitement musical et en calcul a déjà largement montré l'existence de stratégies non conventionnelles, aboutissant à des performances supérieures à celles des non-autistes [6]. Ces travaux nous suggèrent que le mode de pensée autistique représente un avantage pour certaines tâches, et un désavantage pour d'autres.

[6] *Ibid.*

L'autre grande oubliée de cette discipline est la question du développement [7]. Le principe de base de la neuropsychologie cognitive – aborder les troubles cognitifs ou mentaux avec des concepts construits en observant des personnes normales adultes – atteint là sa limite. En effet, avec l'autisme, on se trouve face à une condition qui modifie le développement des capacités cognitives, sociales et affectives dès le début de la vie. Dire que les personnes autistes « ne reconnaissent pas les visages » est faux puisqu'elles réussissent à le faire, mais différemment.

[7] J.A. Burack, G. Iarocci, D. Bowler et L. Mottron, « Benefits and pitfalls in merging of disciplines : The example of developmental psychopathology and the study of persons with autism », *Developmental Psychopathology*, vol. XIV, n° 2, 2002.

La neuropsychologie de l'autisme a ainsi beaucoup évolué depuis quinze ans. Elle a tout d'abord bénéficié des progrès en imagerie cérébrale et en connaissance sur la physiologie du cerveau, qui ont permis d'établir ces quinze dernières années de multiples particularités du fonctionnement autistique [8]. Par ailleurs, les modèles cognitifs de l'autisme ont été remis en question : les modèles cognitifs unifiants ne sont probablement plus de mise, mais ils ont permis d'établir des faits, et d'en réfuter d'autres. Beaucoup de résultats initiaux ont été contredits par les performances des personnes autistes de haut niveau intellectuel, montrant que même si ces déficits existent en bas âge, ils peuvent se compenser avec le temps. A l'inverse, il commence à être bien établi que lorsque les personnes autistes présentent des performances normales dans certains domaines précis, comme en motricité, ou en reconnaissance des visages, elles utilisent néanmoins d'autres stratégies cognitives et des parties du cerveau différentes des personnes non autistes.

[8] F.R. Volkmar, C. Lord, A. Bailey, R.T. Schultz et A. Klin, « Autism and pervasive developmental disorders », *Journal of Child Psychology and Psychiatry*, vol. XLV, n° 1, 2004.

De plus, la neuropsychologie cognitive de l'autisme ne peut plus ignorer la nécessité d'évaluer chaque personne autiste individuellement, d'une part parce qu'on ne peut qu'imparfaitement déduire les performances d'une personne particulière à partir d'une moyenne de résultats issus d'une population de personnes autistes, d'autre part pour mieux déterminer les types de support qu'on propose au patient et à son entourage. Enfin, pour étudier l'autisme sans zones d'ombre, la neuropsychologie cognitive devra faire face à d'importantes révisions conceptuelles, déplacer son intérêt vers des fonctions distribuées comme l'intelligence ou la rapidité de traitement, et se concentrer davantage sur la transformation de fonctions cognitives au cours du développement.

Laurent Mottron est chercheur au département de psychiatrie de l'université de Montréal, Canada. Il est l'auteur de *L'Autisme : une autre intelligence. Diagnostic, cognition et support des personnes autistes sans déficience intellectuelle*, Mardaga, 2004.

Qu'est-ce que le syndrome d'Asperger ?

Le syndrome d'Asperger est une forme d'autisme qui concerne des enfants d'intelligence normale. Il fait l'objet de l'attention croissante des chercheurs et des éducateurs.

« Je n'aime pas les étrangers, parce que je n'aime pas les gens que je n'ai jamais vus. J'ai du mal à les comprendre [...]. *Quand il y a un nouveau membre du personnel à l'école* [...] *je l'observe jusqu'à ce que je sois sûr qu'il n'est pas dangereux. Puis* [...] *je lui demande ce qu'il sait des missions spatiales Apollo, je lui fais dessiner le plan de sa maison, et comme ça, je le connais. Alors ça m'est égal d'être dans la même pièce que lui* [1]. » Christopher, 15 ans, protagoniste d'un roman de Mark Haddon, est atteint du syndrome d'Asperger.

Décrit par Hans Asperger en 1944, ce syndrome est une forme d'autisme, touchant des sujets d'intelligence normale. La description de l'autisme avait été donnée un an plus tôt par Leo Kanner mais le travail d'Asperger, lui, est resté ignoré jusqu'en 1983.

Depuis 1980, le syndrome d'Asperger est, avec l'autisme, classé parmi les « troubles envahissants du développement » (TED) dans les classifications des troubles psychiques, à savoir le DSM-IV américain et le CIM 10 de l'Organisation mondiale de la santé.

Une intelligence en dents de scie

Bébé, déjà, l'enfant ne recherche pas le regard de sa mère ; il ne cherche pas à diriger son attention vers un objet qui l'intéresse (ce qu'on appelle l'« attention conjointe »). L'enfant atteint du syndrome d'Asperger apprend à parler. Cependant, comme tous les autistes, il est fermé au langage non verbal : il ne comprend pas l'expression des émotions chez les autres, il rit à contretemps... Dans le domaine verbal, son utilisation du langage est anormale : il emploie de grands mots sortis d'un dictionnaire, il ne sait pas quand ni comment s'introduire dans une conversation – et peut s'attirer ainsi des moqueries.

Plus largement, le comportement social pose problème. L'enfant « Asperger » n'apprend pas d'instinct, ni par imitation, les règles du jeu social ; il n'arrive pas à voir les situations du point de vue de l'autre [2]. Il dit : *« Vous avez un gros nez »*, et ne comprend pas pourquoi l'autre est blessé ; il parle pendant des heures d'un sujet qui le passionne, comme les horaires des trains, sans voir que les autres ne s'y intéressent pas.

Autres traits caractéristiques de ces sujets : un attachement à leurs habitudes, et à des règles qu'ils se donnent ; une hypersensibilité au bruit, au toucher ; et un profil d'intelligence en dents de scie, avec des pics de compétence – l'intelligence visio-spatiale, la mémoire, le calcul mental... – et des déficiences, dans la compréhension du langage, dans les problèmes complexes. Nombreux aussi sont ceux qui pensent en images plutôt qu'en mots.

Ces enfants sont donc différents. Mais si ces différences posent des problèmes à leur entourage, elles ne sont pas toutes négatives, loin de là. Ils sont, par exemple, incapables de mentir et ils se montrent soucieux des règles ; leur mémoire, leur bonne vision des détails, leurs « pics de compétences » parfois spectaculaires, leur pensée en images constituent une « autre intelligence », dont notre société pourrait s'enrichir, selon certains auteurs, si elle savait s'adapter à eux, tout en leur offrant les moyens de s'adapter à elle [3].

Ces moyens existent : aide à l'identification de l'expression des émotions, apprentissage de « scénarios sociaux » qui expliquent les comportements normaux en classe, en récréation, au restaurant, etc. Dans certaines écoles, l'intervention de spécialistes de l'autisme pour apprendre aux enseignants à recourir plus largement au mode visuel, pour expliquer aux élèves ce que ressent leur camarade... permet une intégration des enfants atteints d'un syndrome d'Asperger. Ces écoles sont encore rares – mais le « plan autisme », annoncé en novembre 2004, prévoit la création, d'ici à 2006, de centres de ressources autisme (CRA) dans toutes les régions françaises. Par ailleurs, une association de jeunes autistes a créé son propre site Internet (www.satedi.org). Des colloques ou des journées d'information sur le syndrome d'Asperger sont régulièrement organisés à Paris par l'Association Asperger Aide [4], avec la participation de spécialistes français et étrangers.

Claudie Bert

Notes

[1] M. Haddon, *Le Bizarre Incident du chien pendant la nuit*, Pocket, 2004.

[2] Uta Frith fait de cette déficience en « théorie de l'esprit » une caractéristique majeure de l'autisme. Voir U. Frith, *L'Énigme de l'autisme*, Odile Jacob, 1992.

[3] L. Mottron, *L'Autisme : une autre intelligence*, Mardaga, 2004.

[4] Association Asperger Aide, Elaine Taveau, 23, rue de Paris, 94340 Joinville-le-Pont. www.aspergeraide.com

CHANTAL PACTEAU ET TODD LUBART

Comment devient-on créatif? Très sensible aux stimulations de la famille, de l'école, de la culture, la créativité est au centre du développement cognitif de l'enfant en lui permettant d'accorder ses représentations au monde extérieur.

On ne naît pas créatif…

Peut-on parler de créativité dès qu'un enfant invente des mots, raconte une histoire bizarre ou dessine des êtres étranges ? Qui plus est, peut-on parler d'une créativité « pure » qui se corromprait et disparaîtrait avec l'âge ? Avec la laïcisation de la notion de créativité, la réponse est définitivement négative. Car la créativité n'est pas un don des cieux, une grâce, comme on l'a imaginé jusqu'à une période récente de l'histoire, aidé en cela par les artistes qui souvent font leur miel de l'exhortation de Rudyard Kipling : « *Quand votre démon est à l'œuvre, ne pensez pas consciemment. Laissez-vous porter, attendez et obéissez !* » Il a fallu des siècles pour que soit acceptée l'idée que l'acte créatif prend sa source dans la sphère mentale plutôt que dans les interventions divines ou dans les états d'altération de la conscience. Et même si dès l'Antiquité, Aristote l'avait compris, il a fallu attendre Francis Galton, en 1883, pour que l'étude scientifique de la créativité commence, suivie au début du XXe siècle par les travaux d'auteurs tels que Théodule Ribot, Alfred Binet, Sigmund Freud, Charles Spearman ou Graham Wallas. Mais c'est dans les années 1950 que Joy P. Guilford puis Ellis Paul Torrance vont ouvrir un nouveau champ de recherche, en créant des batteries de tests toujours utilisés, destinés à mettre en évidence les opérations intellectuelles sur lesquelles s'appuient les processus créatifs. *(voir ci-contre)*

A l'heure actuelle, il existe un large consensus pour concevoir la créativité comme la capacité à réaliser une production nouvelle qui soit à la fois originale et adaptée au contexte dans lequel elle se manifeste. Cette définition opérationnelle explique pourquoi on ne parle pas d'acte créatif chez le très jeune enfant mais d'imagination libre. Si dès l'âge de deux ans il est capable de dessiner une grande variété de motifs, c'est au hasard, sans objectif précis. L'activité psychomotrice précède la représentation. Ce n'est qu'entre trois et cinq ans qu'il cherche à représenter quelque chose. Il ne maîtrise pas encore l'activité graphique ni ne se soucie encore vraiment des contraintes du monde externe. Il fait étalage de ses connaissances ; il dessine ce qu'il sait. Le résultat peut être surprenant, mais la réalisation est plus créative dans l'œil du spectateur que dans l'intention de l'enfant. Les chercheurs sont quasi unanimes pour parler de créativité à partir de l'âge de cinq ans. L'enfant commence à contrôler son imagination et peut parfois réaliser ce qu'il veut. Ainsi, selon Howard Gardner, « *traverse-t-il constamment la frontière entre le talent artistique dirigé et le plaisir du simple acte de produire* » [1].

[1] H. Gardner, *Gribouillages et dessins d'enfants. Leur signification*, Mardaga, 1997.

Imagination et maîtrise

Cette conception de la créativité qui allie imagination et maîtrise permet d'envisager ensemble la créativité psychologique – « la créativité avec c minuscule » – qui s'observe dans les solutions innovantes que chacun peut produire dans sa vie quotidienne et la créativité historique – « la créativité avec C majuscule » qui produit des ruptures épistémologiques et culturelles, comme l'ont fait les travaux de Charles Darwin ou de Pablo Picasso respectivement dans les domaines des sciences et de la peinture. « *Une telle définition permet (également) de concevoir un espace commun dans lequel les productions de créateurs éminents et celles observées chez l'enfant*

Comment mesure-t-on la créativité ?

Une des façons les plus utilisées de mesurer la créativité s'appuie sur des tests de « pensée créative divergente » [1]. Le sujet testé est invité à produire le plus grand nombre d'idées possible, qui sont ensuite dénombrées (indice de fluidité), catégorisées (indice de flexibilité) et comparées en termes de fréquence avec un échantillon donné (indice d'originalité) à partir d'un thème ou d'un problème à résoudre : par exemple, imaginer quelles utilisations inhabituelles il pourrait faire de boîtes en carton. Parmi les idées proposées – poubelle, repose-pieds, bol, lit... –, celle du repose-pieds est beaucoup moins courante que celle de poubelle et recevra une meilleure note.

La seconde méthode repose sur une technique d'amorçage. On demande à des enfants de faire un dessin d'éléments géométriques (test d'Urban et Jellen) ou d'écrire une histoire à partir d'un titre imposé tel que «Le jour où la terre est devenue rouge» ou «2083». Plusieurs «juges» notent ensuite le niveau de créativité des productions obtenues, généralement sur une échelle en 7 points. La note de créativité d'une production est la moyenne des notes données par différents juges.

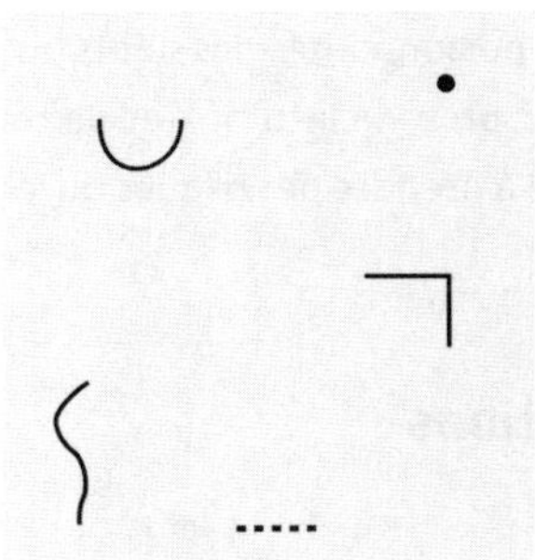

Modèle

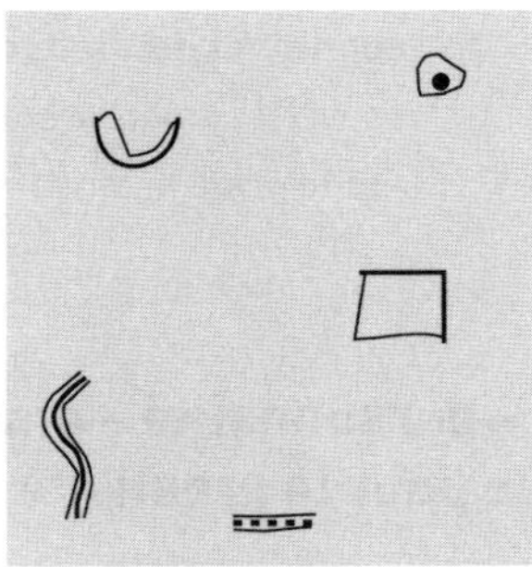

a) les figures

b) le petit jardin

c) l'otarie

On présente à des enfants une feuille de papier avec quelques motifs géométriques (modèle). On leur demande de réaliser un dessin à partir de ces motifs. On le voit : les trois dessins (a, b, c), réalisés par des enfants du même âge, attestent d'une richesse créative très différente.

Source : T. Lubart.
Note : [1] E.P. Torrance, *Tests de pensée créative*, Editions du Centre de psychologie appliquée, 1972.

prennent place » : les conduites tout à la fois originales et adaptées ne sont pas uniquement du ressort de l'adulte.

Une approche multivariée de la créativité permet de conceptualiser cette idée d'espace commun. L'hypothèse centrale en est que la créativité n'est pas simplement une caractéristique cognitive mais le produit de l'interaction entre des composantes cognitives (connaissances, intelligence, styles cognitifs), des composantes conatives (caractéristiques de personnalité, motivation) et des composantes relatives au contexte et à l'environnement *(voir encadré ci-dessous).* Cette interaction est supposée multiplicative, de telle sorte qu'un haut niveau de créativité ne peut être atteint que si la plupart de ces composantes sont à la fois présentes et de niveau élevé. Des travaux expérimentaux ont ainsi montré l'effet de l'intelligence, du style cognitif et des traits de personnalité – les sujets les plus créatifs sont souvent caractérisés par un style intuitif – et de traits de personnalité tels que la tendance à prendre des risques ou la tolérance à l'am-

Cognition – personnalité – émotions : une trilogie pour la créativité

• Cognition et créativité

Les capacités intellectuelles considérées comme essentielles dans l'acte créatif sont celles qui servent :

– à l'identification et à la redéfinition d'une situation ;
– à extraire de l'environnement des informations en rapport avec la situation ;
– à trouver des similitudes entre domaines différents (analogie, métaphore...) ;
– à combiner différentes informations pour produire de nouvelles idées ;
– à générer plusieurs idées ou réponses à partir d'un point de départ unique (pensée divergente) ;
– à l'évaluation des idées (choisir celles à poursuivre et celles à écarter) et à produire des idées peu banales ou nouvelles (originalité) ;
– à se dégager d'une idée initiale pour explorer de nouvelles pistes (flexibilité).

• Personnalité et créativité

Les personnes créatives ont tendance à avoir plus confiance en elles et à être moins conventionnelles que la population standard. Cinq traits de personnalité les caractérisent plus particulièrement : la persévérance, la tolérance à l'ambiguïté, l'ouverture à de nouvelles expériences, l'individualisme et la prise de risque. Tout comme les traits de personnalité, les styles cognitifs, à savoir les préférences de l'individu pour un mode donné de

biguïté, plus forte chez les sujets créatifs. Quant aux facteurs environnementaux, leur influence est de deux ordres : d'un côté, l'éclosion d'idées nouvelles est ou n'est pas favorisée selon que l'atmosphère familiale, scolaire, professionnelle et socioculturelle encourage et valorise ou non le développement et l'expression de la créativité ; de l'autre, l'évaluation de la créativité des productions réalisées dépend du milieu culturel, comme en témoignent les variations interculturelles de ce qui est considéré comme activité créative [2]. Dans certaines cultures, on juge créatives des productions en rupture avec la tradition alors que dans d'autres, c'est le processus de création lui-même plutôt que le résultat qui est valorisé.

[2] T. Lubart, « Creativity across cultures », *in* R.J. Sternberg (ed.), *Handbook of Creativity*, Cambridge University Press, 1999.

Création et cognition

La question de l'existence d'un profil de développement général de la créativité a été posée sur la base d'observations intrigantes suggérant la présence de phases de stabilité et de chute temporaire des perfor-

traitement de l'information, influencent la quantité et/ou la nature des productions créatives. On montre ainsi que le style intuitif et le style «global », qui caractérise les personnes préférant se concentrer sur les aspects généraux d'une tâche, sont propices à la créativité.

Le facteur « motivation » contribue également à stimuler la créativité. Outre la « motivation d'accomplissement » (motivation et focalisation sur la tâche), on note le besoin d'exprimer des désirs socialement non acceptables à travers ses productions pour l'artiste (quand par exemple, il exprime un sentiment amoureux qui ne peut se dire ouvertement à travers une peinture) ou encore le désir de mettre de l'ordre dans le chaos pour le scientifique.

• Emotion et créativité

L'expression des émotions relatives à des expériences affectives et personnelles – amour, colère, tristesse – peut être le moteur de productions créatives. Par ailleurs, ces émotions peuvent placer l'individu dans un état mental propice à la créativité, par exemple en désactivant temporairement certains mécanismes d'inhibition cognitive. Enfin, les expériences émotionnelles peuvent aussi permettre d'établir des passerelles associatives entre concepts cognitivement distants mais émotionnellement proches.

Chantal Pacteau

mances créatives au cours du développement tout au long de la vie. Le psychologue Torrance [3] a été le premier à observer des périodes de déclin temporaire de la créativité chez l'enfant : la première se situe vers l'âge de 5 ans, la seconde vers 9-10 ans et la dernière autour de 13 ans. Ces déclins provisoires sont généralement attribués aux changements de cycle scolaire, associés à des phénomènes de conformisme social – en particulier à l'entrée au cours préparatoire et au lycée. Selon Todd Lubart et Jacques Lautrey [4], l'affaiblissement de la créativité chez les enfants de 9-10 ans pourrait en outre être lié à un mécanisme endogène d'interaction entre développement créatif et développement général de la cognition *(voir ci-dessous)*. Ainsi, avant 9-10 ans,

[3] E.P. Torrance, *Tests de pensée créative*, Editions du Centre de psychologie appliquée, 1972.

[4] Cité dans T. Lubart (dir.), *Psychologie de la créativité*, Armand Colin, 2003.

L'évolution de la créativité

Performance moyenne à l'épreuve de pensée logique

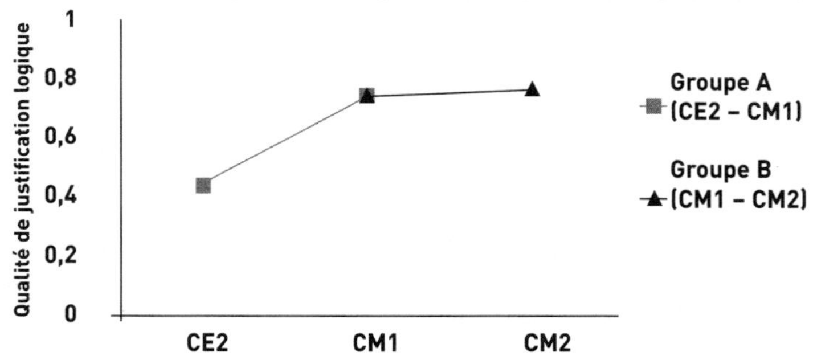

Performance moyenne pour la créativité

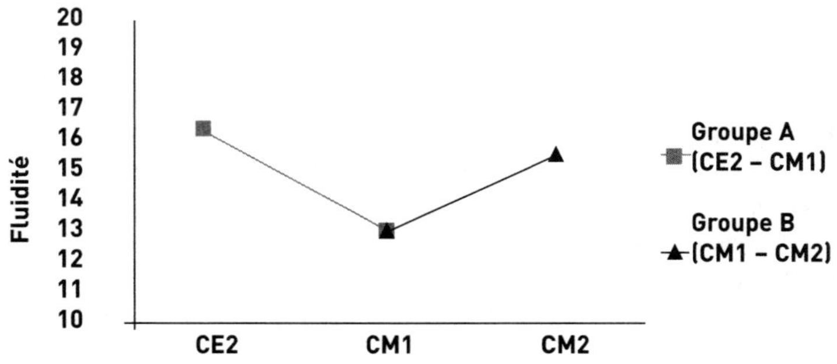

Source : Lubart et Lautrey, 1996.

trouver de nouvelles idées reposerait principalement sur des associations libres, alors qu'à partir de cet âge, ce serait davantage des stratégies délibérées de recherche systématique qui seraient mises en œuvre. Or, dans le même temps, émergent de nouvelles capacités de raisonnement logique. Tant que celles-ci ne sont pas maîtrisées, elles sont susceptibles de perturber les processus créatifs. Plus tard, et ce d'autant qu'elles vont de pair avec des connaissances toujours plus larges, elles favoriseraient ces processus. Et l'on sait à quel point, chez l'adulte, la contribution des connaissances est essentielle à la maîtrise experte d'un domaine, condition nécessaire à la genèse de toute œuvre créative.

Surimposé à cette évolution de la créativité, il y a le propre rythme des enfants. Et certains, à un âge donné, sont plus créatifs que d'autres. A l'origine de ces différences, un certain nombre de facteurs, tels que la capacité à inventer des métaphores, à symboliser le monde, l'ingéniosité, la mémoire visuelle, la maîtrise technique et la virtuosité, les émotions [5]... Chantal Pacteau, Todd Lubart et Anne-Yvonne Jacquet ont ainsi montré la prégnance dans la créativité figurative de la flexibilité cognitive, cette aptitude à appréhender les mêmes objets sous des angles différents, alliée à la sensibilité au changement et à la capacité à se dégager d'une idée initiale pour explorer de nouvelles pistes. Dans leur étude, près de 150 enfants de CE2 (8-9 ans) et de CM2 (10-11 ans) ont passé un test de créativité (le Creative Thinking-Drawing Production, TCT-DP [6]) et une épreuve de flexibilité cognitive dite de *morphing* : dans cette dernière épreuve, quinze images défilent une à une sur un écran d'ordinateur ; elles montrent un objet se transformant en un autre objet : une planche à voile devient un père Noël, une tête de lion une tête de singe... La rapidité du changement de réponse – le nombre d'images qui défilent sur l'écran avant que l'enfant ne voie une tête de singe à la place d'une tête de lion – est un indicateur de flexibilité : certains enfants perçoivent le changement très tôt dans la séquence d'images qui défilent sur l'écran alors que d'autres s'accrochent longtemps à l'objet initial. Pour les deux classes d'âge étudiées, les enfants jugés les plus créatifs sont aussi ceux qui sont les plus rapides dans l'épreuve de *morphing*.

[5] T. Lubart, A.-Y. Jacquet et C. Pacteau, « Art des enfants, enfance de l'art ? », *La Recherche*, hors série n° 4, novembre 2000.

[6] K.K. Urban et H.G. Jellen, *Test for Creative Thinking-Drawing Production*, Swets Test Services, 1996.

Style éducatif et créativité

Comme il l'a été dit plus haut, les facteurs individuels de créativité sont largement modulés par le milieu de l'enfant. Selon Jacques Lautrey [7], l'environnement familial agirait en particulier par sa structuration, à savoir par les règles parentales qui gouvernent la vie quotidienne de l'enfant. Dans une recherche de 1980 sur les relations entre le milieu familial et l'intelligence, ce chercheur avait identifié trois grands types d'environnement familial : un premier dont les règles sont rigides (par exemple, les enfants ne peuvent jamais regarder la télévision après 21 heures), un deuxième structuré sur des règles souples (les enfants ne regardent pas la télévision après 21 heures mais il peut y avoir des exceptions comme la veille des congés ou lors d'une émission en rapport avec le programme scolaire de l'enfant...) et un troisième où les règles sont faibles ou inexistantes (l'autorisation de regarder la télévision varie chaque jour de manière imprévisible). Les résultats montrent que les environnements familiaux organisés selon des règles rigides ne sont pas favorables au développement cognitif – probablement parce qu'ils donnent aux enfants la représentation et l'expérience d'un monde immuable, dans lequel les choses sont ainsi parce qu'elles doivent être ainsi – pas plus que les environnements faiblement structurés – qui n'entraîneraient pas assez l'enfant à gérer les contraintes et à les surmonter et sont davantage source d'instabilité et de désorganisation, empêchant l'enfant de structurer sa pensée. L'environnement familial « souplement structuré » – qui fournit à la fois des régularités, et donc des contraintes expliquées et prévisibles, ainsi que des perturbations introduisant de la souplesse dans les règles de vie et les habitudes – s'est révélé avoir l'effet le plus favorable au développement cognitif.

[7] J. Lautrey, *Classe sociale, milieu familial, intelligence*, Puf, 1980, rééd. 19

A partir de ces résultats, Lubart et Lautrey [8] ont conclu que le développement de la créativité pouvait aussi être plus ou moins stimulé par la structuration de l'environnement familial. Dans trois études s'adressant à des enfants âgés de 6 à 12 ans, ils ont évalué les règles familiales à l'aide d'un questionnaire adressé aux parents ainsi que le potentiel créatif des enfants en leur proposant une série d'épreuves incluant des tâches de pensée divergente. Comme pour

[8] Cité dans T. Lubart (dir.), *Psychologie de la créativité*, *op. cit.*

les compétences cognitives, les conduites créatives sont moins stimulées par des environnements rigides ou faiblement structurés que par des environnements souples.

D'autres facteurs familiaux semblent influer la créativité, tels que le rang dans la fratrie ou encore certaines dimensions des styles éducatifs parentaux, telles que le degré d'autoritarisme et la valorisation de l'enfant.

Conformisme scolaire ou pédagogies inventives

Au-delà du milieu familial, il est clair que le cadre scolaire a un impact déterminant sur l'expression créative. Les programmes scolaires classiques ne semblent pas *a priori* encourager cette expression, et ce pour plusieurs raisons. D'une part, parce que l'enseignant transmet implicitement aux élèves ses valeurs et ses préférences à travers la manière dont il organise sa classe. Et le plus souvent, il attend d'eux qu'ils suivent les consignes, travaillent en silence et fassent leurs devoirs en temps et en heure. Ce sont ainsi l'application, le respect et le conformisme qui sont valorisés plutôt que la curiosité ou l'indépendance d'esprit. D'autre part, parce que l'enseignement favorise la pensée convergente, en découpant les connaissances en matières, peu liées entre elles, en apprenant à l'enfant à donner « la » réponse correcte et en évaluant les acquis par des épreuves de raisonnement et de mémoire. Le fait même que les savoirs soient sanctionnés par des notes n'encourage pas la prise de risque. Des études menées aux Etats-Unis ont ainsi montré que plus les élèves avancent dans le système scolaire, plus ils ont tendance à éviter les situations qui peuvent entraîner l'échec.

Il existe cependant des circonstances favorables au développement de la créativité dans le milieu scolaire. Chacun d'entre nous a connu des enseignants inventifs, encourageant la pensée flexible et l'originalité, ou encore aidant les élèves à dépasser la frustration et l'échec pour aller de l'avant. Des programmes sont conçus pour favoriser des stratégies plurielles dans les modes d'apprentissage et l'utilisation des connaissances ; d'autres encore articulent différentes disciplines.

Les pédagogies alternatives valorisant la créativité peuvent-elles stimuler son développement ? Il semblerait qu'il en soit ainsi d'après les résultats d'une étude récente menée par Maud Besançon et Todd Lubart qui observent des performances créatives globalement meilleures dans les classes de pédagogie alternative que dans celles utilisant des méthodes classiques d'enseignement. Quel que soit le type de pédagogie, un déclin temporaire se produit dans les épreuves de créativité, mais il survient moins précocement chez les élèves suivant une scolarité alternative que chez les autres.

Le lion qui ne voulait pas rugir

Les recherches montrent qu'à chaque culture correspond une conception propre de l'acte créatif et que le cadre culturel agit aussi bien sur le niveau des activités créatives que sur leurs opportunités d'expression et les domaines dans lesquels elles sont valorisées. La culture en effet se réfère à un système partagé de cognitions, comportements, habitudes, valeurs, règles et symboles... Elle est en outre dynamique et évolue avec le temps, au gré des innovations et de l'ouverture vers d'autres communautés humaines.

La définition de la créativité utilisée dans les recherches évoquées ici réside dans la nature tangible de l'acte créatif qui débouche sur une production dont les caractéristiques sont mesurables à travers les jugements des pairs ou des experts. Or, il s'agit là d'une conception très occidentale, qui est bien loin d'être partagée par l'ensemble des groupes culturels. C'est ainsi que dans les sociétés orientales ou asiatiques, la créativité est moins liée à la production d'objets nouveaux qu'à l'authenticité du processus de découverte. Ainsi, par exemple, des travaux anthropologiques portant sur les peintres traditionnels indiens montrent que l'artiste est celui qui parvient à entrer en contact avec la réalité psychique de son « moi » profond, qui recrée ou réactive ce qui est déjà présent dans son inconscient.

De manière générale, les conceptions orientales de la créativité mettent moins l'accent sur les objets produits que sur le déroulement d'un processus permanent (souvent représenté par un cycle) fait de reconfigurations successives, de réinterprétations sans qu'il y ait rupture. D'aucuns parlent d'expression créative « verticale », comme dans la tradition chinoise de la peinture à l'encre où la nouveauté s'instaure à partir de fondamentaux précis, alors que l'art occidental est qualifié d'« horizontal » du fait qu'il autorise la nouveauté dans chaque aspect de l'œuvre.

On conçoit mieux ainsi que les connaissances et la pratique soient des préalables plus ou moins cruciaux à l'expression créative chez l'enfant et que la culture puisse lui donner forme. L'enfant développe une définition implicite de ce qu'est un comportement créatif par le biais des réactions des adultes à ses productions et des modèles que ceux-ci lui offrent. Ce comportement est stimulé ou freiné par les valeurs transmises par l'environnement culturel. Une de ces valeurs essentielles est celle accordée à l'individu ou à la collectivité. En 1973, Torrance avait demandé à des enfants de cultures différentes de finir une histoire dans laquelle le héros se comporte de manière non conventionnelle (par exemple, un lion refuse de rugir). Les enfants américains voulaient soigner le héros (convaincre le lion de rugir) tandis que les petits Français acceptaient le comportement déviant et que les Grecs cherchaient à l'expliquer ! Une étude plus récente montre que si les enfants coréens appréhendent bien la notion de « personne solitaire non conformiste et créative », ils la décrivent en termes négatifs : c'est une personne qui est grossière, indifférente à l'opinion des autres et qui peut créer des conflits. Les enfants intériorisent ainsi les valeurs attachées à la créativité.

Par ailleurs, les enfants apprennent dans quels domaines l'expression créative est valorisée. L'école a ainsi tendance à encourager plutôt le dessin et la peinture que l'improvisation musicale ou la danse et la chorégraphie. Les activités des élites sont souvent jugées plus créatives que celles des autres classes sociales.

Le développement comme processus créatif

Dès la naissance, l'enfant doit comprendre son environnement et s'y mouvoir de façon adaptée. Il va donc devoir construire des représentations du monde et des solutions nouvelles (pour lui) en s'appuyant sur son patrimoine comportemental de petit homme. Si certaines conduites ne nécessitent que de l'exercice et des ajustements limités, d'autres exigent des restructurations plus radicales. C'est ainsi que des auteurs comme Jean Piaget [9] ou Kyra Karmiloff-Smith [10] envisagent le développement comme une série de révolutions cognitives par lesquelles les concepts liés aux personnes, aux objets ou encore aux événements sont retravaillés jusqu'à être remplacés par d'autres concepts plus puissants.

[9] J. Piaget (dir.), *Le Possible et le Nécessaire chez l'enfant*, t. I *L'évolution des possibles chez l'enfant*, Puf, 1981.

[10] K. Karmiloff-Smith, *Beyond Modularity: A developmental perspective on cognitive science*, MIT Press/Bradford Books, 1992.

Pour expliquer l'apparition de ces nouvelles conceptions du monde, deux grandes hypothèses sont proposées. Selon la première, c'est l'exposition aux conduites d'individus plus avancés mentalement (parents, enseignants, enfants plus âgés) qui fait évoluer les représentations cognitives de l'enfant. Selon la seconde, ce sont les incongruences entre le monde perçu et les représentations qu'il s'en fait à un moment donné de son développement qui forcent l'enfant à restructurer son univers mental. Pour ce faire, il doit se construire de nouvelles représentations, à la fois originales et adaptées à son monde intérieur comme au monde extérieur. Bref, le petit enfant s'engage dans des actes créatifs dont les productions sont intangibles. La créativité se trouverait ainsi au centre de son développement…

Chantal Pacteau est chercheuse en sciences cognitives. Elle est l'auteur de la contribution « Catégorisation : des processus holistiques aux processus analytiques », in J. Lautrey (dir.), *Universel et différentiel en psychologie*, Puf, coll. « Psychologie d'aujourd'hui », 1995.
Todd Lubart est professeur de psychologie différentielle à l'université René-Descartes-Paris-V. Il a dirigé, avec Christophe Mouchiroud, Sylvie Tordjman, Franck Zenasni, *Psychologie de la créativité*, Armand Colin, 2003.

Points de repère

- La psychopathologie de l'enfant

- Trouble de lecture : la dyslexie

La psychopathologie de l'enfant

Discipline en plein essor, la psychopathologie de l'enfant et de l'adolescent s'implique dans des recherches tant fondamentales qu'appliquées. Elle n'en demeure pas moins un terrain encore largement en friche, criblé d'incertitudes, et marqué d'une grande variété : le retard mental, les troubles des apprentissages et l'hyperactivité...

• Retard mental

La caractéristique la plus frappante du retard mental est la diversité des déficits intellectuels et adaptatifs, de leurs origines et de leurs manifestations au cours du développement.

Historique. Outre leur rôle majeur et précurseur dans la psychologie infantile, les déficiences mentales ont toujours été marquées d'une forte empreinte sociale, comme le montre l'alternance des rejets et des attentions dont elles font l'objet au cours de l'histoire. Leur étude approfondie, d'emblée multidisciplinaire, débute vers la fin du XIXe siècle. C'est à Alfred Binet que l'on doit, au début du XXe siècle, leur première évaluation quantitative par la « psychométrie ». Le champ d'étude du retard mental est aujourd'hui scindé en deux axes majeurs de recherche : l'un étiologique, d'inspiration médicale, biologique et neurologique, l'autre centré sur le développement du malade, d'inspiration psychologique, clinique et sociale.

Définition. Le retard mental survient en général avant 18 ans. Il se caractérise par un déficit, plus ou moins sévère, du fonctionnement intellectuel et adaptatif, se traduisant de diverses manières (lenteur dans la compréhension, pauvreté du langage...). On distingue 4 degrés de retard mental : léger (85 % des cas) ; moyen (10 %) ; grave (3 à 4 %) ; profond (1 à 2 %).
Les tests de QI (quotient intellectuel) restent le critère principal de mesure du retard mental, bien qu'ils ne permettent pas réellement d'en appréhender la diversité et la dynamique. L'intelligence n'a en effet rien d'une entité fixe, elle est avant tout le produit d'une « construction » individuelle, sensible à l'environnement social.

Épidémiologie. Les retards mentaux de types moyen, grave et profond concerneraient 3 ou 4 personnes sur 1 000. Cette maladie, chronique et relativement stable, connaît une multiplicité de trajectoires développementales. Son étiologie, très diverse, repose autant sur des facteurs biologiques (plusieurs milliers suspectés à ce jour) que familiaux et sociaux, comme en témoigne le nombre plus élevé de retards légers dans les milieux défavorisés.

• Troubles des apprentissages

L'étude systématique des troubles des apprentissages est née, il y a plus d'un siècle, du constat que certains enfants scolarisés présentent des difficultés « inattendues » d'expression orale, de lecture, d'écriture et de calcul. Ces troubles suscitent d'abord une curiosité médicale puis éducative, relayée selon les pays par des mobilisations politiques et sociales.

Les troubles spécifiques de la lecture (dyslexie), de l'expression écrite et du calcul ont pour conséquence d'entraver les processus d'adaptation personnelle et sociale de l'enfant. Ils s'accompagnent la plupart du temps de difficultés scolaires puis d'insertion professionnelle. Si leur origine a longtemps fait débat, on l'impute généralement à l'interaction de facteurs biologiques (génétiques et neurologiques), sociaux, culturels et familiaux.

L'hétérogénéité de leurs manifestations et le manque de précision de leurs critères de définition contribuent souvent à la difficulté d'établir un diagnostic. Ce diagnostic doit par ailleurs aussi prendre en compte la qualité de l'enseignement et l'idéal de réussite scolaire imposé par l'entourage social et familial.

• Troubles de la communication

Les troubles spécifiques de la communication se traduisent par un déficit d'acquisition du langage parlé, dès la petite enfance, à l'origine de trois troubles distincts : les troubles du langage de type expressif (expression orale pauvre) ; les troubles du langage de type mixte réceptif-expressif (difficultés dans l'expression et la compréhension du langage parlé) ; les troubles phonologiques (difficultés d'acquisition des phonèmes, d'articulation et de prononciation).

• Troubles du calcul

Bien qu'ils aient été découverts en même temps que la dyslexie (au début du xxe siècle), la recherche sur les troubles de dyscalculie est loin d'être aussi balisée.

La dyscalculie se définit comme une déficience des aptitudes à réaliser des opérations arithmétiques, résultant du dysfonctionnement des zones cérébrales impliquées dans le calcul. Cependant l'exploration neuro-anatomique de la dyscalculie est encore peu avancée.

Les recherches font souvent état d'une atteinte des capacités de l'enfant concernant des domaines de l'apprentissage tels que le langage, la perception, la mémoire, la manipulation des chiffres et des symboles, le raisonnement.

Plusieurs programmes de recherche sont cependant en cours (voir A. Van Hout, C. Meljac, J.-P. Fischer, *Troubles du calcul et dyscalculies chez l'enfant*, Masson, rééd. augmentée 2005).

Trouble de la lecture : la dyslexie

Attribuée à Léonard de Vinci, Galilée, Einstein… la dyslexie serait-elle, comme on le soutient parfois, une « pathologie de la supériorité » ?
Avant même que l'enseignement de la lecture ne soit généralisé, le concept est apparu à la suite d'études sur les troubles du langage en général. Des études, notamment effectuées par Paul Broca en France (1865) et Carl Wernicke en Allemagne (1874) ont été les premières à établir que le fonctionnement du langage dépendait de zones spécifiques de l'hémisphère gauche du cerveau, zones que les travaux actuels signalent souvent comme étant déficitaires chez des enfants dyslexiques.

• Qui sont les dyslexiques ?

C'est seulement face à un déficit sévère d'apprentissage de la lecture, et après avoir éliminé les causes potentielles d'échec évoquées, qu'on parle de dyslexie. Les enfants qui ont des difficultés de lecture ne sont donc pas tous dyslexiques. Quelques rares enquêtes épidémiologiques permettent de penser que la dyslexie concerne 5 % des enfants.
Le renouveau des études sur la dyslexie est dû à l'émergence, autour des années 1970, de disciplines nouvelles telles que la psychologie cognitive et les neurosciences*. Le fait qu'on trouve des dyslexiques dans tous les milieux, y compris parmi les plus favorisés, et quelles que soient les méthodes d'enseignement utilisées, jette un doute sur les explications sociologiques et pédagogiques de la dyslexie. En ce qui concerne les explications psychologiques, les troubles de ce type relevés chez bon nombre de dyslexiques sont surtout la conséquence, et non la cause, de leur échec scolaire.

• Un déficit du traitement phonologique

Pour lire, le décodage nécessite l'utilisation des correspondances entre graphèmes et phonèmes, et donc la maîtrise de traitements dits phonologiques (distinguer par exemple « gra » de « gar »).
Or on a longtemps considéré que la dyslexie était plutôt due à un déficit visuel, les dyslexiques confondant, par exemple, « b » et « d ». Cette idée – encore très populaire – a été clairement rejetée. Par contre, les travaux récents indiquent clairement que les dyslexiques ont un déficit phonologique. Ainsi, quand ils lisent, ils n'arrivent pas à décoder correctement les mots écrits, surtout quand ils sont nouveaux.
Par ailleurs, des études montrent que les petits Espagnols sont moins souvent dyslexiques que les Français qui, eux, le sont moins souvent que les enfants anglais. En comparant des enfants dyslexiques de langue diverse, et quel que soit le degré de transparence orthographique de la langue, l'imagerie

cérébrale montre que les mêmes zones sont sous-activées chez tous les dyslexiques. Ces données plaident pour l'hypothèse de la déficience des traitements phonologiques.

• Une difficulté à identifier les sons du langage

Mais d'autres hypothèses coexistent, comme par exemple celle des capacités phonémiques, c'est-à-dire l'aptitude à identifier correctement les sons du langage. Des études dans lesquelles on a suivi les mêmes enfants avant et après l'apprentissage de la lecture indiquent que, avant cet apprentissage, les futurs dyslexiques se différencient des futurs bons lecteurs principalement par leur capacité d'analyse phonémique. Cette capacité serait donc un prédicteur de l'apprentissage de la lecture. Il est également important de noter que c'est l'analyse des sons du langage qui est spécifiquement déficiente chez les dyslexiques : ils n'ont pas de difficultés similaires quand on leur demande de reproduire sur un xylophone les deux dernières notes d'une mélodie de trois notes.

• Un déficit de mémoire à court terme

Les déficits en mémoire phonologique à court terme ont également été relevés très fréquemment chez les dyslexiques. Pour la lecture, c'est cette mémoire qui permet de mémoriser le résultat de l'opération de décodage graphophonémique et, soit de retrouver le mot lu, quand il est connu, dans notre lexique interne (notre propre dictionnaire), soit de créer un nouveau mot qui sera stocké dans ce lexique. Pour vérifier si cette mémoire fonctionne correctement, on demande de rappeler des suites de chiffres de plus en plus longues, on encore des suites de mots de longueur différente, de trois à six syllabes par exemple. Les dyslexiques ont des scores faibles dans ce type de tâche, surtout quand la mémoire à court terme phonologique est impliquée, et non la mémoire visuelle à court terme.

• Malgré la masse de données accumulées sur la dyslexie, son origine n'est pas encore solidement établie. Défaut du système auditif ? Dysfonctionnement du système visuel ? Déficit de traitement des sons de la parole ? Les recherches se poursuivent et génèrent des techniques de rééducation de plus en plus variées. Des programmes informatiques, par exemple, offrent des logiciels de remédiation pour l'apprentissage de la lecture (comme en France, celui initié par Liliane Sprenger-Charolles), de plus en plus perfectionnés.

MF

(d'après Liliane Sprenger-Charolles, *Sciences Humaines* n° 134, janvier 2003).

Piaget lui-même a dû expliquer la naissance de la réflexion enfantine à partir de la dispute : « *Il a montré comment cette réflexion survient après l'apparition de la discussion véritable au sein d'une collectivité d'enfants, comment c'est seulement dans la dispute qu'émergent les éléments fonctionnels qui déclenchent le développement de la réflexion* [5]. » En fait, pour Vygotski, l'activité sociale apparaît deux fois dans l'activité individuelle. D'abord source de l'activité individuelle, la vie sociale devient ressource pour cette activité individuelle. Dans ce mouvement des sources et des ressources, l'activité individuelle se développe dans l'activité sociale. La conduite s'affranchira des formes sociales, non pas en les niant mais par la voie de leur développement. C'est à cette condition que l'enfant pourra engager son activité propre dans une autre histoire que la sienne, « y mettre du sien » et devenir unique en son genre. L'individu devient sujet psychologique quand il se met à employer à son propre égard, et à sa manière, les formes de conduite que les autres ont employées d'abord envers lui. Il fait seul et autrement ce qu'il a d'abord expérimenté avec les autres en se trouvant avec eux « une tête au-dessus de lui-même » dans une zone de développement potentie *(voir page suivante).*

[5] L.S. Vygotski, *Pensée et langage*, La Dispute, 1997.

Une perspective historico-développementale

Cette perspective historico-développementale qui s'intéresse d'abord aux passages entre activité personnelle et activité sociale, au devenir de l'une dans l'autre, a souvent été caricaturée. Il est encore fréquent, par exemple, de rencontrer des présentations du concept de la « zone de développement » qui en font chez l'enfant une simple « implantation » de l'acquis social, l'exercice d'une tutelle, transformant l'œuvre de Vygotski en une sorte d'orthopédie cognitive. Alors que, pour lui, l'intériorisation ne va justement pas du dehors au dedans, elle est recréation du dehors par le dedans. Tout comme l'émotion éprouvée n'est pas contenue en puissance dans la technique de l'artiste, il y a un devenir imprédictible des concepts appris dans le développement subjectif de l'enfant. De la même façon, celui qui travaille ne cesse, lorsqu'il n'en est pas empêché, de réinventer les fonctions de l'outil.

Le social n'explique donc pas l'activité personnelle pour Vygotski. Elle s'explique avec lui certes, mais aux deux sens du terme. L'indétermination des futurs en conflit dans la vie sociale traverse et circule dans l'activité personnelle et la pousse à se déterminer. Du coup, elle n'est pas seulement médiatisée par les instruments sociaux du langage, de l'outil, de l'art, ou encore par l'activité d'autrui. Elle est médiatisante, opérateur vivant de re-création. En un mot, l'histoire de la société se retrouve en chaque sujet. Celui-ci se développe avec la société, contre elle, au-delà d'elle.

L'échec de ce mouvement se signale par la maladie psychique sous ses formes variées. C'est peut-être là la partie la plus méconnue de l'œuvre de Vygotski. Dans la maladie, l'expérience vécue n'est

« Zone proximale de développement » et apprentissage chez Vygotski

Pour Vygotski, toute possibilité d'apprentissage doit s'envisager à la lumière d'une notion que les psychologues ont traduite du russe par « zone proximale de développement » ou encore « zone de proche développement ». Cette notion a servi de support à un grand nombre de travaux en psychologie de l'apprentissage et de l'éducation.
Vygotski la décrivait comme la distance entre le niveau de développement effectif de l'enfant – c'est-à-dire ses capacités à résoudre seul un problème – et le niveau auquel celui-ci, muni de ses capacités, peut accéder par des échanges avec un adulte ou des enfants plus experts que lui.
Autrement dit, les possibilités d'apprentissage sont dépendantes du niveau initial de l'enfant et des connaissances qu'il a déjà engrangées. *« En collaboration, l'enfant est plus fort et plus intelligent que lorsqu'il se livre à un travail autonome, il résout des difficultés intellectuelles de niveau supérieur, mais il y a toujours une marge déterminée, soumise à des règles strictes, qui définit l'écart entre le travail autonome et le travail en collaboration »*, peut-on lire dans *Pensée et langage*.
On voit bien, à travers cette notion, la spécificité de la posture de Vygotski. En plaçant l'apprentissage comme *« condition préalable au processus de développement »*, il affirmait l'ancrage social de sa théorie du développement de l'intelligence. Il se démarquait ainsi des deux grands courants psychologiques de son époque : d'une part le béhaviorisme, pour qui le développement se réduisait à l'apprentissage, et d'autre part la position de Piaget, qui soumettait l'apprentissage au niveau de développement.
Vygotski et Piaget s'opposaient aussi d'ailleurs dans leur conception du langage : pour Piaget, celui-ci n'était qu'un outil au service de la pensée ; pour Vygotski, il était un véritable instrument de médiation permettant la construction de l'intelligence. M.F.

plus le moyen de vivre d'autres expériences. Incarcérée, sédentaire et déliée, l'activité subie devient intransformable. « *Ce n'est pas le délire qui distingue un aliéné de nous*, écrit-il, *mais le fait que, à la différence de nous, il croit à son délire et lui obéit* [6]. » Il ne dispose plus de son activité. Il est à sa disposition. C'est à la rencontre de cette amputation du pouvoir d'agir que se porte la psychologie de Vygotski, plus précisément à la rencontre des possibilités insoupçonnées par les sujets eux-mêmes.

[6] L.S. Vygotski, *Psychologie concrète de l'homme*, *in* M. Brossard, *Vygotski. Lectures et perspectives de recherches en éducation*, Septentrion, 2005.

Déficience et compensations

Cet optimisme lucide est le point de départ de son travail auprès des enfants déficients, dans la misère et le tourbillon social des années 1920 en Russie. Au départ, une observation clinique : la déficience ou l'arriération mentale ne sont pas vouées à devenir un handicap. « *Il est impossible*, écrit-il en 1928, *de contester l'existence de processus créateurs chez les enfants arriérés mentaux. Ces processus sont, sinon par leur résultat du moins par leur développement, souvent plus grands chez les enfants arriérés que chez les enfants normaux* [7]. » C'est que l'homme est le siège d'un potentiel d'énergie et de forces cachées dont il peut mobiliser les réserves contre le dommage subi, bien au-delà du dommage subi. C'est la « surcompensation » qui donne à l'enfant un autre destin que celui d'une intoxication par sa déficience.

[7] L.S. Vygotski, *Défectologie et déficience mentale*, Delachaux et Niestlé, 1994.

Mais Vygotski n'est pas naïf. L'expérience historique et sociale où il est engagé ne lui en laisse d'ailleurs pas le loisir. Il serait erroné de penser que la lutte du sujet contre la maladie se termine toujours bien : « *Si, avec le défaut, étaient aussi données les forces permettant de le surmonter, tout défaut serait un bienfait. En est-il toujours ainsi ? En fait la surcompensation est seulement une des deux issues finales possibles de ce processus, un des deux pôles du développement hypothéqué par le défaut.* » Le pôle opposé est la compensation manquée qui « *se transforme, à l'aide de la maladie, en défense, en but fictif qui oriente toute la trajectoire de vie sur la mauvaise voie* ». Factice, elle est le résultat d'un conflit à l'issue duquel le sujet vaincu se protège par sa « faiblesse ». La déficience est alors devenue un handicap qui le retient prisonnier. C'est que la « faiblesse » du sujet n'est source de « force » qu'à une condition : si une autre énergie que la sienne se porte à sa rencontre, s'il trouve aussi auprès des autres, des « compensations » offertes par le monde où il est engagé. Ces ressources « auxiliaires » peuvent être source de création si les sujets « diminués » peuvent vivre avec d'autres « une tête audessus d'eux-mêmes » pour échafauder des possibilités inexplorées.

Dans son ouvrage *Défectologie et déficience mentale*, Vygotski est habité par le souci d'éviter concrètement la métamorphose de la déficience en handicap. Dans l'expérimentation clinique et sociale qui y est rapportée, il s'agit de contrer les risques de voir les enfants déficients se couper des forces vives de l'altérité en se soustrayant eux-mêmes à l'énergie relationnelle du monde social. Pour contrer ce risque, la psychologie ne saurait être seulement une méthode de connaissance. Elle se doit d'être une méthode d'action. C'est là une question de vie ou de mort pour elle.

C'est même seulement ainsi qu'elle peut également être une méthode de connaissance. C'est seulement au travers d'une expérience de transformation que l'activité psychologique peut livrer ses secrets. On ne peut donc l'atteindre que par les moyens détournés d'un développement « provoqué ». Le développement ne peut être l'objet de la psychologie que s'il est donc aussi sa méthode : une méthode qui serve aux sujets à découvrir ce dont ils sont capables en se mesurant à ce qu'ils font. Non pas conçue pour savoir ce qu'ils sont, mais pour éprouver avec eux ce qu'ils pourraient devenir. La psychologie de Vygotski ne cherche pas à expliquer l'éternel mais à trouver les conditions générales sous lesquelles se produit quelque chose de nouveau.

La fonction psychologique de l'art

On ne s'étonnera donc pas que notre auteur soit « entré en psychologie » par l'art. C'est le terrain même de la création. Sa thèse de 1925, *Psychologie de l'art*, est une sorte de banc d'essai pour ses hypothèses générales. Pour lui, la forme artistique recèle un principe social actif. Elle contient des procédés qui agissent sur le sujet à son insu. Plus qu'elle ne représente, elle fait. Elle nous met « en marche », gouvernés que nous sommes alors par des logiques artistiques qui nous sont inaccessibles directement. Vygotski s'attache à identifier les stratagèmes psychologiques habilement dissimulés dans l'organisation même du matériau et destinés à provoquer un véritable travail du sentiment, une modification esthétique de l'affect. L'art est un transformateur des énergies inconscientes car le travail artistique a appris à jouer avec les affects dans le matériau lui-même où est toujours déposé le « poison subtil » de sentiments dissociés. Il ne permet pas seulement l'expression des affects. Il n'est pas leur exutoire. Les œuvres littéraires que Vygotski examine forment autant d'instruments psychologiques pour métamorphoser les émotions du lecteur. Loin de seulement simuler, pour le sujet, le champ de bataille où peuvent se reproduire les vieilles guerres de son passé, les conflits des sentiments dans l'expérience artistique nous permettent d'imaginer un autre destin pour nos affects et nos passions. C'est une transformation de nos affects en moyen d'en vivre d'autres. L'art donne donc forme à l'inachevé. C'est ce qui explique l'attrait puissant qu'il exerce sur nous, au risque même de nous faire exister par procuration, vivre au-dessus de nos moyens, psychologiquement à crédit.

Vygotski, Freud, l'inconscient et les affects

Du coup, les œuvres d'art s'emparent de l'inconscient du sujet à l'aide de procédés eux-mêmes inconscients mais d'une nature sociale. Elles charrient d'autres conflits, indépendants des avatars de l'histoire personnelle de chacun. L'histoire de l'art est celle d'un instrument culturel d'action sur soi. En étendant la surface du contact social avec soi-même, l'art peut donc être regardé, sans paradoxe, comme le siège d'un développement potentiel de l'inconscient de chacun. A la rencontre de l'irréalisé en chacun de nous, et en jouant de l'inaccompli en dehors de nous, l'art agence un devenir de l'inconscient. Il ne dérive pas d'un inconscient déjà donné. Il le produit en le recréant. L'art n'est une ressource pour l'inconscient qu'en devenant sa source. Les conflits inconscients peuvent donc avoir d'autres origines que les conflits de l'enfance. On comprend mieux alors les raisons de l'attitude contrastée de Vygotski à l'égard de Freud, partagé entre une admiration jamais démentie et un désaccord profond.

Au premier rang des convergences entre eux, on trouve l'idée que l'art mobilise les énergies inconscientes de l'homme. Au premier rang des divergences, celle que ces énergies seraient exclusivement celles de l'enfance. L'énergie inconsciente chez Vygotski n'a pas d'origine fixe. Elle est polycentrique. A la différence de Freud qui fait de l'art un écran où se projettent les conflits infantiles et une sublimation pacificatrice de ces conflits, Vygotski ne voit pas l'art comme un produit dérivé de l'inconscient où ce dernier pourrait se délester. Il le voit, au contraire, comme le producteur d'autres conflits inconscients qui développent les premiers. Pour lui, l'art ne dégage pas l'énergie psychique inconsciente vers le haut dans les valeurs supérieures de la culture mais l'engage vers le bas dans le travail réel des affects. Il décrit la fonction psychologique de l'art comme une technique sociale de controverse entre les affects. Du coup, *« social en nous* **[8]** », l'art est un exercice pour nos émotions. Grâce à la « dispute » des sentiments qu'il orchestre pour se rapprocher du réel des affects et non pour s'en éloigner, il cherche à les refondre. C'est une technique sociale d'aiguisement des affects. C'est pourquoi Vygotski aurait pu écrire, en paraphrasant Spinoza, que c'est seulement en mouvement que l'inconscient montre ce qu'il est.

[8] L.S. Vygotski, *Psychologie de l'art, op. cit.*

Vygotski, un psychologue dans la révolution.

Lev Sémionovitch Vygotski (1896-1934) est né au sein d'une famille juive très cultivée près de Gomel (actuelle Biélorussie). En 1919, à 23 ans, il contracte la tuberculose qui devait l'emporter en 1934. Il sait qu'il mourra jeune. Une fiévreuse activité intellectuelle nous laisse 180 titres, pour l'essentiel rédigés en dix ans, entre 1924 et 1934. A dix-huit ans et demi, il écrit un essai sur *Hamlet* avant de participer, à partir de 1917, au tourbillon révolutionnaire. En 1924 il se fixe à Moscou à l'Institut de psychologie. Il crée un laboratoire pour l'enfance anormale en 1925 et présente cette année-là avec Alexander Luria la traduction russe de l'*Au-delà du principe de plaisir* de Freud, cinq ans après l'édition originale. Encore la même année il est au Congrès international sur l'éducation des sourds-muets en Angleterre et visite l'Allemagne et la France. A son retour, malgré la maladie, il finit la *Psychologie de l'art*, sa thèse, puis *La Signification historique de la crise en psychologie*.
Après huit ans de travail commun avec A. Leontiev et A. Luria, à 37 ans, en butte aux premières critiques, il dicte *Pensée et langage* sur son lit de mort. Dès 1936 toutes les œuvres de Vygotski sont interdites en URSS jusqu'au « dégel » de 1956. Y.C.

L'histoire présente en chacun de nous

Finalement, l'histoire est le maître mot de l'œuvre de Vygotski. F. Braudel, parlant des aveuglements de son métier, notait que c'est la troupe des événements vainqueurs dans la rivalité de la vie que l'historien aperçoit du premier coup d'œil mais que ces choix de la vie nous ont dérobé les autres possibilités. Quelle n'aurait pas été sa surprise de lire sous la plume d'un psychologue comme Vygotski que « *l'homme est plein à chaque minute de possibilités non réalisées* » et que le comportement observé n'est jamais que le « *système des réactions qui ont vaincu* » **[9]**. Le premier coup d'œil du psychologue est aussi un aveuglement. Mais pour l'historien comme pour le psychologue, ce qui s'est trouvé écarté n'est pas aboli pour autant et continue d'agir dans l'histoire présente et à venir. C'est pourquoi, pour Vygotski, l'histoire n'est pas le passé. C'est la transformation du passé en devenir ou l'échec de cette transformation. Il aimait citer Spinoza : « *Personne, en effet, n'a jusqu'ici déterminé ce que peut le corps* **[10]**. » C'est peut-être le centre de gravité de l'œuvre de Vygotski.

[9] L.S. Vygotski, *Conscience, inconscient, émotions*, La Dispute, 2003.

[10] L.S. Vygotski, *Psychologie de l'art*, *op. cit.*

Yves Clot est titulaire de la chaire de psychologie du travail du CNAM. Il a dirigé l'ouvrage *Avec Vygotski*, La Dispute, rééd. 2002, et a publié *La Fonction psychologique du travail*, Puf, rééd. 2004.

■ Rencontre avec **Michel Deleau**

Pour M. Deleau, ce sont les interactions avec autrui (adultes ou pairs) qui permettent le développement de l'intelligence. Le langage, en particulier, constitue un outil essentiel, dans la construction des représentations de l'enfant et de son monde mental.

On apprend à parler pour agir avec autrui

Quelles sont les grandes orientations actuelles des travaux relatifs aux dimensions sociales du développement mental ?

Les interactions interpersonnelles jouent un rôle fondamental dans le développement des activités cognitives. Les chercheurs s'intéressent particulièrement à deux grands types de relations sociales : les relations dites asymétriques (entre un adulte et un enfant, ou un expert et un novice) et les relations symétriques (entre pairs ou enfants du même âge).

En quoi consistent les premières et que nous apprennent-elles ? On demande par exemple à un bébé de remplir une tâche trop difficile pour lui : construire une tour avec des plots. L'enfant, s'il est livré seul à cette tâche, empilera de façon anarchique les plots les uns sur les autres, sans succès, pour finalement s'en désintéresser. En présence d'un adulte, il sera initié à la construction de la tour par celui-ci qui prendra et posera d'abord les pièces à sa place puis avec lui, avant de le laisser agir seul. L'enfant acquiert ainsi la notion d'activité partagée. Il comprend l'utilité d'un tel partage pour résoudre les problèmes nouveaux et se sent plus à même d'entreprendre des activités qu'il ne connaît pas. Les relations sociales dites symétriques montrent, quant à elles, l'utilité de certains types d'échanges entre enfants pour le développement cognitif, comme la confrontation de points de vue différents : les enfants sont alors amenés à discuter, à se justifier, à comprendre l'autre et à se décentrer.

Dans quelle mesure le contexte culturel influence-t-il ces interactions sociales ?

Ces interactions sociales ne sont qu'une partie des contraintes imposées, à plus large échelle, par la culture. Une étude comparative menée sur des enfants sourds et aveugles montre que ces enfants sont plus autonomes et mieux intégrés dans la vie sociale en Ouganda que dans nos pays industrialisés. Les chercheurs ont pu voir, par exemple, deux enfants sourds et aveugles y assurer la fonction de porteurs d'eau. Dans ce pays chaud, le fait que ces enfants soient peu habillés facilite le recueil, dès le plus jeune âge, d'informations tactiles. L'habitude qu'ont les mères de porter leurs bébés sur le dos favorise la compréhension et l'acquisition par l'enfant de ses gestes et des codes sociaux. La culture ougandaise semble ainsi plus favorable au développement des enfants sourds et aveugles que la nôtre, où les contacts (notamment corporels) sont plus limités et où d'autres sens que l'ouïe et la vue sont rarement sollicités. Il y a donc là ce que la psychologie écologique appelle une « niche développementale ».

Vous vous êtes aussi beaucoup intéressé aux effets du langage sur le développement...

Le langage n'est pas seulement un moyen particulièrement puissant de représentation. C'est aussi un outil privilégié de régulation de la vie sociale et un mode de vie sociale en soi. On apprend à parler, non pas pour faire des phrases, mais pour agir sur autrui et avec autrui : c'est la dimension pragmatique des activités langagières.

En voilà un exemple : la phrase : « Il commence à faire chaud ici » a différentes significations et implique différentes réactions selon le contexte où elle est prononcée. Si l'on est dans une pièce où il commence à faire chaud, il s'agit d'une demande indirecte d'ouvrir la fenêtre. Si elle est prononcée dans le cadre d'échanges conflictuels, elle peut signifier que les choses sont en train de mal tourner. Si la température est glaciale, le propos est ironique.

La pragmatique du langage s'intéresse aux capacités qu'a l'enfant de comprendre les différents usages du langage et d'y répondre. Ce champ de recherche, en plein essor, entretient des liens étroits avec les études sur la représentation et l'attribution d'états mentaux (« théorie de l'esprit ») : dans quelle mesure l'appropriation du langage permet-elle la représentation par l'enfant du monde mental ? Il semble qu'au-delà d'une base neurobiologique nécessaire et commune à l'espèce, l'enfant construise ces représentations explicites sur la base de connaissances tacites et de savoir-faire acquis par l'expérience des pratiques conversationnelles.

Ancien président de la Société européenne de psychologie développementale, Michel Deleau est professeur de psychologie du développement à l'université Rennes-II. Il a notamment dirigé le numéro 3 (juillet-septembre 2002) de la revue *Enfance : Le Monde fictif de l'enfant*, Puf, 2002 et *Psychologie du développement*, Bréal, 1999.

CLAUDE BASTIEN

Plus on sait, plus on devient intelligent : les recherches actuelles soulignent l'importance des savoirs explicites et implicites pour acquérir de nouvelles connaissances. Elles montrent aussi la diversité des cheminements cognitifs empruntés par chacun...

Et si l'école rendait intelligent ?

« Il est intelligent, ce petit, il apprend bien à l'école », *« Il n'est pas très intelligent, le pauvre, il a du mal à l'école »* Une opinion très répandue est que la réussite scolaire dépend de l'intelligence. Et si c'était le contraire ? Et si c'étaient les connaissances scolaires qui rendaient plus ou moins intelligent ?

Admettons que l'intelligence se manifeste par la capacité d'analyser, de comprendre et de répondre de façon adaptée aux situations auxquelles on est confronté. Un individu qui n'a suivi que la scolarité obligatoire a été confronté pendant douze ans de sa vie à des situations d'apprentissage dans lesquelles on lui a expliqué ce qu'il devait savoir. Cette durée passe à vingt ans au minimum pour le titulaire d'un master. Peut-on imaginer que cette somme considérable de connaissances n'a aucune influence sur la façon dont nous analysons, comprenons les situations et sur la façon dont nous y répondons ?

On a pu aussi considérer, comme le rappelle par exemple Jacques Grégoire [1], que les différences individuelles d'efficience intellectuelle pouvaient être dues à des fonctions générales comme la vitesse de traitement et la capacité de la mémoire de travail. Les recherches qui ont comparé les « experts » et les « novices » dans différents domaines montrent que les premiers sont plus rapides que les seconds et que la capacité de leur mémoire de travail est supérieure. Or qu'est-ce qui les distingue sinon leurs connaissances qui font précisément que les uns sont experts et les autres novices ?

[1] J. Grégoire, « Quel avenir pour l'intelligence ? », Communication au colloque « Intelligence de l'enfant », Paris, 6-8 octobre 2005.

Cependant, si l'on admet cette relation, en quelque sorte inversée, entre intelligence et réussite scolaire, le problème de savoir pourquoi certains apprennent facilement et d'autres plus difficilement reste entier. Les recherches récentes en psychologie cognitive commencent à lever le voile sur cette énigme. Elles mettent notamment en évidence la diversité des démarches employées par les individus (et donc les élèves) et le rôle déterminant de leurs représentations pour élaborer leurs propres

Des réponses identiques et des connaissances différentes

Exemple des réponses à un item du test de lecture de Khomsi (ECPA, 1999)

téléqhone **cenise** **horloche** **otomobile**

Consigne : barrer les mots qui ne sont pas bien écrits.

Julie et Sophie (en CE2) barrent les quatre mots : réponse juste.
Mais quand on leur demande pourquoi elles ont rayé chacun des mots, elles donnent les justifications suivantes (dans l'ordre des mots de gauche à droite) :

Julie : « *Téléphone il faut un "p", cerise il faut un "r", horloge c'est avec "g", automobile c'est avec "au".* »
Sophie : « *Téléphone c'est avec "f", cerise c'est avec "se", réveil c'est avec "r", voiture c'est un "v".* »

stratégies d'acquisition de connaissances. Ce facteur, souvent ignoré par les éducateurs, semble constituer un élément essentiel pour une meilleure compréhension de la (non-) réussite scolaire et des différentes évaluations qui sont faites des élèves, aussi bien à l'école que dans la passation de certains tests destinés à évaluer leur niveau.

L'interprétation périlleuse des réponses des élèves

Une conception classique de l'apprentissage scolaire peut être résumée par le schéma suivant : l'enseignant explique la notion à acquérir puis propose des exercices dits « d'application ». Si l'élève donne les « bonnes réponses », on conclut que la notion est acquise, sinon on considère qu'elle ne l'est pas et qu'il convient de reprendre l'explication. Cette manière de faire est pourtant déjà une source d'importants malentendus pédagogiques.

C'est ce que montre l'exemple des réponses de deux élèves au test de Khomsi *(voir encadré ci-contre)*. La tâche demandée aux enfants est de rayer les mots mal orthographiés. Deux fillettes ont donné les réponses justes en barrant les quatre mots. Julie a justifié sa réponse « correctement » mais Sophie donne une autre explication *(voir encadré ci-contre)*. On a donc ici une réponse juste donnée à partir de connaissances fausses. Il est évident que Sophie a d'importants problèmes de lecture [2].

[2] Pour d'autres exemples de ce type, voir C. Bastien, M. Bastien-Toniazzo, *Apprendre à l'école*, Armand Colin, 2004.

Symétriquement, des réponses apparemment fausses peuvent provenir de connaissances justes que les élèves ne parviennent pas à mettre en œuvre compte tenu des contraintes imposées par la forme même de l'exercice. Les exercices « à trous » *(voir encadré page suivante)* en sont un bon exemple. La procédure la plus évidente pour réaliser la tâche consiste à lire la première phrase et à parcourir les mots de gauche à droite jusqu'à ce qu'on rencontre un mot compatible avec la phrase, mot qu'on raye. On passe ensuite à la deuxième phrase, etc. Dans l'exemple proposé, quand les élèves lisent la deuxième phrase (« Maman fait cuire... »), le mot « gigot » convient parfaitement. Quand ils parviennent à l'avant-dernière phrase (« Maman achète un... »), les seuls mots disponibles sont alors « poisson » et « chaise ». Tant qu'à faire, poisson est moins invraisemblable que chaise, d'où leur réponse. Contrairement à ce que pensait l'enseignante qui nous avait soumis cet exemple, l'erreur ne provient pas d'un manque de connaissance en vocabulaire : les élèves savent ce qu'est un boucher et ce qu'est un poisson. Mais s'ils veulent se corriger, il faut qu'ils redéfassent tout ce qu'ils ont fait (ce qui n'est pas facile) et qu'ils trouvent une autre stratégie pour répondre ! Il suffit d'ailleurs, dans la ligne supérieure, d'inverser les places de gigot et de poisson pour obtenir des réponses justes.

Le rôle déterminant des connaissances antérieures

Si, comme on vient de le voir, l'interprétation des réponses est une première source de malentendus sur les capacités de l'élève, il en est une autre encore plus déterminante, semble-t-il, qui est celle des connaissances que l'élève met en œuvre pour aborder de nouvelles notions.

Classiquement dans l'enseignement, leur ordre de présentation est déterminé par une analyse didactique propre à la discipline enseignée, consistant à définir les « pré-requis » nécessaires à l'acquisition de la notion nouvelle. Malheureusement cet ordre « logique » ne correspond pas toujours à l'ordre « psychologique » utilisé par l'enfant pour construire ses connaissances. En mathématiques par exemple, le concept de couple se définit comme « une paire ordonnée ». Cette définition incluant le concept de paire, celui-ci doit être nécessaire-

Un exercice à trous

livre gigot classeur voiture théâtre poisson chaise

Mon frère conduit sa ...... chez le garagiste.
Maman fait cuire un ......dans le four.
Pour mon anniversaire on m'a donné un beau ......
Jérôme range son ...... dans son cartable.
La maîtresse a emmené la classe au ......
Maman achète un ...... chez le boucher.
Elle est montée sur une ...... pour voler les confitures.

Pour la phrase « Maman achète un ...... chez le boucher », la très grande majorité des élèves complètent avec le mot « poisson ».

ment présenté avant le concept de couple. Or, chez l'enfant, ce qui est premier est le couple. Si l'on dit à un enfant que « crayon, gomme », c'est la même chose que « gomme, crayon », il dira : « *Non, parce que là le crayon est avant la gomme et là, la gomme est avant le crayon.* » Psychologiquement le couple précède la paire (la paire est un couple sans ordre). On appellera « précurseur » une connaissance qui, psychologiquement, en précède une autre : dans cet exemple, la paire est le pré-requis du couple, alors que le couple est le précurseur de la paire.

Toute connaissance nouvelle prenant nécessairement appui sur une connaissance antérieure, la difficulté vient alors de ce que pour une même connaissance plusieurs précurseurs sont potentiellement possibles et qu'il existe donc plusieurs cheminements pour parvenir à la construction d'une connaissance nouvelle. C'est pourquoi certaines erreurs peuvent provenir de différences entre les précurseurs activés. Une recherche nous a permis de le mettre en évidence à propos de l'apprentissage de la comparaison de fractions dans une classe de CM2.

Avant qu'on ne leur donne la règle, un premier groupe d'élève s'est livré à une comparaison partielle des numérateurs ou des dénominateurs. D'autres élèves procédaient en tentant d'additionner ceux-ci. Une certaine façon de présenter la notion (comparaison combinée des numérateurs et des dénominateurs) a permis un apprentissage réussi pour le premier groupe. En revanche, si les autres échouaient avec cette méthode d'explication, ils ont réussi à acquérir la notion de comparaison des fractions par la méthode du produit en croix.

Ce résultat a des conséquences pédagogiques importantes. Imaginons un enseignant qui présente la méthode du produit en croix : aux exercices d'application, la moitié de sa classe a de bons résultats et l'autre moitié des résultats faibles. Comment l'interpréter ? Puisque la moitié des élèves a bien compris, cela signifie que ceux qui n'ont pas compris n'ont pas fait attention, qu'ils ont des difficultés à apprendre *(« Ils ne sont pas très intelligents…, ils ont trop regardé la télévision la veille… »)*. Notre étude montre que si l'enseignant avait présenté directement l'application de la règle, ceux qui étaient bons devenaient mauvais et inversement… S'il existe plusieurs cheminements possibles dans la construction d'une connaissance, il ne saurait donc y avoir une seule « bonne méthode » pour la faire acquérir. Implicitement, les enseignants qui ont de l'expérience le savent bien, qui multiplient (et non pas répètent) leurs explications et leurs exemples. C'est ainsi que l'on peut expliquer les résultats contradictoires des études sur les différentes méthodes d'acquisition de la lecture, par exemple, et la vanité des discussions, voire des polémiques, à leur propos !

Représentations du monde et impact de la culture

Les représentations que se font les élèves du monde qui les entoure peuvent également constituer des précurseurs qui facilitent ou invalident l'acquisition de nouvelles connaissances. L'enseignement des sciences et notamment les recherches de Monique Goffard et Annick Weil-Barais [3] sur la conservation des quantités de gaz en sont une bonne illustration.

[3] M. Goffard et A. Weil-Barais (dir.), *Enseigner et apprendre les sciences*, Armand Colin, 2005.

La tâche proposée à des élèves de CM2, puis à des élèves de 6e, 5e et 4e de collège consistait à comparer des quantités de gaz (de l'air) avant et après diverses manipulations (chauffer ou refroidir l'air d'un récipient, comprimer ou déprimer l'air…). Pour les élèves les plus jeunes, la question de la conservation de la quantité n'a même pas de sens car pour eux l'air n'est pas une substance. Les réponses ensuite dépendent du type de manipulation proposé : par exemple dans les situations de chauffage dans un récipient clos, un tiers des élèves de 4e continue à estimer que la quantité d'air est modifiée. Pour de nombreux élèves en effet, la flamme qui chauffe le récipient introduit de la matière dans ce récipient.

Les auteurs analysent l'évolution des réponses des élèves comme un changement de représentation. La première, « événementielle », repose sur les actions effectuées et les transformations observées. Par exemple, quand on refroidit un tube fermé par une membrane souple, la membrane se creuse. Elle reste dominante, même chez les élèves les plus âgés. La seconde représentation est d'ordre « conceptuel ». Elle consiste à expliquer, pour quelques élèves, les situations en termes de grandeurs physiques (température, pression...) : quand la température augmente, le volume augmente. Les réponses de conservation dépendent donc des conceptions qu'ont les élèves de l'air, et d'une part des éléments (flamme, glace...) qui interagissent avec lui, et d'autre part des possibilités qu'ils ont de décrire les changements observés en termes de variation de grandeurs physiques. Pour les auteurs, les progrès se manifestent par le passage d'une lecture événementielle à une lecture conceptuelle. Mais ce progrès est limité par la maîtrise des concepts physiques eux-mêmes. C'est pour cette raison que l'enseignement peut contribuer au développement de l'intelligence à la condition qu'il prenne en charge les représentations que les élèves ont construites à partir du monde qui les entoure et qui constituent ce que nous appelons des précurseurs non scolaires.

On comprend mieux, alors, qu'un certain nombre de difficultés dans les apprentissages scolaires puisse provenir de problèmes culturels. Ceux-ci peuvent être de deux ordres : l'un, général, lié à l'évolution même de la culture dans le temps, l'autre, plus individuel, lié à l'environnement culturel de l'élève.

Ainsi dans le cadre d'un mémoire de recherche mené par des conseillers d'orientation psychologues en formation, un test d'Échelle collective de développement logique a été proposé à 103 élèves de lycées d'enseignement général et technologique (INETOP, 1988). L'un des exercices faisait appel à l'intersection de deux ensembles, des jouets en vertical, des reliefs montagneux en horizontal *(voir page suivante)*. La réponse attendue était le mot « ballon » qui est à la fois un jouet et un relief, donc à l'intersection des deux ensembles. La grande majorité des élèves a répondu soit C (piolet) soit E (cime) et seule une infime minorité a donné la bonne réponse. Avec l'évolution de l'enseignement de la géographie, rares en effet sont les élèves qui savent que les montagnes des Vosges se nomment des ballons, comme « le ballon d'Alsace ». Les réponses erronées ne proviennent donc pas d'un défaut de raisonnement logique, comme le voudrait le test, mais de l'absence d'une connaissance devenue obsolète.

Le *poids de l'environnement culturel* individuel, s'il est sans doute mieux connu, n'en est pas moins important. Dans le cadre de l'apprentissage de la lecture, une enseignante de CP avait proposé une série de petits exercices. L'un d'entre eux consistait à présenter sur une feuille de papier le dessin d'une maison suivi de la phrase : « Colorie les volets de la maison en vert. » Une petite fille avait colorié toute la maison en vert. « *Cette enfant a des difficultés de lecture, serait-elle dyslexique ?* », a pensé la maîtresse. Quand on a demandé à la fillette : « *Tu sais ce que veut dire "maison" ?* », elle a montré le dessin. A la question : « *Tu sais ce que veut dire "colorie" ?* », elle a désigné les crayons de couleur ; A « *Tu sais ce que veut dire "vert" ?* », elle a montré le crayon vert ; A « *Tu sais ce que veut dire "volets" ?* », là elle est restée muette. Dans cette classe de ZEP, cette enfant de la cité proche de l'école n'était jamais sortie de son environnement qui ne comportait aucun bâtiment muni de volets… Elle a donc traité de la phrase ce qu'elle en comprenait, c'est-à-dire : « Colorie (les volets de) la maison en vert. » Il ne s'agissait donc pas d'un problème de lecture.

De nombreuses études ont été consacrées aux aspects socioculturels des conceptions et des mesures de l'intelligence. Le Centre universitaire d'aide psychologique aux familles de migrants (université de Paris-VIII) s'est investi dans la prise en charge des enfants d'origines culturelles différentes. Plus précisément, Claude Mesmin et Marième Ba-Sène ont récemment analysé les difficultés spécifiques que peuvent rencontrer les enfants de migrants dans leur adapta-

L'item 8 de l'Echelle collective de développement logique (ECDL) (EAP, 1970)

		Poupée		
		Loto		
Mont	Pic	?	Crêt	Aiguille
		Tricycle		
		Dînette		

A Ballon
B Puzzle
C Piolet
D Meccano
E Cime

Consigne : remplacer le point d'interrogation par la lettre correspondant au mot qui devrait se trouver à cet emplacement.
Réponses majoritaires d'un ensemble d'élèves de classes de seconde : **C** (piolet) ou **E** (cime). La réponse attendue était **A** (ballon).

tion au système scolaire. Elles notent que l'école propose une explication et une prise en charge décalées par rapport aux causes réelles de ces difficultés. En particulier elles indiquent que le recours aux tests d'intelligence adaptés à la population française conduit à la conclusion que les enfants de migrants en difficulté d'apprentissage sont peu ou pas intelligents et donc incapables de s'insérer dans la scolarité habituelle. Au-delà des connaissances, c'est tout un système implicite de valeurs et de comportements qu'il leur faut assimiler. L'expérience de ces auteurs montre qu'une prise en charge globale et adaptée, non seulement de l'enfant mais aussi de sa famille, constitue une aide efficace [4].

[4] C. Mesmin, *La Prise en charge ethnoclinique de l'enfant de migrants*, Dunod, 2001.

Comment apprend-on l'orthographe ?

Comprendre les différences interindividuelles dans les apprentissages scolaires suppose qu'on admette qu'il existe différents chemins d'acquisition en fonction notamment des types de connaissances antérieures activées. Il est donc crucial de tenter d'analyser les processus que l'élève met en jeu dans la construction d'une nouvelle connaissance. C'est ce qu'ont fait, par exemple, les psychologues Sébastien Pacton et Michel Fayol [5] à propos des informations morphologiques utilisées en orthographe par des élèves d'école élémentaire. Les phonèmes étant les unités minimales de la langue, les morphèmes sont les unités minimales de sens. Ainsi, le mot « dissemblables » contient huit phonèmes et quatre morphèmes : le préfixe « dis », le radical « sembl », le suffixe dit dérivationnel « able » et le suffixe dit flexionnel « -s », marque du pluriel. Recourir aux connaissances morphologiques permet notamment de choisir la bonne orthographe quand plusieurs transcriptions sont possibles : le son [èt] dans « fillette » se transcrit « -ette » et non « ête » ou « aite », car il correspond à un diminutif. Les connaissances morphologiques permettent également d'écrire correctement les consonnes muettes comme le « d » de « bavard » par exemple, par référence aux mots qui leur sont morphologiquement reliés et dans lesquels la consonne se prononce (« bavarder »).

[5] S. Pacton, « Utiliser les informations morphologiques à l'écrit : pourquoi, qui, quand, comment », *Rééducation orthophonique*, n° 223, 2005 ; S. Pacton, M. Fayol et P. Perruchet, « Children's implicit learning of graphotactic and morphological regularities », *Child Development*, 76, 2005.

Les auteurs montrent que dès le CE2 les élèves utilisent ces connaissances morphologiques implicites, acquises en dehors de tout enseignement explicite. Par exemple, ils orthographient correctement « grand » ou « camp », mais commettent des erreurs sur « jument » ou « tabac ». Et, précise cette recherche, ces observations concernent non seulement les élèves bons en orthographe mais également les élèves faibles.

Ces connaissances sont implicites et ne résultent pas de l'application de règles. En effet, on constate que le recours à des connaissances morphologiques se manifeste dans le cas de mots familiers, mais pas dans le cas de mots rares : cette différence ne devrait pas exister s'il s'agissait d'application de règles. Dans des recherches récentes, les auteurs montrent qu'un entraînement à la conscience morphologique (consistant à fournir par écrit, entre deux dictées, des mots de la même famille qu'un certain nombre de mots proposés et donc à activer des connaissances implicites) provoque une amélioration significative des résultats. Les auteurs concluent que si ce type d'intervention se révèle prometteur, il est nécessaire de poursuivre les études pour déterminer comment élaborer au mieux les entraînements pour en augmenter l'efficacité.

Un autre exemple permet d'illustrer l'intérêt de l'analyse des processus mis en jeu par les élèves. Dans une étude [6] de l'évolution de la lecture pendant l'année de cours préparatoire auprès de 62 élèves, la tâche consistait à lire des pseudo-mots (suites de lettres prononçables, mais qui ne font pas partie du lexique français) à trois périodes différentes de l'année. L'analyse des productions des enfants a fait apparaître plusieurs modes de traitement : lecture logographique (le mot est identifié à partir d'une ou deux lettres, en général les lettres initiales), épellation de lettres du mot, lecture de fragments du mot, lecture de fragments du mot avec des distorsions (ajout, permutation, suppression de lettres), lecture correcte. Ces modes de traitement apparaissent dans cet ordre, mais peuvent ensuite co-exister chez le même enfant. A partir de ces données, les auteurs ont élaboré un modèle de fonctionnement [7] reposant sur deux hypothèses consécutives. Au début l'enfant cherche à extraire de la suite des lettres qui composent le mot des configurations (sous-ensembles) qui correspondent à des syllabes orales repérables. Ces configurations sont ensuite mémorisées soit en respectant l'ordre des lettres,

[6] M. Bastien-Toniazzo, A. Magnan et H. Bouchafa, « Une étude longitudinale des stratégies d'apprentissage de la correspondance grapho-phonologique en français », *Revue de psychologie de l'éducation*, n° 2, 1999.

[7] M. Bastien-Toniazzo, A. Magnan, et H. Bouchafa, « Nature des représentations du langage écrit aux débuts de l'apprentissage de la lecture : un modèle interprétatif », *Journal international de psychologie*, n°34, 1999.

soit sous forme d'ensemble sans ordre (« car », « cra », « arc », « rac » sont lus « car », par exemple). Un modèle construit sur ces hypothèses permet de prédire l'évolution en lecture de ces enfants à partir de leurs premières réponses. Compte tenu de ces résultats, l'étude insiste sur le fait que les « erreurs » commises par les enfants constituent une phase normale de l'acquisition de la lecture et ne deviennent inquiétantes que si elles n'évoluent pas (c'est-à-dire si l'enfant produit toujours le même type d'erreur). Par ailleurs, il faut toujours préciser que les différences entre élèves s'expliquent par les différences de représentations mises en œuvre lors de l'apprentissage.

Plus on sait, plus on devient intelligent...

Tous ces exemples montrent bien que ce qu'on appelle l'intelligence est fortement dépendant de la mise en œuvre de connaissances, au premier rang desquelles figurent les connaissances scolaires, mais aussi des représentations et des connaissances implicites liées à l'environnement culturel de l'enfant. Ils soulignent aussi qu'une bonne partie des différences de réussite entre les élèves peut s'expliquer par la diversité des processus d'acquisition des connaissances et par l'interaction entre ces processus et les caractéristiques des situations d'apprentissage.

Dans ces processus, les connaissances antérieures mobilisées par l'élève jouent un rôle crucial quand il s'agit d'acquérir une connaissance nouvelle. Selon la nature de la connaissance activée (et il y en a toujours plusieurs différentes possibles), la façon dont est présentée la notion à acquérir et les exemples qui sont donnés peuvent faciliter la compréhension ou au contraire la bloquer.

Il est donc tout à fait important, quand on évalue les acquisitions, de tenter de comprendre le processus qui a conduit l'élève à donner cette réponse-là et non une autre. Se fonder sur l'exactitude ou non de la réponse par rapport à la réponse attendue peut être trompeur. Comme on l'a vu plus haut, la réponse peut être exacte alors que la connaissance n'est pas assimilée ou, inversement, la réponse constitue une erreur alors que la connaissance est maîtrisée. Rechercher quelles connaissances ont été activées, comment elles ont été mises en œuvre compte tenu des caractéristiques de la situation proposée, permet de mieux comprendre l'élève, de lui donner ainsi une aide appropriée et finalement de le rendre plus intelligent...

Il semble que c'est là un enjeu important pour l'amélioration de notre système scolaire.

Claude Bastien est professeur émérite et effectue ses recherches au sein du Laboratoire Parole et Langage, CNRS-Université de Provence. Il a récemment publié avec M. Bastien-Toniazzo *Apprendre à l'école*, Armand Colin, 2004.

Bertrand Troadec

Existe-t-il une intelligence universelle, mesurable partout dans le monde ou faut-il lier cette notion à la spécificité culturelle des groupes humains ? Cette question est toujours en suspens et montre les ambiguïtés des recherches interculturelles et les débats qu'elles continuent de susciter.

L'intelligence, une affaire de culture ?

« **Les études interculturelles** *suggèrent une certaine universalité de la notion d'intelligence : elle se retrouve, d'une manière au moins globalement identifiable, dans des cultures nettement différentes* », écrivait Pierre Oléron dans un ouvrage intitulé *L'Intelligence de l'homme*, en 1989 [1]. Autrement dit, toutes les cultures semblent avoir un concept qui correspond à celui d'« intelligence ». L'auteur estimait alors qu'« *on ne peut dire que les Esquimaux ou les Aborigènes d'Australie sont intelligents d'une autre manière que nous parce que, s'ils sont handicapés à l'égard de nos symboles ou habitudes mentales, ils sont plus capables que nous de survivre dans la neige ou le désert* [...] *Ils sont intelligents s'ils peuvent surmonter les problèmes qui surviennent dans leur propre domaine, de contenu différent mais de complexité comparable aux nôtres* [2] ». Selon P. Oléron, l'aspect universel de l'intelligence consiste donc en une dimension « quantitative » : la résolution ou non de certains pro-

[1] P. Oléron, *L'Intelligence de l'homme*, Armand Colin, 1989.

[2] P. Oléron, *L'Intelligence*, Puf, 1974.

blèmes. En revanche, l'aspect relatif à une culture particulière consiste en une dimension « qualitative » : des domaines aux contenus différents.

En Papouasie-Nouvelle-Guinée, dans les années 1970, toutes les femmes baruya étaient dominées par les hommes, mais ces derniers n'étaient pas tous égaux entre eux [3]. Certains devenaient « Grands » du fait de l'acquisition de capacités particulières soit héritées soit méritées. Les autres, ceux qui restaient ordinaires, étaient qualifiés de « patates douces ». Un domaine qui différencie les hommes baruya est la réalisation des rites d'initiation. En effet, les responsables des rituels de l'initiation masculine héritent cette fonction de leurs ancêtres qui l'ont eux-mêmes reçue, ainsi que les objets sacrés et les formules magiques, directement du Soleil et de la Lune. Trois autres domaines relèvent des expertises méritées que sont la guerre, le chamanisme et la chasse au casoar. Il est évident que la psychologie euro-américaine aurait beaucoup de mal à évaluer une telle « intelligence ». Les sorciers, quant à eux, non...

[3] M. Godelier, *La Production des grands hommes*, 1982, rééd. Flammarion, 2003.

Dès lors, on voit bien les problèmes qui se posent à la psychologie interculturelle. Doit-elle mettre en évidence une intelligence qui serait propre à chaque culture ? Ou bien doit-elle chercher à évaluer, de manière universelle, la capacité d'enfants de cultures diverses, même baruya, à résoudre des problèmes de même contenu que les nôtres ?

Comparaison ou rencontre des cultures ?

La psychologie interculturelle – tout comme l'anthropologie – est constituée de « *tensions majeures* [4] ». Il s'agit bien d'une constitution et le chercheur ne devient véritablement anthropologue ou psychologue de l'interculturel que lorsqu'il accepte de vivre pleinement ces tensions, non de les ignorer.

[4] F. Laplantine, *L'Anthropologie*, 1987, rééd. Payot, 1995.

Une première tension résulte du fait que le terme « interculturel » a deux significations opposées. D'une part, il réfère à une comparaison de cultures différentes, d'autre part, il évoque un entre-deux issu de cultures différentes. Dans le premier cas, l'idée est celle d'une différence de cultures, dans le second, celle d'une rencontre.

Ces deux idées apparaissent contraires et distinguent fréquemment les chercheurs. Ainsi, la valorisation de la rencontre interculturelle, par les uns, peut être fondée sur un rejet de la comparaison suspectée de séparer, voire de hiérarchiser, les cultures. De même, la valorisation des différences culturelles, par les autres, peut être fondée sur un rejet du contact suspecté de détruire l'originalité des cultures particulières. On ne peut dépasser cette impasse dualiste – la différence ou la rencontre de cultures – qu'en considérant que toute recherche interculturelle est à la fois une rencontre et une comparaison. L'un des exemples qui illustrent le mieux cette situation est celui d'un chercheur, par exemple un psychologue, observant un enfant issu d'une culture différente de la sienne.

Une deuxième tension résulte du contraste entre l'universel et le culturel. Ici aussi, les deux idées peuvent apparaître contraires et opposer les chercheurs. L'universaliste affirme, de façon tout à fait humaniste, que tous les hommes sont comparables et égaux. De ce point de vue, affirmer qu'il y a des différences, voire des inégalités, c'est être potentiellement raciste par séparation, exclusion, ghettoïsation, etc. Le relativiste affirme quant à lui, d'une façon tout aussi humaniste, que tous les hommes sont incomparables et différents. De ce point de vue, affirmer qu'il n'y a pas de différences, c'est aussi être raciste, mais par assimilation, homogénéisation, impérialisme, etc. Comment concilier l'universel et le culturel ? Le croisement des deux axes précédents rend compte de la complexité idéologique de la recherche interculturelle. Les quatre composantes qui en résultent, appliquées au domaine du développement de l'intelligence, permettent d'affirmer que *(voir page suivante)* :
– le développement cognitif d'un enfant se produit dans un contexte particulier qui en contraint les étapes et la forme (case 1 de l'encadré) et les rencontres interculturelles sont nécessaires pour l'ouverture de la cognition de l'enfant sur le monde (case 4) ;
– il existe des différences culturelles du développement cognitif, associées à une diversité de pratiques éducatives (case 3) et une hiérarchisation de ces différences permet de préférer certaines conditions de développement à d'autres (case 2).

Toutefois, en raison de la complexité imposée par la prise en compte simultanée de chacune de ces composantes, la plupart des recherches ne prennent pas en compte les quatre cases conjointement mais seulement l'une d'entre elles.

Le panorama qui suit illustre cette situation. Depuis les recherches de Jean Piaget, perçues comme une proposition de conception universelle de l'intelligence, jusqu'aux développements de l'anthropologie cognitive, le débat actuel prend la forme d'un affrontement entre « cognitivistes », pour lesquels les représentations mentales préexistent aux acquisitions, et « socioconstructivistes » qui privilégient les objets de l'environnement et la communication interpersonnelle dans le développement de l'intelligence.

Années 1960-1980 : Piaget relativisé

En 1966, Jean Piaget [5] avait différencié quatre facteurs pouvant influencer le développement intellectuel. Informé de l'hypothèse formulée par les anthropologues d'un effet possible des contextes culturels sur le développement des affects, le souci de l'auteur était de cerner les causes « internes » et « externes » du développement intellectuel. Ces quatre facteurs sont : (1) les facteurs biologiques ou de maturation ; (2) les facteurs d'équilibration ou d'autorégulation liés à l'action ; (3) les facteurs sociaux de coordination interindividuelle ou d'interactions sociales ; (4) les facteurs éducatifs et culturels.

[5] J. Piaget, « Nécessité et signification des recherches comparatives en psychologie génétique », *Journal international de psychologie*, vol. 1, 1966.

Les tensions de l'interculturel

	Accent mis sur les différences de cultures (Etude de la diversité)	**Accent mis sur la rencontre de cultures (Etude du contact)**
Accent mis sur la variété (Norme relativiste)	1 Valorisation des identités culturelles originales	3 Respect de la valeur et de la diversité des cultures
Accent mis sur l'unité (Norme universaliste)	2 Hiérarchisation des productions culturelles sur une échelle de valeurs	4 Valorisation de la rencontre des cultures vers une culture mondiale

J. Piaget ne s'était intéressé qu'aux deux premiers facteurs, laissant de côté, dans sa modélisation des stades du développement qu'il estimait être identiques pour tous les enfants, les facteurs sociaux et culturels. Pour lui, seul le dernier groupe aurait pu avoir un effet de différenciation du développement cognitif. Il avait d'ailleurs émis le souhait que les études comparatives (il y en avait peu en 1966) se multiplient.

Dix ans plus tard, Jacques Lautrey et Hector Rodriguez-Tomé [6] proposent un premier bilan des études interculturelles disponibles, relatives au développement de la notion de conservation. Malgré d'importants problèmes méthodologiques, ces études étaient classées en deux catégories. Certaines recherches confirmaient la théorie piagétienne, d'autres pas.

[6] J. Lautrey et H. Rodriguez-Tomé, « Etudes interculturelles de la notion de conservation » *in* M. Reuchlin (dir.), *Cultures et conduites*, Puf, 1976.

Dans certains cas, les chercheurs ne retrouvaient pas l'ordre des stades défini par J. Piaget, dans d'autres, ils ne trouvaient pas de conservation, dans d'autres encore, ils ne trouvaient qu'une pseudo-conservation. Ces résultats apparaissaient incompatibles avec le modèle piagétien, faisant dire aux auteurs qu'il conviendrait d'« *essayer d'observer la genèse de la pensée telle qu'elle se manifeste dans ces groupes culturels* ».

Mais ce projet est-il réalisable ? La psychologie elle-même n'est-elle pas une manière particulière, culturelle, de penser l'esprit, comme l'a affirmé le psychologue américain Jerome Bruner [7] ?

[7] J. Bruner, *Culture et modes de pensée. L'esprit humain dans ses œuvres*, 1re éd. anglaise, 1986, rééd. Retz, 2000.

Examinons deux tentatives de le faire.

Années 1980 : l'intelligence des Baoulés

Au milieu des années 1980, Pierre Dasen et ses collaborateurs ivoiriens [8] réalisent une recherche dont l'objectif est de définir l'intelligence du point de vue africain et de la comparer avec l'intelligence piagétienne. Pour y parvenir, ils élaborent une méthodologie originale en trois étapes :

[8] P. Dasen, D. Barthélémy, E. Kan, K. Kouamé, K. Daouda, K. Adjéi et N. Assandé, « *N'glouélê*, l'intelligence chez les Baoulés », *Archives de psychologie*, vol. 53, 1985.

– interroger des adultes baoulés d'un village de Côte-d'Ivoire sur leur définition du *n'glouélê* (intelligence) ;

– leur demander d'évaluer le niveau de *n'glouélê* de leurs enfants âgés de 8-9 ans en utilisant les critères baoulés ;

– comparer le niveau de *n'glouélê* de ces enfants avec leurs performances à des tests occidentaux.

A partir des entretiens réalisés avec les adultes, les auteurs parviennent à une définition de l'intelligence des Baoulés composée de deux dimensions principales : d'une part, une dimension sociale composée de la serviabilité, de l'obéissance et du respect, de l'aisance verbale, de la responsabilité ; d'autre part une dimension individuelle composée de l'attention, des savoirs scolaires, de l'habileté manuelle et de la mémoire.

Les résultats indiquent que la serviabilité (« aider ses parents au lieu de jouer ») et l'obéissance et le respect (« ne pas regarder un adulte dans les yeux ») représentent la majorité des évocations. « *Il s'agit donc là*, concluent les auteurs, *de la dimension la plus importante du concept d'intelligence chez les Baoulés : une dimension profondément sociale.* » La dimension cognitive individuelle, apparemment similaire à la conception euro-américaine, si elle n'était pas négligeable, restait cependant très secondaire. A noter que pour obtenir ensuite une évaluation du niveau de *n'glouélê* des enfants par les adultes ivoiriens, les chercheurs ont dû ruser car les Baoulés répugnent à juger un enfant, au risque d'attirer un mauvais sort sur lui...

La comparaison, grâce à la technique des corrélations, du niveau de *n'glouélê* des enfants et de leurs résultats à des tests occidentaux tendait à indiquer que les deux évaluations portaient sur des dimensions distinctes. « *Dans l'ensemble, on peut dire que le* n'glouélê *et ses différents aspects semblent bien signifier autre chose pour les Baoulés que l'intelligence opératoire.* » Les auteurs soulignaient l'importance de la dimension sociale dans la définition de l'intelligence africaine. Les aptitudes individuelles n'en font partie que dans la mesure où elles servent aussi un but social.

Cet exemple illustre l'ambivalence de la comparaison interculturelle. Dans une perspective de connaissance scientifique générale, on ne voit pas bien la psychologie euro-américaine élaborer une échelle d'évaluation de la serviabilité et du respect pour tester une intelligence particulière aux cultures africaines !

Gagner à l'awélé : une compétence sociale

Dans les années 1990, une recherche est menée par David Lancy **[9]** qui constate que les enfants kpelle du Liberia présentent des performances différentes, sinon inférieures, à celles des Occidentaux. L'un des problèmes majeurs est que les tâches utilisées pour évaluer

[9] D. Lancy, *Playing on the Mother-ground. Cultural routines for children's development*, The Guilford Press, 1996.

ces enfants viennent de la « réalité » américaine. D. Lancy décide donc d'utiliser aussi des tâches issues de la « réalité » kpelle. Parmi celles-ci, il analyse les jeux, qui, selon lui, « encapsulent » des pans importants de la culture. Les jeux suscitent en effet le développement linguistique, cognitif, affectif et social, sur un mode ludique et motivant. La recherche porte ainsi sur des contextes informels d'activités (et non pas formels, comme l'école par exemple). Parmi les jeux étudiés par l'auteur, il y a le *malaŋ*. Le jeu du *malaŋ* est la version kpelle d'un jeu décrit comme le jeu « national » de l'Afrique, dénommé *awélé* chez les Baoulés de Côte-d'Ivoire. Il s'agit de semer des graines dans des cases creusées dans un plateau en bois. Le but du jeu est de récolter le maximum de graines selon des règles portant sur la répartition numérique des graines dans les cases.

Pour gagner, il faut élaborer à l'avance une stratégie propre de déplacement des graines en respectant certaines règles et en anticipant les stratégies de l'adversaire. La compétence à anticiper une grande variété de configurations possibles requiert une sorte de carte mentale changeante qui fait appel à des compétences de type logico-mathématique.

Lorsque D. Lancy demande à son informateur kpelle pourquoi un jeune garçon doit apprendre à jouer au *malaŋ* (seuls les garçons ont le droit d'y jouer !), la réponse est : « *Pour apprendre le respect dû aux aînés.* » Il s'agit donc à nouveau de valoriser une compétence sociale et non, comme on aurait pu s'y attendre d'un point de vue occidental, une compétence cognitive individuelle de compétition et d'élaboration des meilleures stratégies. Le raisonnement kpelle est le suivant : il n'est pas facile d'apprendre à bien jouer au *malaŋ*. Comme un jeune garçon est souvent battu par son aîné ou réprimandé pour son jeu complètement stupide, il doit apprendre à « respecter » celui qui joue mieux que lui. Savoir jouer au *malaŋ* apparaît alors comme l'une des compétences « normales » que tout homme doit développer et on ne peut pas dire qu'y parvenir n'est pas un acte d'intelligence. D. Lancy affirme d'ailleurs avoir très souvent perdu face à des hommes qualifiés habituellement d'illettrés...

Deux conceptions opposées de la culture

De nos jours, l'étude des relations entre l'intelligence et la culture est envisagée selon deux perspectives principales : le cognitivisme* et le socioconstructivisme*. Ces deux courants s'appuient sur des définitions différentes de la culture ainsi que sur des définitions distinctes de la cognition.

Selon l'anthropologue Denys Cuche, deux définitions de la culture coexistent aujourd'hui. La première, la plus répandue, semble être une conséquence des recherches réalisées par les ethnologues qui la voient comme un « système » ou un « tout cohérent » relativement indépendant des individus, mais qui détermine leurs comportements. La culture est alors « *le patrimoine et l'héritage d'objets, de modes de pensée et de comportements qui donnent son identité à un groupe humain, et à ses membres* [10] ». En conséquence, la culture préexiste aux individus qui la reçoivent et s'en imprègnent. De nombreuses métaphores de la vie quotidienne reflètent cette définition d'une culture existant « là », quelque part dans notre environnement. Nous en serions les « porteurs » ou nous baignerions dedans...

[10] D. Cuche, « Nouveaux regards sur la culture : l'évolution d'une notion en anthropologie » *in* N. Journet (dir.), *La Culture. De l'universel au particulier*, Sciences Humaines Editions, 2002.

Une seconde définition consiste à concevoir la culture comme un produit des relations sociales que des individus entretiennent ensemble. Le schéma précédent se trouve inversé : une culture n'apparaît pas comme une « chose » stable et concrète. Elle ne préexiste pas aux individus. « *Ce sont les individus qui la produisent collectivement, qui organisent symboliquement leur existence* [11]. »

[11] *Ibid.*

Tout individu peut alors relever de groupes culturels différents (familial, religieux, professionnel, etc.) et de niveaux différents (local, national, universel, etc.). La culture devient ainsi un ensemble dynamique, aux frontières mouvantes et floues, car elle consiste en (ré) interprétations permanentes d'un « modèle » ou, selon l'expression d'Ignace Meyerson, d'« *œuvres* » humaines.

Représentations mentales et contextes culturels

Des travaux récents permettent d'illustrer les débats qui animent actuellement la psychologie de l'intelligence lorsqu'elle tente de prendre en compte la culture. Étudiant l'acquisition d'un savoir scientifique (la forme de la Terre), Stella Vosniadou [12] fonde ses recherches sur le postulat cognitiviste de l'existence de représentations mentales. Les réponses d'enfants d'âge scolaire à une série de questions orales, associées à la réalisation de dessins ou de modèles en pâte à modeler, permettraient de connaître ces représentations. Ainsi, des enfants qui ont été informés par les médias des connaissances relatives à la forme de la Terre affirment spontanément que celle-ci est ronde et qu'elle tourne autour du Soleil. Cependant, cela ne signifie pas pour autant qu'ils ont compris toutes les conséquences de ces caractéristiques. Jusqu'à 8-9 ans, ils affirment aussi que la Terre, tout en étant ronde, a un bord dont on peut tomber. *« Étant donné l'importance de l'information concernant une Terre sphérique donnée aux enfants de nos cultures, pourquoi les enfants ont-ils autant de difficultés à en élaborer le modèle culturellement accepté ? »*, se demande l'auteure. Son hypothèse est que les enfants conçoivent spontanément la Terre comme un objet physique et non comme un objet céleste, du fait d'une physique naïve spontanée et innée.

[12] S. Vosniadou, « Universal and culture-specific properties of children's mental models of the earth » *in* L. Hirschfeld et S. Gelman (eds), *Mapping the Mind : Domain-specificity in cognition and culture*, Cambridge University Press, 1994.

Des recherches interculturelles, réalisées aux Etats-Unis, à Samoa, en Grèce et en Inde, auprès d'enfants d'âges différents, ont permis d'identifier une série de modèles mentaux de la Terre. Indépendamment de toute information communiquée par les médias un modèle initial consiste en une Terre plate – un rectangle ou un cercle – supportée par quelque chose (sinon elle tomberait) et sur laquelle les gens vivent (et non pas en dessous). D'autres modèles sont qualifiés de modèles syncrétiques, car ils seraient une conciliation par les enfants de leurs savoirs initiaux (Terre plate) et des informations scientifiques véhiculées par les médias (Terre sphérique). Il s'agit des modèles de Terre double (l'une, ronde, est au ciel, l'autre, plate, on est dessus), de Terre creuse (on vit dedans) et de Terre aplatie (on vit dessus). L'acquisition du modèle scientifique de la Terre ne consisterait pas alors en un simple enrichissement de savoirs initiaux, mais en l'abandon de ces représentations remplacées par des connaissances radicalement nouvelles et particulièrement contre-intuitives.

La culture comme un patrimoine hérité

En ce qui concerne les modèles initiaux, seuls les enfants de culture indienne pensent que la Terre est supportée par de l'eau et non par de la matière. Les enfants des îles Samoa sont les seuls à produire un modèle en anneau, c'est-à-dire une Terre ayant la forme d'une couronne. Ce modèle serait lié au mode d'organisation sociale « en cercle » de la société samoane : îles, villages, maisons, réunions des hommes prennent effectivement une forme circulaire. Selon cette étude, malgré ces différences culturelles, tous les modèles initiaux apparaissent cohérents avec deux savoirs précoces mis en évidence chez les nourrissons : la notion de gravité et la nécessité d'un support *(voir page 73)*. Les modèles syncrétiques, quant à eux, apparaissent cohérents et concilient le caractère sphérique de la Terre, transmis et diffusé par les médias, avec les deux présupposés initiaux que sont la gravité et l'horizontalité. Cependant, ces modèles initiaux et syncrétiques présentent des différences liées aux contextes culturels : « *Les enfants américains préfèrent le modèle de Terre double qui n'est pas observé dans les autres groupes culturels. Les enfants grecs préfèrent le modèle de Terre creuse, alors que les enfants indiens conçoivent la Terre comme un disque plat supporté par un océan ou bien par de l'eau. L'anneau apparaît être le modèle favori des enfants samoans.* »

On constate que la perspective adoptée par S. Vosniadou s'appuie sur le premier modèle de la culture, décrit plus haut : celui d'une culture comme un patrimoine préexistant aux individus.

La culture comme un produit de la communication

Dans une perspective dite socioconstructiviste, Jan Schoultz, Roger Säljö et Jan Wyndhamn proposent une critique des travaux de S. Vosniadou. Ils opposent à sa conception « internaliste » de l'intelligence, une conception « externaliste » : « *Au lieu de concevoir les connaissances comme l'expression manifeste de modèles mentaux sous-jacents, les réponses des enfants aux questions posées dans les études devraient être conçues comme étant "situées" et dépendantes des "outils" disponibles en tant que moyens pour raisonner* [13]. » Pour

[13] J. Schoultz, R. Säljö et J. Wyndhamn, « Heavenly talk : Discourse, artifacts, and children's understanding of elementary astronomy », *Human Development*, vol. 44, 2001.

ces auteurs, les recherches classiques relatives à l'acquisition de concepts scientifiques relèvent aussi bien de modèles structuralistes, comme celui de Piaget, que fonctionnalistes, comme la conception de S. Vosniadou. Si le structuralisme met l'accent sur l'organisation de la pensée conceptuelle (en l'occurrence, pour Piaget, de « structures d'opérations logiques »), le fonctionnalisme s'intéresse essentiellement au rôle que cette pensée joue pour l'organisme et non à son organisation. S. Vosniadou considère ainsi que les « modèles mentaux » relatifs à un domaine conceptuel spécifique sont une réponse que notre espèce se donne face aux problèmes d'adaptation.

Une autre perspective, qualifiée de phénoménologique, met en cause l'idée selon laquelle l'esprit « fabriquerait » des représentations du monde, en tant qu'entités indépendantes et accessibles à l'analyse. Cette perspective s'intéresse alors aux expressions par quelqu'un de son expérience du réel comme voie d'accès à la conscience. C'est alors la seconde définition de la culture qui est en jeu : la culture comme un produit de la communication entre individus.

Dans la recherche de Schoultz *et alii*, un globe terrestre est placé en face de l'enfant et on lui demande s'il connaît cet objet. L'entretien qui suit est de type semi-directif, suivant le modèle de la méthode clinique piagétienne. La population est composée d'enfants suédois d'âge scolaire. Les résultats apparaissent très différents de ceux de S. Vosniadou. « *Avec un globe comme élément concret de référence pour l'interaction, nous observons que tous les enfants savent qu'il s'agit d'une représentation de la Terre. Ils estiment tout à fait naturel que les gens vivent dans l'hémisphère sud sans tomber* **[14]**. » L'une des raisons qu'il est possible d'invoquer pour expliquer les différences de résultats entre les deux études est que « *les enfants suédois sont beaucoup plus informés que ceux des pays où les autres études ont été réalisées* ». Les auteurs réfutent toutefois cette hypothèse pour lui préférer une conception discursive et située de la connaissance, en tant qu'activité dépendante d'outils culturels, et l'affirmation d'une transmission culturelle « directe ».

[14] *Ibid.*

Ces différences entre deux courants psychologiques – cognitivisme et socioconstructivisme – mettent l'accent sur une divergence majeure entre les points de vue actuels sur la culture et la cognition.

Les perspectives cognitivistes (ou évolutionnistes) partent du postulat de représentations mentales « internes » préexistant à l'acquisition de connaissances, alors que pour le socioconstructivisme, la démarche est centrée sur les contextes « externes » d'interactions sociales et les objets ou artefacts qui médiatisent le rapport au réel. Ces débats théorique **[15]** – qui sont loin d'être clos – soulignent les enjeux des recherches interculturelles et confirment la difficulté qu'elles peuvent rencontrer lorsqu'il s'agit d'évaluer, à l'heure de la mondialisation, l'intelligence de tous les enfants du monde...

[15] B. Troadec et C. Martinot, *Le Développement cognitif. Théories actuelles de la pensée en contextes*, Belin, 2003.

Bertrand Troadec est maître de conférences à l'université de Toulouse-Le Mirail. Il est notamment l'auteur de *Psychologie du développement cognitif*, Armand Colin, 1998, de *Psychologie culturelle du développement*, Armand Colin, 1999 et, avec C. Martinot, de *Le Développement cognitif. Théories actuelles de la pensée en contextes*, Belin, 2003.

Pour conclure…

Jacques Lautrey

Les recherches sur l'intelligence, récemment stimulées par le développement des sciences cognitives, font preuve d'un grand dynamisme. Comment résumer les avancées les plus récentes ? Quelles conséquences engendrent-elles sur nos conceptions de l'intelligence et pour la pratique des psychologues ? Synthèse éclairée de Jacques Lautrey.

Quoi de neuf sur l'intelligence de l'enfant ?

L'année 2005 est celle du centenaire de la publication de la première version de l'échelle métrique qu'Alfred Binet et Théodore Simon ont mise au point pour évaluer le développement de l'intelligence chez l'enfant. Pour célébrer ce centenaire, la Fédération française des psychologues et de psychologie a organisé un congrès international intitulé « L'intelligence de l'enfant : cent ans après Binet » qui s'est tenu à Paris en octobre 2005 et visait à faire le point sur l'état actuel des connaissances sur l'intelligence de l'enfant.

Cent ans après Binet, donc, quelles sont les lignes de force qui sous-tendent l'évolution des idées sur l'intelligence de l'enfant ? La synthèse qui suit est articulée autour de quelques évolutions majeures dans les idées sur l'intelligence qui se sont dégagées des différentes approches représentées dans ce congrès.

I. Des processus supérieurs aux processus exécutifs

Alfred Binet avait très tôt (1895) affirmé que la mesure de l'intelligence devait s'appuyer sur les différences d'efficience des processus supérieurs qui lui paraissaient sous-tendre l'intelligence, tels la mémoire, l'imagination, l'attention, la faculté de comprendre. Si Binet a varié dans la liste de ces processus – il ajoute en 1905 le bon sens, le sens pratique, l'initiative, la faculté de s'adapter, puis il cite en 1909 la compréhension, l'invention, la direction, la censure –, il n'a par contre jamais varié dans l'idée que l'explication des différences intellectuelles devait être recherchée à ce niveau. Aujourd'hui, les processus supérieurs sont devenus les processus exécutifs, ceux qui se trouvent au sommet d'une organisation hiérarchique du fonctionnement cognitif et assurent le contrôle des autres processus cognitifs. Selon les cadres théoriques de référence, il s'agit des processus responsables de la capacité de la mémoire de travail, de la capacité attentionnelle, de la puissance mentale, ou de la métacognition*. Une nette convergence sur ce point se manifeste aujourd'hui dans les recherches.

Dans la perspective développementale, les théories néopiagétiennes, qui tentent de concilier les théories de Piaget avec les développements de la psychologie cognitive, ont en commun de lier le développement cognitif à l'accroissement d'une capacité cognitive centrale. On retrouve cette idée de ressource centrale limitée, dont la capacité s'accroît avec le développement, dans les travaux de Juan Pascual-Leone (université de Toronto) ou d'Anik de Ribaupierre (université de Genève) [1]. Pour les uns, cette ressource centrale correspond à l'empan de la mémoire de travail (dans la théorie de Robbie Case), ou au niveau optimal dans la théorie de Kurt Fischer.

[1] Une vue d'ensemble de ce courant de recherche peut être trouvée dans un ouvrage collectif : A. Demetriou, M. Shayer, A. Efklides, *The Neo-Piagetian Theories of Cognitive Development: Toward an integration*, Routledge, 1988 et dans une discussion critique de son évolution plus récente : A. de Ribaupierre, « Les modèles néo-piagétiens : quoi de nouveau ? », *Psychologie française*, vol. 42, 1997.

La neuropsychologie du développement, quant à elle, met l'accent sur le rôle des processus exécutifs responsables de l'activation et de l'inhibition dont le siège est situé dans les aires du cortex préfrontal *(voir page 43)*. Les travaux d'imagerie cérébrale vont dans le même sens en montrant que ce sont principalement les aires du cortex préfrontal qui sont activées lorsque des sujets résolvent des tests évaluant le facteur général d'intelligence fluide [3] (c'est-à-dire en gros la capacité de raisonnement (*voir page 193*).

Dans l'approche expérimentale et la psychologie différentielle, les travaux sur la mémoire de travail* présentés par Thierry Lecerf (université de Genève) montrent que celle-ci explique une grande partie de la variance du facteur d'intelligence fluide. Pour certains auteurs [4], la mémoire de travail (MT) correspond aux éléments activés de la mémoire à long terme et son empan renseigne sur la capacité attentionnelle maximale susceptible d'être mise en œuvre.

[3] J. Duncan *et al.*, « A neural basis for general intelligence », *Science*, vol. 289, 2000.

[4] A.Conway *et al.*, « A latent variable analysis of working memory capacity, short-term memory capacity, processing speed, and general fluid intelligence », *Intelligence*, vol. 30, 2002 ; R.W. Engle *et al.*, « Working memory, short-term memory and general fluid intelligence: A latent variable approach », *Journal of Experimental Psychology: General*, vol. 128, 1999.

Un chef d'orchestre pour l'intelligence ?

Au vu de ces travaux, on peut être tenté de considérer que l'explication de l'intelligence, du moins de l'intelligence fluide, réside dans la capacité de la mémoire de travail. Pourtant, dès que l'on commence à analyser plus avant les processus en jeu dans la mémoire de travail, on est amené à distinguer, par exemple, les processus de commutation, de mise à jour, et d'inhibition [5]. Or, les corrélations entre ces différents processus ne sont pas très fortes. De même faut-il faire des distinctions entre l'efficience dans les épreuves de MT verbale, de MT spatiale, et de MT numérique [6].

L'analyse factorielle d'un ensemble de tâches cernant les différents processus et les différents contenus de la MT fait apparaître une structure factorielle hiérarchique très similaire à celle qu'on obtient pour les tests d'intelligence, avec un facteur général de MT et des facteurs de groupe. Et c'est en fait le facteur général de mémoire de travail qui corrèle fortement avec le facteur général d'intelligence [7]. A-t-on dès lors beaucoup avancé en remplaçant un concept aussi global que celui d'intelligence par un concept aussi global que celui de mémoire de travail ? L'avenir le dira. La progression ne se confirmera que si on se montre capable de modéliser la façon dont les différents processus en jeu dans la mémoire de travail s'orchestrent pour rendre compte de la performance globale. Dans l'état actuel de l'art, on sait évaluer directement la performance globale, on sait aussi isoler les processus plus élémentaires qui interviennent dans cette performance globale, mais on ne sait pas modéliser la façon dont tous ces processus s'assemblent pour aboutir à cette per-

[5] A. Miyake *et al.*, « The unity and diversity of executive functions and their contributions to complex "frontal lobe" tasks: A latent variable analysis », *Cognitive Psychology*, vol. 41, 2000.

[6] N.J. Mackintosh, E.S. Bennett, « The fractionation of working memory maps onto different components of intelligence », *Intelligence*, vol. 31, 2003.

[7] H.-M. Süss *et al.*, « Working memory capacity explains reasoning ability – and a little bit more », *Intelligence*, vol. 30, 2002.

formance globale. On oscille donc entre une approche globale et une approche élémentiste, sans savoir comment les relier car sans doute faudrait-il avoir d'autres modèles du fonctionnement cognitif, plus systémiques, pour pouvoir articuler ces deux vues partielles. David Wechsler disait que l'intelligence est dans l'orchestration ; or, pour filer la métaphore, nous savons comment marche chacun des instruments, considéré isolément, et nous savons apprécier si le produit global du jeu de l'orchestre est plus ou moins harmonieux, mais nous ne comprenons pas comment se fait l'orchestration dans un système qui ne comporte pas de chef d'orchestre. Le point suivant suggère peut-être quelques pistes.

II. L'intelligence, un processus dynamique

Les modèles de l'intelligence ont longtemps été statiques. C'est le cas de la structure factorielle de l'intelligence *(voir page 192)*. C'est aussi le cas des structures opératoires dans la théorie de Piaget. Dans ce modèle, l'équilibration avait pour fonction de rendre compte de la dynamique de la construction cognitive, mais il n'apportait pas de modélisation testable des transitions entre les différents états décrits par les structures opératoires.

Une évolution notable dans le champ du développement cognitif est la montée en puissance d'approches qui visent à modéliser la dynamique du changement développemental et qui incluent donc la flèche du temps dans leur formalisation. C'est en particulier le cas des modèles connexionnistes* et des modèles de systèmes dynamiques non linéaires. Les uns et les autres donnent une large place aux mécanismes d'auto-organisation dans l'explication du développement cognitif [8]. Quel est l'intérêt de ces approches ? L'un des apports est évidemment de permettre de simuler le processus de changement lui-même. Ces simulations fonctionnent par itérations : à chaque pas, l'état du système est calculé en fonction de son état au pas précédent. La flèche du temps est ainsi incluse dans le modèle. Les possibilités d'expérimentation virtuelle qu'offre la simulation sont aussi appréciables. Par exemple, ce que peut apprendre un réseau connexionniste dépend de sa structure initiale, c'est-à-dire du nombre d'unités d'entrée, du nombre d'unités de sortie, du nombre d'unités dans la couche interne, de l'architecture des connexions entre ces unités, des algorithmes de propagation de l'activation entre ces unités, etc. Les méthodes de simulation permettent de jouer sur tous ces paramètres pour en voir les conséquences sur le développement. Elles permettent ainsi d'expérimenter, par exemple, sur les conséquences de telle ou telle modification de l'état initial pour le développement ultérieur. C'est en ce sens que, pour reprendre le titre de l'ouvrage *Rethinking Innateness*, la simulation offre une voie intéressante pour « repenser l'innéité ».

[8] Deux ouvrages ont particulièrement cristallisé et théorisé ces évolutions. Pour la modélisation connexionniste du développement : J.L. Elman *et al.*, *Rethinking Innateness: A connectionist perspective on development*, MIT Press, 1996 ; pour l'approche des systèmes dynamiques : E. Thelen, L.B. Smith, *A Dynamic Systems Approach to the Development of Cognition and Action*, MIT Press, 1994. La vitalité de ces courants de recherche est attestée par la publication en 2003 d'un numéro spécial de la revue *Developmental Science* qui leur était consacré.

Compétitions neuronales

C'est dans cet esprit qu'Annette Karmiloff-Smith *(voir page 95)*, une des cosignataires de cet ouvrage, s'est appuyée sur la modélisation connexionniste pour repenser la modularité* de l'esprit. Selon elle, il n'est pas nécessaire que des réseaux neuronaux soient déjà spécifiques à certains domaines de connaissance à la naissance pour pouvoir expliquer l'existence de modules spécialisés à l'état adulte. Il suffit que les réseaux neuronaux aient une architecture appropriée aux caractéristiques de l'information relative à un domaine pour qu'ils l'emportent dans la compétition avec d'autres réseaux neuronaux pour prendre ce domaine en charge. Mais si le réseau neuronal le plus approprié à un domaine de connaissance n'est pas suffisamment fonctionnel, d'autres moins appropriés peuvent y suppléer, même s'ils remplissent moins bien la même fonction. Si cette hypothèse est exacte, la dynamique de ces suppléances doit avoir pour conséquence que les pathologies entraînées par la lésion d'un réseau neuronal chez le bébé ou chez le jeune enfant ne sont pas de même nature que les pathologies entraînées par la même lésion chez l'adulte.

A. Karmiloff-Smith a étayé ce point de vue en donnant plusieurs exemples d'études dans lesquelles elle a pu montrer que chez des enfants dont certains réseaux neuronaux présentent des altérations d'origine génétique, l'information habituellement traitée par ces réseaux est prise en charge par d'autres processus. Par exemple, les enfants qui présentent le syndrome de Williams *(voir page 202)*, une pathologie d'origine génétique dans laquelle le traitement du langage est relativement préservé alors que le traitement de l'information spatiale est très déficitaire, parviennent pourtant à construire – avec retard – la notion de cardinalité du nombre mais en s'appuyant pour cela sur le langage là où les autres enfants s'appuient sur un traitement visuo-spatial des objets à dénombrer [9].

[9] D. Ansari *et al.*, « What makes counting count ? Verbal and visuo-spatial contributions to typical and atypical number development », *Journal of Experimental Child Psychology*, vol. 85, 2003.

On reproche parfois à l'approche connexionniste du développement de ne modéliser que de petites tâches spécifiques, comme la tâche de la balance ou la conjugaison des verbes au passé, mais d'échouer à rendre compte de caractéristiques générales du développement qui soient transversales aux différentes tâches et domaines (comme le facteur général d'intelligence par exemple).

Ulman Lindenberger et Shu-Chen Li (Institut Max-Planck de Berlin pour le développement humain) apportent un contre-exemple à cette critique. Ces chercheurs proposent un modèle connexionniste qui simule un certain nombre de caractéristiques générales du vieillissement cognitif : baisse moyenne des performances cognitives, dédifférenciation des aptitudes (c'est-à-dire une augmentation des corrélations entre les performances dans les différentes tâches), et augmentation des différences individuelles. Pour simuler le vieillissement d'un réseau de neurones, ils ont simplement diminué le paramètre de gain, c'est-à-dire la pente de la fonction logistique qui, pour chaque neurone du réseau, relie le niveau d'activation reçu en entrée au niveau d'activation produit en sortie **[10]**. Lorsque la pente de cette fonction est élevée, de petites différences d'activation en entrée, autour de la zone du seuil de réaction du neurone, provoquent de grandes différences d'activation en sortie, ce qui permet des discriminations nettes entre les entrées. Lorsque la pente de cette fonction est plus réduite, les petites variations en entrée sont moins bien discriminées. En présentant diverses tâches d'apprentissage à deux groupes de réseaux neuronaux, l'un constitué de réseaux dits « jeunes » (paramètre de gain fixé à des valeurs hautes chez les différents individus) et l'autre de réseaux dits « vieux » (paramètre de gain fixé à des valeurs basses), Li et Lindenberger montrent que la manipulation de ce seul paramètre reproduit les trois effets observés dans le vieillissement cognitif humain : baisse du niveau moyen des performances, dédifférenciation des aptitudes et augmentation des différences individuelles. Reste bien sûr à interpréter ce paramètre, à trouver à quoi il peut correspondre dans les réseaux de neurones réels. L'hypothèse des auteurs est que cette diminution dans la pente de réaction de chacun des neurones du réseau pourrait correspondre à une baisse de la concentration en neurotransmetteurs dopaminergiques avec l'âge. Quelle que soit l'interprétation, le point intéressant dans ce type de modélisation est de montrer comment des propriétés générales du fonctionnement cognitif peuvent être distribuées sur l'ensemble du réseau.

[10] U. Lindenberger, S.-C. Li, Y. Brehmer, « La variabilité dans le vieillissement comportemental : conséquence et agent du changement ontogénétique » *in* J. Lautrey, B. Mazoyer, P. van Geert, *Invariants et variabilité*, Editions MSH, 2002.

Dynamiques et ajustements

Une autre manière de modéliser l'auto-organisation d'un système est l'approche des systèmes dynamiques. Dans ce type de modélisation, le comportement est vu comme le produit d'un assemblage souple de composantes dont l'interaction forme un système. Par rapport aux réseaux neuronaux, les composantes sont ici plus globales que les unités des réseaux de neurones et elles peuvent inclure aussi bien des caractéristiques corporelles, des caractéristiques de l'environnement que les processus neuronaux. Par exemple, la modélisation dynamique de l'apprentissage de la marche chez le bébé, telle qu'elle a été proposée par Esther Thelen, décrit l'évolution d'un système dans lequel interagissent par exemple le poids du corps, la nature de la surface sur laquelle évolue le bébé et les processus neuronaux assurant la coordination des mouvements. C'est tout cet ensemble qui constitue le système et qui contribue à son évolution. On a donc affaire à une conception en général plus contextualiste du fonctionnement cognitif qu'avec les modèles de réseaux neuronaux. Le temps est ici aussi une composante essentielle de la modélisation, puisque l'état de chacune des composantes au moment t est fonction de son état et de l'état de toutes les autres composantes à l'état t - 1 et influence ce que seront son état et celui de toutes les autres composantes à l'état t + 1, etc. Sans entrer davantage dans les caractéristiques de ce type de modèles, on peut souligner plus particulièrement deux de leurs apports à l'évolution des représentations du développement cognitif.

L'un est de contribuer à faire évoluer le statut épistémologique des variations en psychologie [11].Celles-ci ne sont pas considérées comme des bizarreries gênantes à neutraliser, mais comme la source même de la dynamique du système. Les variations intra-individuelles, les phases d'instabilité sont essentielles pour permettre aux composantes du système de se désassembler, de s'ajuster différemment. Les degrés de liberté qui existent dans les différentes composantes susceptibles de s'assembler pour remplir une fonction adaptative sont aussi à l'origine de variations interindividuelles dans les trajectoires conduisant à un même attracteur ou même dans le type d'attracteur vers lequel le système évolue. Par exemple, Esther Thelen cite le cas

[11] P. van Geert, M. van Dijk, « Focus on variability: New tools to study intra-individual variability in developmental data », *Journal of Infant Behavior and Development*, vol. 25, 2002.

d'un bébé élevé dans un appartement au parquet ciré particulièrement glissant, qui se déplaçait en position assise en poussant sur ses jambes et qui est passé directement de ce mode de déplacement à la marche debout sans être jamais passé par le stade de la marche à quatre pattes.

Un autre apport important est de mettre l'accent sur la dynamique que provoquent les interactions entre les différents processus de traitement d'une part et entre ces processus de traitement et les éléments du contexte d'autre part. Pour illustrer cet aspect des modèles dynamiques, Paul van Geert a fait quelques démonstrations, au cours de ce congrès, de la simulation sur ordinateur des effets de la manipulation de différents paramètres sur la dynamique de la courbe de développement. Par exemple, la manipulation des poids respectifs de l'intelligence fluide* et de l'intelligence cristallisée* dans l'hypothèse d'une relation de support mutuel entre ces deux formes d'intelligence au cours du développement, ou encore la manipulation de l'écart entre le niveau de développement requis par l'enseignant et celui auquel se situe l'élève. Dans ce second exemple, les effets sur la courbe de développement faisaient clairement ressortir l'existence d'un optimum dans l'ampleur de cet écart, optimum qu'il était tentant d'assimiler à ce que Lev S. Vygotski appelait la zone proximale de développement* *(voir page 242)*.

III. La plasticité du système cognitif

Les marges de variation du système cognitif d'une personne ont longtemps été considérées comme assez rigidement déterminées par les contraintes qu'exercent les différents déterminants de l'organisation cérébrale, que ceux-ci soient d'ordre génétique ou neurobiologique. Un des enseignements que l'on a pu tirer du congrès sur l'intelligence de l'enfant est qu'on trouve à tous ces niveaux beaucoup plus de plasticité qu'on ne le pensait.

Recherche gène du QI désespérément

Le déterminisme le plus en amont du système cognitif est celui attribué au patrimoine génétique. Un point intéressant est le paradoxe apparent entre les résultats des recherches dans ce domaine. Michèle Carlier (université de Provence) donne plusieurs exemples de pathologies dans lesquelles une anomalie au niveau d'un seul gène peut affecter tout ou partie du fonctionnement cognitif, ce qui montre à l'évidence le rôle déterminant du génome dans la cognition. Par ailleurs, Pierre Roubertoux *(voir page 113)* indique que, jusqu'ici, on n'a pu trouver aucun gène spécifiquement associé aux différences de QI dans la marge de variation normale. Ce dernier résultat ne pouvant évidemment pas être interprété comme une absence d'implication des gènes dans la cognition, il suggère que c'est au niveau du système génétique qu'il faut chercher l'influence exercée par le patrimoine génétique sur des indicateurs aussi globaux que le QI. Pour faire ressortir le caractère systémique des mécanismes génétiques, P. Roubertoux montre que, d'une part, l'expression d'un gène dépend des interactions qu'il entretient avec les autres gènes (épistasie), d'autre part, l'expression d'un gène est aussi fonction des caractéristiques de l'environnement dans lequel il se trouve.

Autrement dit, les gènes sont certes invariants, mais l'expression de chacun d'entre eux est fonction de l'environnement dans lequel il se trouve, le terme « environnement » étant ici pris au sens large et incluant à la fois les produits des autres gènes (types de protéines) et les milieux plus ou moins distants dans lesquels le gène s'exprime.

Ces deux propriétés font que l'expression des gènes est le produit d'un système dont la plasticité a été sous-estimée.

Plasticité à tous les étages…

L'architecture neuronale est, elle aussi, plus plastique qu'on ne le pensait. Les réseaux neuronaux qui traitent les visages sont en place dès l'âge de trois mois. Bien qu'ils ne soient pas spécialisés au départ dans la reconnaissance de tel ou tel type de visage (par exemple asiatique ou caucasien), ces réseaux se spécialisent rapidement par un phénomène de restriction. Les connexions neuronales qui sont régulièrement sollicitées se maintiennent, tandis que celles qui ne le sont pas disparaissent. Ainsi, la capacité de faire des distinctions fines dans la reconnaissance d'un certain type de visage (par exemple le type de visage caucasien pour les enfants européens) s'accompagne de la disparition de la capacité de faire des distinctions équivalentes dans le type de visage auquel les enfants ne sont pas exposés (visages asiatiques dans cet exemple). Ce phénomène de restriction est déjà sensible à trois mois, mais à cet âge il est encore réversible si l'enfant est exposé régulièrement à un autre type de visage que celui auquel il a été habitué. Par contre, après trois ans, il n'est pratiquement plus réversible. C'est du moins ce que l'on a longtemps pensé, mais on a récemment trouvé un renversement des effets chez des enfants qui avaient été adoptés après 5 ans, ce qui tend à montrer que la plasticité neuronale est plus importante qu'on ne le pensait.

Les cas de réorganisation des circuits neuronaux après des lésions ou du fait d'un exercice intensif vont dans le même sens. Les méthodes d'imagerie cérébrale ont permis de voir, par exemple, que les aires motrices correspondant aux doigts de la main gauche sont beaucoup plus étendues chez les violonistes professionnels que chez des violonistes amateurs, ou que les aires normalement dévolues à la mémoire épisodique sont recrutées par l'activité de calcul mental chez un calculateur prodige **[12]**. On a aussi longtemps pensé que l'adulte ne fabriquait plus de nouveaux neurones. Or, l'existence d'une neurogenèse dans le cerveau adulte du primate a été récemment prouvée et ce phénomène a aussi été démontré chez l'homme par la culture de cellules pluripotentes prélevées dans plusieurs régions du cerveau.

[12] M. Pesenti *et al.*, « Mental calculation in a prodigy is sustained by right prefrontal and medial temporal areas », *Nature Neuroscience*, vol. 4 (1), 2001.

Bien que ces nouveaux neurones soient peu nombreux chez l'adulte et que l'on connaisse encore mal leur fonction, ils pourraient jouer un rôle dans l'apprentissage et la mémoire en contribuant à moduler les circuits existants.

En résumé, la plasticité du comportement, qui est le meilleur indicateur de l'intelligence, implique la plasticité des processus cognitifs, qui elle-même implique la plasticité des réseaux neuronaux, qui elle-même implique une certaine plasticité de l'expression du système génétique... L'intelligence s'accommode mal de déterminismes aussi rigides que ceux que l'on a longtemps supposés s'exercer à ces différents niveaux *(voir page 122)*.

IV. Emotions, affects, personnalité...

La cognition a longtemps été considérée comme suffisamment autonome pour être étudiée indépendamment d'aspects plus « chauds » du fonctionnement psychique comme l'émotion, l'affectivité, la personnalité. Le dualisme cartésien, mais sans doute aussi, plus récemment, le rôle joué par la métaphore de l'ordinateur dans les débuts de la psychologie cognitive ont contribué à entretenir ce séparatisme. Sur ce point aussi, les idées ont évolué et les recherches qui tentent d'intégrer le chaud et le froid dans le fonctionnement cognitif sont de plus en plus nombreuses. Plusieurs communications ont traité de la façon dont l'émotion, l'affectivité ou la personnalité interviennent dans la cognition.

Dans le domaine de la neuropsychologie, la recherche sur les relations entre émotion et cognition a connu un regain d'intérêt dans la période récente, notamment avec les travaux d'Antonio Damasio **[13]**. On connaît mieux maintenant les aires cérébrales impliquées dans cette relation. Le cortex préfrontal ventromédian semble être le lieu privilégié de l'interface entre le système limbique, qui est le centre des émotions, et le cortex frontal dorsolatéral qui est impliqué dans les fonctions exécutives (mémoire de travail, gestion de l'attention, planification). Les études de cas de lésion du cortex préfrontal ventromédian chez l'adulte ont montré que ces lésions affectaient la planification et la décision, surtout dans les domaines que l'on peut qualifier de personnel et de social. Le raisonnement sur des questions abstraites ne semble pas touché mais les capacités à planifier son propre avenir et à se conduire en fonction des règles sociales sont gravement affectées. Deux enfants chez qui une lésion du cortex frontal ventromédian était survenue dans les premiers mois de la vie ont été suivis par Damasio. Les comportements observés quelques années après correspondaient d'assez près à ceux observés chez les adultes (impulsivité, absence d'anticipation des conséquences de ses propres actions, insensibilité aux punitions, comportements d'amassement, mais réussite scolaire plutôt normale).

[13] A. Damasio, *L'Erreur de Descartes*, Odile Jacob, 1995, rééd. 2001.

Par ailleurs, de nombreux travaux de psychanalystes et de psychologues mettent l'accent sur les relations entre affects et cognition. Le rôle des affects, des émotions, de l'estime de soi, de la personnalité n'est plus à démontrer dans les performances intellectuelles et scolaires par exemple *(voir page 163)*. On sait aussi aujourd'hui que la capacité à évaluer ses propres capacités cognitives (auto-évaluation) semble être le maillon intermédiaire dans la relation entre certains facteurs de la personnalité et la cognition. En résumé, le climat est manifestement au réchauffement de la cognition...

V. Unité ou pluralité de l'intelligence

Existe-t-il une intelligence ou des intelligences ? Ce débat a commencé, il y a bien longtemps, avec la controverse qui opposait Charles Spearman (1863-1945), partisan d'un facteur général de l'intelligence, à Leon L. Thurstone (1887-1955), partisan de facteurs multiples correspondant à des aptitudes primaires indépendantes. Il a fallu quelque temps avant de réaliser que ces deux modèles factoriels n'étaient pas incompatibles et pouvaient être intégrés dans un modèle hiérarchique comportant des facteurs de niveaux de généralité différents : des facteurs primaires corrélés entre eux, et des facteurs de niveau hiérarchique supérieur rendant compte de la corrélation entre les facteurs primaires. Néanmoins, la controverse a continué, car certains trouvaient trois étages et un seul facteur général (Burt et Vernon), tandis que d'autres trouvaient deux étages et plusieurs facteurs généraux (Cattell et Horn). Un accord assez large a finalement été trouvé autour du modèle de J.B. Carroll, qui est un modèle hiérarchique à trois étages et à un seul facteur général **[14]** *(voir pages 194-195)*.

[14] J.B. Carroll, *Human Cognitive Abilities: A survey of factor-analytic studies*, Cambridge University Press, 1993 ; J. Grégoire, *L'Examen clinique de l'intelligence de l'adulte*, Mardaga, 2004 ; M. Huteau, J. Lautrey, *Evaluer l'intelligence. Psychométrie cognitive*, Puf, rééd. 2003.

Dans l'analyse factorielle de tests d'intelligence les facteurs que l'on peut trouver dépendent de l'échantillonnage des tâches. Or comment être sûr que l'on a échantillonné toutes les activités intellectuelles possibles ? Le saut en hauteur en fait-il partie ? Les facteurs dépendent aussi de l'échantillonnage des sujets qui passent ces tests (par exemple, si les sujets sont de niveau trop homogène, on ne trouvera pas de facteur général). Ils dépendent enfin de la méthode d'analyse factorielle utilisée. La difficulté des psychologues à se mettre d'accord sur la structure factorielle de l'intelligence a tenu pour une bonne part au fait que les différentes études que l'on comparait portaient le plus souvent sur des échantillons de tests différents, passés par des échantillons de sujets différents et utilisaient des options différentes dans les méthodes d'analyse factorielle.

Le mérite de Carroll est d'avoir mis un peu d'homogénéité dans tout cela. Comme le rappelle Jacques Grégoire *(voir page 141)*, Carroll a fait un véritable travail de bénédictin en réanalysant toutes les analyses factorielles de tests publiées et utilisables dans la littérature, environ 460, en leur appliquant la même méthode d'analyse factorielle : analyse de premier ordre qui extrait des facteurs primaires corrélés entre eux, puis analyses d'ordre n + 1 pour extraire la variance correspondant à la corrélation entre les facteurs d'ordre n. L'examen des 460 analyses a permis d'identifier une quarantaine de facteurs de premier ordre, dont chaque étude n'avait évidemment échantillonné qu'une partie. Ensuite, Carroll a refait pour chacune de ces 460 études une analyse de second ordre pour extraire, au deuxième étage du modèle, les facteurs qui rendent compte des corrélations entre les facteurs primaires. A ce niveau, huit grands facteurs, également corrélés entre eux, suffisent pour rendre compte de l'ensemble des études réanalysées. Ils correspondent en gros aux facteurs généraux qu'avaient identifiés Horn et Cattell, les plus connus étant les facteurs d'intelligence fluide*, cristallisée*, visuo-spatiale, la mémoire, la vitesse cognitive. Enfin, une analyse de troisième ordre a permis d'extraire, au troisième étage, le ou les facteurs rendant compte de la part de variance commune aux huit facteurs de second ordre. Aucune des 460 réanalyses n'a abouti à plus d'un facteur général et ce facteur général correspond en gros à celui qu'avait extrait Spearman. Le modèle de Carroll est donc un modèle de synthèse, capable de rendre compte de l'ensemble des études réanalysées. La structure de l'intelligence qu'il définit est multidimensionnelle : elle comporte à la fois une dimension commune à toutes les activités intellectuelles analysées et des dimensions spécifiques à des formes d'intelligence différentes.

Une domination de l'intelligence scolaire ?

Si ce modèle fait actuellement consensus, c'est simplement parce qu'il repose sur l'échantillonnage le plus large dont on dispose (puisqu'il prend en compte l'ensemble des échantillons de tests et de sujets ayant jusqu'ici donné lieu à analyse factorielle) et qu'il leur applique une même méthode. Il minimise donc autant que faire se peut les facteurs de variation. Le problème est-il pour autant résolu sur le fond ? Evidemment non, puisque, en l'absence de théorie unifiée sur l'intelligence, nul ne peut assurer que toutes les situations qui devraient figurer dans une batterie de tests d'intelligence ont bien été échantillonnées.

Et c'est ainsi que le débat rebondit actuellement. Plusieurs auteurs défendent l'idée que les tests actuels d'intelligence ne mesurent qu'une des formes de l'activité intellectuelle, l'intelligence académique, celle qui est valorisée par le système scolaire. On connaît la théorie des intelligences multiples de Howard Gardner qui, à côté de l'intelligence logico-mathématique et de l'intelligence langagière, valorisées par l'école et évaluées par les tests d'intelligence, défend l'existence d'autres formes d'intelligence, par exemple musicale, kinesthésique, intrapersonnelle, interpersonnelle. La théorie triarchique de Robert Sternberg, de son côté, distingue trois formes d'intelligence, l'intelligence analytique, évaluée par les tests classiques, l'intelligence créative et l'intelligence pratique *(voir page 197)*. Aussi bien Gardner que Sternberg postulent que ces différentes formes d'intelligence sont indépendantes entre elles et indépendantes de l'intelligence évaluée par les tests psychométriques classiques. En d'autres termes, ils considèrent qu'une batterie de situations élargissant l'évaluation aux formes d'intelligence qu'ils distinguent n'admettrait pas de facteur général. Ces perspectives d'extension du concept d'intelligence sont intéressantes et stimulantes. Elles relancent le débat sur l'unicité ou la pluralité des intelligences à un moment où un relatif consensus a été trouvé concernant l'intelligence mesurée par les tests psychométriques classiques. Néanmoins, jusqu'ici, aucun résultat empirique solide n'est venu étayer l'hypothèse d'indépendance de ces différentes formes d'intelligence.

VI. Des tests dépassés ?

Depuis Binet, on le voit, les idées sur l'intelligence ont beaucoup évolué. Les théories factorielles, la théorie de Piaget et la psychologie cognitive ont chacune renouvelé assez profondément nos représentations de l'intelligence. Pourtant et paradoxalement, les *échelles de mesure de l'intelligence* ont très peu changé et, jusqu'assez récemment, elles sont restées bâties sur les mêmes principes que l'échelle métrique de Binet-Simon. Même si l'on prend en compte les modifications opérées par les échelles de Wechsler *(voir Points de repère p. 00)*, la séparation d'une sous-échelle verbale et d'une sous-échelle de performance, on est confronté à une conception de l'évaluation de l'intelligence qui a plus d'un demi-siècle.

Pourquoi ce décalage dans les rythmes d'évolution entre les théories sur l'intelligence et les instruments d'évaluation ? Est-ce parce que ceux qui s'occupent d'évaluation de l'intelligence, les concepteurs d'instruments et les praticiens qui les utilisent, n'ont pas suivi les évolutions théoriques ? En fait, la théorie de Piaget a bel et bien inspiré la construction de tests piagétiens et la psychologie cognitive a bel et bien inspiré la construction de quelques batteries de tâches destinées à évaluer l'efficience de processus cognitifs, mais ces tests n'ont pas supplanté les bonnes vieilles échelles d'intelligence. Pourquoi ces échelles, construites par une démarche très empirique, résistent-elles mieux au temps que des épreuves construites sur des fondements théoriques plus élaborés ?

De bonnes vieilles échelles inoxydables

Vraisemblablement, c'est précisément le caractère athéorique des échelles de QI qui explique leur bonne résistance. En évaluant les performances des sujets dans des activités intellectuelles faisant appel aux processus supérieurs et en situant ces performances par rapport à celles observées dans leur groupe d'âge, les pionniers de ce type d'évaluation ont mis le doigt sur un moyen d'accès direct aux productions du système cognitif. Sous réserve que la personne examinée ait bien baigné dans le milieu culturel pour lequel le test a été conçu, cet accès direct aux productions du système cognitif renseigne, indirectement, sur son fonctionnement global sans qu'il soit nécessaire pour cela de comprendre comment tout cela fonctionne. Si un enfant a acquis en temps et en heure les connaissances et les habiletés qui sont d'habitude acquises par la plupart des enfants à cet âge-là, c'est que son cerveau fonctionne normalement et on peut pronostiquer que, sauf accident, il acquerra en temps et en heure les connaissances et habiletés cognitives plus complexes.

L'objectif de théories comme celle de Piaget ou celles du traitement de l'information est tout différent. Il est de comprendre comment le système cognitif fonctionne et manifestement, jusqu'ici, ces théories n'ont donné que des vues partielles de l'intelligence. Par exemple, les étapes du développement de la pensée logique pour la théorie piagétienne, ou le rôle de la vitesse d'exécution de certains processus élémentaires de traitement de l'information pour la psychologie cognitive. Les tests inspirés de ces vues partielles se sont révélés utiles pour évaluer certains aspects particuliers du fonctionnement cognitif, mais beaucoup moins valides pour remplir la fonction d'évaluation globale de l'efficience du système cognitif. C'est à mon avis ce qui explique la résistance des bonnes vieilles échelles d'intelligence.

Une révision nécessaire

Toutefois, ce décalage entre la recherche fondamentale sur l'intelligence et la pratique de son évaluation est en train de changer. C'est un des enseignements qui peuvent être tirés du congrès de 2005. Cette évolution est apparue nettement, par exemple, dans la présentation faite par Larry Weiss de la dernière révision de la WISC *(voir page 188)*. Pour la première fois, une révision de cette échelle en a modifié assez profondément la composition pour intégrer l'évaluation de nouvelles compétences. Les recherches montrant l'importance de la relation entre la mémoire de travail et l'intelligence fluide ont convaincu les auteurs de la révision d'introduire une épreuve de mémoire de travail, et de dissocier l'épreuve des chiffres à rebours, qui est aussi une épreuve de mémoire de travail*, de l'épreuve de simple répétition de nombres qui est plutôt une épreuve de mémoire à court terme. Ceci a permis d'introduire dans l'évaluation une nouvelle dimension de l'intelligence, l'efficience de la mémoire de travail. Il en va de même avec l'introduction d'une nouvelle épreuve de vitesse cognitive qui, avec l'épreuve du code, permet de faire apparaître une dimension correspondant au facteur de vitesse cognitive du modèle de Carroll. Les auteurs de la révision se sont par ailleurs décidés à introduire une épreuve de matrices inspirée de celle de Raven *(voir page 193)*, dont on sait qu'elle est un des tests les plus fortement saturés en facteur général d'intelligence. De leur côté, les concepteurs du K-ABC *(voir page 189)* avaient déjà fait cette démarche en introduisant une distinction entre processus simultanés et séquentiels inspirée des travaux de neuropsychologie, en particulier de ceux d'Alexander Luria. Dans leur dernière révision de cette échelle, ils font un pas de plus pour indiquer les correspondances entre les dimensions du K-ABC et les facteurs du modèle de Carroll. Là encore, l'instrument d'évaluation se rapproche des conceptions multidimensionnelles qui prévalent dans les théories actuelles de l'intelligence. Une des conséquences de cette évolution vers une conception multidimensionnelle de l'intelligence est de réduire l'intérêt d'un concept aussi global que celui de QI **[15]**.

[15] J. Lautrey, « Le QI : concept mal compris ou concept dépassé ? », *A.N.A.E.*, nos 83-84, 2005.

Une recherche plus opérationnelle

La conclusion générale que l'on peut tirer de ces différentes évolutions est que le cloisonnement qui a longtemps existé entre l'approche psychométrique de l'intelligence et la recherche fondamentale sur la cognition est peut-être en train de disparaître. Si ces deux démarches sont restées si longtemps cloisonnées, c'est que ni le behaviorisme*, exclusivement centré sur l'apprentissage, ni la théorie de Piaget, exclusivement centrée sur le développement de la pensée logique et ignorant les différences individuelles, ni les premiers modèles de traitement de l'information, trop centrés sur les processus élémentaires, n'étaient capables de rendre compte d'une fonction aussi complexe que l'intelligence.

Si ce rapprochement commence enfin à se faire comme on peut le constater aujourd'hui, c'est parce que la psychologie cognitive commence à offrir des modèles de fonctionnement qui, à la fois, portent sur les processus cognitifs supérieurs (les processus exécutifs) et sont capables de rendre compte de la variabilité intra et interindividuelle des performances. C'est ce qui provoque un intérêt réciproque des chercheurs pour les tests d'intelligence et des concepteurs de tests pour certaines avancées de la recherche fondamentale. Dans le cas de la mémoire de travail*, par exemple, les premiers utilisent les tests d'intelligence fluide* pour démontrer le caractère général et central de la capacité attentionnelle et les seconds intègrent dans leurs tests des tâches de mémoire de travail issues de la recherche fondamentale. Cette évolution aurait certainement plu à celui que l'on peut considérer comme le père fondateur de la mesure de l'intelligence...

Jacques Lautrey est professeur émérite à l'université Paris-V-René-Descartes. Il a notamment publié, avec R.J. Sternberg et T. Lubart, *Models of Intelligence: International perspectives, American Psychological Association,* 2003 et codirigé avec J.-F. Richard *L'Intelligence*, Hermès, 2005.
Ce texte est une version abrégée de l'article paru dans *Bulletin de psychologie*, vol. 59/1, janvier-février 2006, sous le titre « Cent ans après Binet : quoi de neuf sur l'intelligence de l'enfant ? », pp. 133-143.

ANNEXES

GLOSSAIRE

Adualisme

Ce concept repose sur l'idée que le bébé et l'environnement ne font qu'un, le premier serait en fusion avec le second. Par exemple, le nouveau-né serait « le prolongement » de sa mère dans la conception psychanalytique. Le dualisme propose l'idée inverse selon laquelle le bébé, dès la naissance, se conçoit comme une entité séparée de son environnement et le perçoit de manière objective.

Analyse factorielle

Méthode statistique dont les bases ont été posées par Charles Spearman *(voir Points de repère p. 00)*, utilisée pour la construction des tests. Il s'agit d'identifier plusieurs variables (items de tests) et de vérifier si ces variables sont corrélées, afin d'identifier s'il existe un ou plusieurs facteurs de corrélation. Les scores observés dans les tests, par exemple, sont décomposés pour trouver les variables-sources qui expliquent ces scores.

Apprentissage

L'apprentissage désigne le changement dans le comportement des activités motrices ou mentales d'un individu, résultant d'interactions avec son environnement et se traduisant par un accroissement de son répertoire de comportements. Dans le développement de l'enfant, l'apprentissage se distingue de la maturation*.

Béhaviorisme (ou comportementalisme)

Le béhaviorisme est une théorie psychologique de l'apprentissage dans laquelle le conditionnement tient un rôle central. Le béhaviorisme repose sur deux idées centrales :

– la psychologie se veut une science du comportement qui ne se préoccupe que des conduites observables et non des états mentaux du sujet ;

– la base des conduites humaines est le conditionnement, c'est-à-dire l'apprentissage par association entre un stimulus (S) et une réponse (R).

Le béhaviorisme a eu une influence déterminante sur la psychologie américaine des années 1930 aux années 1960. J.B. Watson (1878-1958) est le chef de file de l'école béhavioriste. Les Américains Edward L. Thorndike (1874-1949), Clark L. Hull (1884-1952) et Burrhus F. Skinner (1904-1990) en furent les principaux représentants.

Cognition/cognitif

(du latin *cognoscere* = connaître).

La cognition désigne l'ensemble des actes qui relèvent de la connaissance, de sa genèse, de sa mémorisation, de ses utilisations, de sa transmission…

Ce terme, très utilisé depuis l'apparition des sciences cognitives dans les années 1970, réhabilite la vie mentale (laissée de côté par les béhavioristes) et son rôle dans les comportements des individus.

Cognition située (ou distribuée)

En sciences cognitives, la cognition située vise à prendre en compte les facteurs de l'environnement dans les processus mentaux. Elle s'est opposée à l'approche cognitiviste dominante qui envisage les processus mentaux (perception, mémoire, apprentissage, résolution de problème, langage) comme des mécanismes internes produits par un agent individuel (homme ou machine). La cognition distribuée s'intéresse au collectif formé par un individu au travail et son environnement technique ou humain. Le pilotage d'avion en est le modèle de référence : le pilote n'est pas un individu isolé, car il est assisté de copilotes et de tout un dispositif de pilotage automatique formant une unité qui dépasse l'intelligence individuelle. La cognition située trouve de nombreux prolongements en éducation et en ergonomie cognitive.

Cognitivisme

Dans un sens général, le cognitivisme est assimilé aux recherches menées en sciences cognitives et qui adoptent l'idée de traitement de l'information. Dans un sens plus restreint, il est assimilé au « computationnisme » ou modèle computo-représentationnel. Ici, les hypothèses sont plus restrictives. Ce modèle postule :
1) l'existence d'états mentaux; 2) que ces états mentaux sont traités sous forme de représentations symboliques et d'attitudes propositionnelles; 3) que des opérations logiques (association, implication) forment un « langage de la pensée » similaire à un programme d'ordinateur.

Connexionnisme

Théorie cognitive fondée sur des modèles informatiques ou modèles de « réseaux de neurones formels » inspirés de l'organisation des cellules du cerveau. Le traitement des données est réalisé par un réseau de micro-unités qui traitent en parallèle et simultanément. Il existe plusieurs types de modèles connexionnistes.

Constructivisme

En psychologie, ce terme est assimilé à la théorie de Jean Piaget qui conçoit le développement de l'intelligence comme une construction progressive associant une maturation* biologique (ou schèmes* d'action ou de pensée préexistants) et l'expérience (l'acquis). Le constructivisme est donc ici distinct à la fois de l'innéisme* et de l'empirisme*.
Le constructivisme est également associé au courant de pensée issu de l'école de Palo Alto qui conçoit la réalité comme une « invention » ou une « construction mentale ».

Déclaratif

Une connaissance « déclarative » est un savoir associé à un contenu précis, par opposition aux connaissances procédurales* qui portent sur les savoir-faire.

Empirisme

Doctrine philosophique selon laquelle les connaissances viennent du monde extérieur (et non des idées). Selon la formule célèbre du philosophe John Locke (1632-1704), l'esprit est une « *tabula rasa* » sur laquelle les connaissances issues du monde sensible viennent s'imprimer progressivement.

En sciences, la démarche empirique établit les connaissances à partir des données de l'expérience, sur des critères communicables.

Etat mental/cérébral

Un « état mental » désigne la face subjective de l'activité du psychisme (penser, percevoir, sentir) comprenant des représentations ou des sensations. L'activité physico-chimique du cerveau proprement dite constitue les « états cérébraux » associés aux états mentaux.

Facteur g

Existe-t-il une intelligence générale qui régit l'exécution de tâches différentes ou plusieurs intelligences spécialisées chacune dans son domaine (verbale, logique...) ? Cette question a fait l'objet d'un grand débat depuis le début du XXe siècle. Le psychologue anglais, Charles Spearman (1863-1945) avait affirmé dès 1904 l'existence d'une intelligence générale : en mettant au point une nouvelle méthode statistique, l'analyse factorielle*, il avait démontré qu'il existait un facteur général, appelé le facteur *g*, qui permettait d'expliquer toutes les différences de performances entre les élèves qu'il étudiait.

Fonctionnalisme

On peut compter le temps avec un réveil mécanique ou une montre à quartz : quel que soit le support matériel, la fonction assurée est toujours la même.

Selon le fonctionnalisme, courant de la philosophie de l'esprit, on peut comprendre les phénomènes mentaux à partir de leur fonction (et de leur signification interne), indépendamment du support ou des structures qui permettent de les réaliser. Le cognitivisme*, par exemple, est considéré comme un courant fonctionnaliste dans la mesure où il étudie les processus mentaux fonctionnels, issus de structures différentes (le cerveau ou l'ordinateur).

Gestalt

Selon Max Wertheimer (1880-1943), Kurt Koffka (1886-1941) et Wolfgang Köhler (1887-1967), les principaux représentants de ce courant de la psychologie, la perception visuelle organise les données de l'environnement à partir de formes (*Gestalt* = forme) très prégnantes, (les « bonnes formes »). Percevoir, c'est donc projeter sur la réalité des formes ou des configurations connues.

Inférence

Opération logique qui permet de passer d'une proposition à une autre, par déduction, induction, généralisation.

Innéisme

Selon cette doctrine philosophique, les idées sont déjà présentes dans l'esprit humain dès la naissance *(voir également nativisme*)*.
Depuis Darwin, cet inné est devenu, pour les évolutionnistes, le produit de ce que l'espèce avait acquis au cours de l'évolution.

Intelligence fluide

L'intelligence fluide, appelée aussi logico-mathématique ou de performance, désigne les capacités de raisonnement.

Intelligence cristallisée

L'intelligence cristallisée, ou verbale, met en jeu les connaissances, scolaires ou culturelles.

Maturation

Processus par lequel une fonction biologique ou psychologique atteint la maturité. La maturation évoque une évolution interne de l'organisme, correspondant à un programme de développement d'une fonction ou d'un organisme. Elle se distingue donc de l'apprentissage*.

Mémoire de travail

Se rappeler une course à faire, une adresse avant de la noter sur son carnet…, c'est le rôle de la « mémoire de travail ». La mémoire de travail conserve provisoirement les informations nécessaires à la résolution d'un problème. Elle intervient dans nombre d'opérations intellectuelles complexes : effectuer un calcul mental, envoyer un mail, jouer aux échecs ou planifier un projet.

Métacognition

La métacognition (terme initié par le psychologue américain J. Flavell, 1977) désigne l'analyse que le sujet fait de son propre fonctionnement intellectuel : savoir que l'on a des difficultés avec les fractions ou que l'on comprend mieux un problème en faisant un schéma sont des compétences métacognitives pour un élève.
La métacognition renvoie aux stratégies mises en œuvre dans le traitement de l'information, pour apprendre, se souvenir, résoudre un problème…

Méthode clinique

Pour comprendre l'intelligence, Piaget avait mis au point une méthode originale, appelée méthode clinique. La clinique piagétienne consiste en une conversation guidée avec l'enfant, autour d'un thème, visant à comprendre comment il raisonne.
D'une manière plus générale, la clinique désigne les entretiens entre le psychologue ou le psychanalyste et son patient.

Méthode des tests

La méthode des tests consiste à évaluer les individus par des épreuves définies à l'avance et standardisées dans leur passation et leur évaluation. Cette méthode permet de situer une personne au sein d'un groupe, lui-même défini à l'avance.

Modularité/modules

La construction d'une image dans le cerveau résulte de la combinaison de données traitées par des « modules » spécialisés : vision des formes, vision des couleurs, vision du mouvement, etc. La conception modulaire de la cognition suppose que les fonctions telles que la vision, le langage, la lecture... soient effectuées par l'assemblage d'une multitude d'opérations spécialisées qui traitent chacune une partie de l'information. Selon Jerry Fodor, le représentant le plus connu de la théorie modulariste, les modules (de la vision, du langage) sont des activités autonomes et qui peuvent être sous le contrôle de processus centraux. Les recherches récentes sur la plasticité des fonctions cérébrales apportent des nuances aux théories modularistes.

Nativisme

Ce courant soutient que le cerveau est prééquipé à la naissance. Pour le linguiste Noam Chomsky par exemple, le cerveau est équipé des structures d'une grammaire universelle de la langue. Les thèses nativistes récentes s'appuient entre autres sur des méthodes nouvellement utilisées qui permettent de mettre au jour certaines compétences des nourrissons jusqu'à présent ignorées.

Neurosciences

Ensemble de disciplines (neurophysiologie, neuropsychiatrie, neuropsychologie, neuroendocrinologie, neurobiologie, etc.) qui prennent comme objet d'étude le système nerveux central, son anatomie, sa physiologie et son fonctionnement. Cette étude se fait le plus souvent en liaison avec des activités mentales particulières (le langage, la mémoire, la vision, etc.).

Ontogenèse (macrogenèse, microgenèse)

Du grec *ôn*, *ontos*, « l'être, ce qui est », et *genesis*, « l'origine ». Ce terme désigne l'évolution et le développement de l'individu depuis la vie fœtale.

La macrogenèse est le temps long de l'ontogenèse, c'est-à-dire le développement d'un enfant particulier, de la fécondation à l'état adulte ; la microgenèse, le temps court d'un apprentissage ou de la résolution d'une tâche.

Procédural

Une procédure est un ensemble d'instructions à effectuer pour réaliser une tâche. Le raisonnement « procédural » désigne l'ensemble des règles à suivre pour atteindre un objectif donné. Il s'oppose aux connaissances déclaratives*.

Psychologie évolutionniste

Courant de la psychologie en plein essor aux Etats-Unis et qui considère les différentes aptitudes mentales comme des dispositifs adaptatifs, hérités de l'évolution.

Psychométrie

Désigne l'ensemble des procédés (comme les tests) employés pour mesurer les phénomènes psychiques.

QI, QIP, QIV

QI : quotient intellectuel.

Pour Wechsler, le QI n'est plus un quotient d'âge mental mais simplement un classement du sujet par rapport à ses performances. Il distingue le QI de performance (QIP) du QI verbal (QIV).

Représentation (ou représentation mentale)

Le mot « soleil » est une représentation verbale d'un astre qui brille dans le ciel, le drapeau américain est une représentation d'un pays, le signe « + » est une représentation logique de l'opération « ajouter ». Prendre en compte les représentations dans les activités mentales les plus élaborées (raisonnement, vision, mémoire, etc.), c'est admettre que le traitement des informations passe, à un certain niveau, par des symboles, des images ou des signes. Le modèle de l'ordinateur où chaque information est traitée sous forme symbolique est à l'origine de la redécouverte de la notion de représentation. La prise en compte des représentations est considérée comme le grand apport des sciences cognitives par rapport à la psychologie béhavioriste.

Schème d'action

Piaget appelait schème d'action « *une structure d'actions repérables* » qui se généralise dans la répétition de cette action. Ces schèmes (ou schémas d'action) s'inscrivent progressivement dans le cerveau au cours du développement. Selon la théorie des stades de Piaget , les premiers schèmes sont sensori-moteurs, comme par exemple la succion qui permet à l'enfant de s'alimenter ; viennent ensuite des schèmes d'opérations concrètes puis formelles. Schème sensori-moteur : qui a trait au toucher, à la vision et aux mouvements.

Sciences cognitives

Apparues dès les années 1950, les sciences cognitives sont nées avec l'ordinateur qui portait l'immense espoir de décrire le fonctionnement du cerveau humain. Si cet espoir tel qu'il était formulé alors ne s'est pas réalisé, les sciences cognitives ont connu cependant un développement considérable depuis les années 1980, grâce à l'imagerie cérébrale qui permet de voir le cerveau en action. Pourra-t-on un jour lire les pensées de tout un chacun ? C'est le fantasme de bien des chercheurs…

En attendant, les sciences cognitives, qui se situent au carrefour des sciences du langage, de la psychologie, des neurosciences, de l'intelligence artificielle, de l'anthropologie, de la philosophie, ont produit des découvertes majeures, sur le fonctionnement de la vision, la mémoire, le raisonnement et le traitement de l'information, et suscitent de nombreux débats notamment à propos de la philosophie de l'esprit.

Socio-constructivisme

Le socio-constructivisme, tout comme le constructivisme, reconnaît l'importance de l'activité propre de l'individu. Il se différencie cependant du constructivisme, notamment celui de Jean Piaget, qui apparaît beaucoup trop individualiste. Influencée par les perspectives de Lev Vygotski et de Jerome Bruner, cette conception postule que le développement de compétences et l'acquisition de connaissances ne surviennent qu'en contextes sociaux et culturels : interactions multiples avec autrui, avec des technologies, avec des médias, etc.

Théorie de l'esprit

La « théorie de l'esprit » désigne la capacité à attribuer des intentions, des croyances, des désirs ou des représentations mentales* à autrui. Cette aptitude toucherait, selon les psychologues, un aspect central de la cognition humaine et donc du développement.

Théorie des opérateurs constructifs

L'auteur de cette théorie est Juan Pascual-Leone. Ce psychologue néostructuraliste (professeur à l'université York de Toronto) reprend l'héritage de Piaget tout en voulant expliquer la variabilité des comportements individuels.

Sa théorie des opérateurs constructifs fait interagir, dans le développement, des mécanismes fondamentaux innés (les opérateurs) et des schèmes construits progressivement par les connaissances qu'acquiert le sujet. En quelque sorte, les opérateurs constituent le *hardware*, et les schèmes relèvent d'un système informatique modifiable par l'apprentissage.

WAIS, WISC, WPPSI : les échelles de Wechsler

Ces sigles désignent les différentes échelles (tests) d'intelligence, mises au point à partir de 1939 par le psychologue américain Daniel Wechsler. Ces tests, régulièrement réétalonnés, sont encore très utilisés aujourd'hui partout dans le monde.

– WAIS : Wechsler Adults Intelligence Scale ;

– WISC : Wechsler Intelligence Scale for Children ;

– WPPSI : Wechsler Preschool and Primary Intelligence Scale (pour les enfants de 4 à 6 ans).

Zone proximale de développement

La Z.P.D. rend compte de la distance entre ce qu'un sujet peut faire seul et ce qu'il peut faire avec l'aide d'autrui. Cette notion a été élaborée par Lev S. Vygotski pour qui l'apprentissage avec la médiation d'autrui (un adulte ou d'autres enfants) était le moteur du développement.

BIBLIOGRAPHIE

Les classiques

L'Etude expérimentale de l'intelligence
Alfred Binet, 1903, rééd. L'Harmattan, 2004.

L'Elaboration du premier test d'intelligence (1904-1905)
Alfred Binet, Théodore Simon, Serge Nicolas, L'Harmattan, 2004.

Comment les enfants apprennent à parler
Jerome Bruner, Retz, 2002.

La Naissance de l'intelligence chez l'enfant
Jean Piaget, 1934, Delachaux et Niestlé, 1968.

La Psychologie de l'enfant
Jean Piaget et Bärbel Inhelder, 1966, Puf, « Quadrige », 2004.

L'Evolution psychologique de l'enfant
Henri Wallon, 1941, Armand Colin, 2002.

Pensée et langage
Lev S. Vygotski, 1934, La Dispute, 1997.

Ouvrages généraux

L'Intelligence de l'homme
Pierre Oléron, Armand Colin, 1989.

L'Homme cognitif
Annick Weil-Barais, Puf, rééd. 2005.

L'Intelligence
Jacques Lautrey, Jean-François Richard, Hermès science publications, 2005.

Vocabulaire de sciences cognitives. Neuroscience, psychologie, intelligence artificielle, linguistique et philosophie
Olivier Houdé, Puf, 2003.

Cerveau et psychologie. Introduction à l'imagerie cérébrale anatomique et fonctionnelle
Olivier Houdé, Bernard Mazoyer, Nathalie Tzourio- Mazoyer, Puf, 2002.

Le Cerveau et la Pensée
Jean-François Dortier (coord.), Sciences Humaines Editions, 2003.

L'intelligence de l'enfant

Psychologie du développement : enfance et adolescence
Henri Lehalle, Daniel Mellier, Dunod, 2005.

Le Développement cognitif. Théories actuelles de la pensée en contextes
Bertrand Troadec, Clara Martinot, Belin, 2003.

De Darwin à Piaget. Pour une histoire de la psychologie de l'enfant
Dominique Ottavi, CNRS Editions, 2001.

La Psychologie du développement. Modèles et méthodes
Virginie Laval, Armand Colin, 2002.

L'Esprit piagétien. Hommage international à Jean Piaget
Olivier Houdé et Claire Meljac (dirs), Puf, 2000.

La Psychologie de l'enfant
Olivier Houdé, Puf, « Que sais-je ? », éd. revue et augmentée 2005.

Rationalité, développement et inhibition. Un nouveau cadre d'analyse
Olivier Houdé, Puf, 1997.

Intelligences et développement de l'enfant. Variations, évolution, modalités
Robert S. Siegler, De Boeck Université, 1999.

Enfant et raisonnement. Le développement cognitif de l'enfant
Robert S. Siegler, De Boeck Université, 2000.

Comment les enfants découvrent la pensée. La théorie de l'esprit chez l'enfant
Janet W. Astington, Retz, 1999.

Aux origines de la cognition humaine
Michael Tomasello, Retz, 2004.

Des compétences innées, acquises, précoces ?

Bébés astronomes, bébés psychologues. L'intelligence de la première année
Roger Lécuyer, Mardaga, 1989.

Le Développement du nourrisson. Du cerveau au milieu social et du fœtus au jeune enfant
Roger Lécuyer (dir.), Dunod, 2004.

Naître humain
Jacques Mehler et Emmanuel Dupoux, Odile Jacob, rééd. 2002.

La Bosse des maths
Stanislas Dehaene, Odile Jacob, rééd. 2003.

Comment les enfants apprennent à calculer
Rémi Brissiaud, Retz, 2003.

Comment la parole vient aux enfants. De la naissance jusqu'à deux ans
Bénédicte de Boysson-Bardies, Odile Jacob, éd. revue et corrigée 2005.

Comment les enfants entrent dans le langage
Annette Karmiloff-Smith, Kyra Karmiloff, Retz, 2003.

Existe-t-il des gènes du comportement ?
Pierre Roubertoux, Odile Jacob, 2004.

Le Monde des bébés
Philippe Rochat, Odile Jacob, 2006.

Mesurer l'intelligence

La Mesure de l'esprit. Origines et développements de la psychométrie, 1900-1950
Olivier Martin, L'Harmattan, 1997.

Doutes, constats et mirages en psychologie. Mélange en hommage à René Zazzo
Yves Galifret, Hector Rodriguez-Tomé *et al.*, Puf, 1999.

Evaluer l'intelligence. Psychométrie cognitive
Michel Huteau, Jacques Lautrey, Puf, rééd. 2003.

Les Figures de l'intelligence
Michel Huteau (dir.), EAP, 2001.

Invariants et variabilités dans les sciences cognitives
Jacques Lautrey, Bernard Mazoyer, Paul van Geert (dirs), MSH, 2003.

La Mal-mesure de l'homme
Stephen J. Gould, Odile Jacob, éd. revue et augmentée 1997.

L'Evaluation clinique de l'intelligence de l'enfant. Théorie et pratique du WISC-III
Jacques Grégoire, Mardaga, 2000.

Pratiques cliniques de l'évaluation intellectuelle. Etudes de cas
André-Michel Gardey *et al.*, Dunod, 2003.

Formes et méformes de l'intelligence

Les Intelligences multiples
Howard Gardner, Retz, 2004.

Les Enfants surdoués ou la Précocité embarrassante
Jean-Charles Terrassier, ESF, rééd. 2004.

Psychopathologie de l'enfant et de l'adolescent
Jean E. Dumas, De Boeck Université, rééd. 2003.

Les Enfants anormaux à l'école
Monique Vial, Armand Colin, 1990.

L'Enfant à l'intelligence troublée
Bernard Gibello, rééd. Bayard, 1998.

L'Autisme, une autre intelligence. Diagnostic, cognition et support des personnes autistes sans déficience intellectuelle
Laurent Mottron, Mardaga, 2004.

L'Enigme de l'autisme
Uta Frith, Odile Jacob, 1996.

Le Syndrome d'Asperger et l'autisme de haut niveau
Tony Attwood, Dunod, 2003.

Troubles du calcul et dyscalculies chez l'enfant
Anne Van Hout, Claire Meljac, Jean-Paul Fischer, Masson, 2005.

Troubles de l'attention, impulsivité et hyperactivité chez l'enfant. Approche neurocognitive
Jacques Thomas, Guy Willems, Masson, 2001.

Lecture et dyslexie. Approche cognitive
Liliane Sprenger-Charolles, Pascale Colé, Dunod, 2003.

Intelligence, culture et société

Les Origines sociales du développement mental. Communication et symboles de la première enfance
Michel Deleau, Armand Colin, 1990.

Le Développement de la pensée chez l'enfant. Catégorisation et cultures
Bertrand Troadec, Presses universitaires du Mirail, 1999.

Le développement psychologique est-il universel ? Approches interculturelles
Blandine Bril, Henri Lehalle, Puf, 1988.

Psychologie de la créativité
Todd Lubart (dir.), Armand Colin, 2003.

Classes sociales, milieu familial, intelligence
Jacques Lautrey, Puf, rééd. 1995.

Les Sciences cognitives et l'école. La question des apprentissages
Michèle Kail, Michel Fayol (dirs), Puf, 2003.

Apprendre à l'école
Claude Bastien, Mireille Bastien-Toniazzo, Armand Colin, 2004.

A l'école de l'intelligence
Jean-Yves Fournier, ESF Editeur, 1999.

INDEX DES NOMS DE PERSONNES

Liste des auteurs

Claude Bastien
Professeur émérite de psychologie cognitive à l'université de Provence, il effectue ses recherches au sein du Laboratoire Parole et Langage, CNRS-Université de Provence

Claudie Bert
Journaliste scientifique

Yves Clot
Titulaire de la chaire de psychologie du travail du CNAM

Michel Deleau
Ancien président de la Société européenne de psychologie développementale, professeur de psychologie du développement à l'université Rennes-II

Jean-François Dortier
Rédacteur en chef du magazine *Sciences Humaines*

Martine Fournier
Journaliste scientifique au magazine *Sciences Humaines*

Jacques Grégoire
Docteur en psychologie et professeur de psychologie clinique à l'université catholique de Louvain en Belgique

Olivier Houdé
Professeur de psychologie du développement à l'université Paris V-René Descartes, membre de l'Institut universitaire de France (IUF) et responsable de l'équipe de recherche « Développement & fonctionnement cognitifs » dans le Groupe d'imagerie neurofonctionnelle (GIN) CNRS/CEA Caen et Paris (Sorbonne)

Michel Huteau
Professeur émérite de psychologie au CNAM, INETOP (Institut national d'étude du travail et de l'orientation professionnelle)

Annette Karmiloff-Smith
Professeure et chef de l'Unité de développement neurocognitif de l'Institut pour la santé de l'enfant à Londres

Kyra Karmiloff-Smith
Chercheuse au Centre de la Parole et du Langage de l'université de Cambridge

Philippe Lambert
Journaliste scientifique

Jacques Lautrey
Professeur émérite à l'université Paris V-René Descartes

Roger Lécuyer
Professeur de psychologie du développement à l'université Paris-V-René Descartes ; Institut de psychologie, laboratoire Cognition et comportement. Président de la Fédération Française des Psychologues et de Psychologie.

Gilles Lemmel
Docteur en psychologie, psychologue à l'Éducation nationale, consultant à l'Hôpital Sainte-Anne, chargé d'enseignement aux université de Paris-VIII et Paris-X-Nanterre, et membre du laboratoire IPSé (Paris X-Nanterre).

Todd Lubart
Professeur de psychologie différentielle à l'Université Paris V-René Descartes

Gilles Marchand
Journaliste scientifique

Claire Meljac
Docteur en psychologie, psychologue à l'Hôpital Sainte-Anne (Paris), et membre fondateur de l'Association DEEP (pour le développement des études sur l'examen psychologique).

Daniel Mellier

Professeur de psychologie du développement de l'enfant à l'université de Rouen

Paul Messerschmitt

Psychiatre des hôpitaux, directeur de l'unité de psychopathologie de l'enfant et de l'adolescent de l'hôpital Armand-Trousseau, expert près la cour d'appel de Paris

Laurent Mottron

Chercheur au Département de psychiatrie de l'université de Montréal, Canada

Chantal Pacteau

Chercheuse en sciences cognitives

Maria Pereira-Fradin

Maître de conférences en psychologie à l'université Paris-V-René Descartes

Pierre Roubertoux

Professeur de génétique et neurosciences. Il a créé et dirigé le laboratoire Génétique, neurogénétique, comportement du CNRS et travaille aujourd'hui au laboratoire Génomique fonctionnelle, comportement et pathologies du CNRS, à Marseille

Robert Siegler

Professeur de psychologie du développement à l'université de Carnegie Mellon (Etats-Unis).

Arlette Streri

Professeur de psychologie du développement de l'enfant à l'université Paris-V-René Descartes

Bertrand Troadec

Maître de conférence à l'université de Toulouse-Le Mirail

Hélène Vaillé

Journaliste scientifique

Table des matières

L'INTELLIGENCE DE L'ENFANT

II. DES COMPÉTENCES INNÉES, ACQUISES, PRÉCOCES ?

III. LA MESURE DE L'INTELLIGENCE EN DÉBAT

IV. FORMES ET MÉFORMES DE L'INTELLIGENCE

V. INTELLIGENCE, CULTURE ET SOCIÉTÉ

Ouvrages parus chez le même éditeur

Les Sciences humaines. Panorama des connaissances, Jean-François Dortier, 1998.

L'Histoire aujourd'hui, Jean-Claude Ruano-Borbalan (coord.), 1999.

Philosophies de notre temps, Jean-François Dortier (coord.), 2000.

L'Economie repensée, Philippe Cabin (coord.), 2000.

La Sociologie : histoire et idées, Philippe Cabin et Jean-François Dortier (coord.), 2000.

Eduquer et Former. Les connaissances et les débats en éducation et en formation, Jean-Claude Ruano-Borbalan (coord.), 2001 (2e éd. refondue et actualisée).

Le Langage : nature, histoire et usage, Jean-François Dortier (coord.), 2001.

Le Pouvoir : des rapports individuels aux relations internationales, Bruno Choc et Jean-Claude Ruano-Borbalan (coord.), 2002.

Familles : permanence et métamorphoses, Jean-François Dortier (coord.), 2002.

La Culture : de l'universel au particulier, Nicolas Journet (coord.), 2002.

Le Cerveau et la Pensée. La révolution des sciences cognitives, Jean-François Dortier (coord.), 2003 (2e éd. actualisée et augmentée).

L'Homme, cet étrange animal... Aux origines du langage, de la culture et de la pensée, Jean-François Dortier, 2004.

Le Moi : du normal au pathologique, Gaëtane Chapelle (coord.), 2004.

Identité(s) : l'individu, le groupe, la société, Catherine Halpern et Jean-Claude Ruano-Borbalan (coord.), 2004.

Le Dictionnaire des sciences humaines, Jean-François Dortier (dir.), 2004.

Les Mutations de l'école : le regard des sociologues, Martine Fournier et Vincent Troger (coord.), 2005.

La Communication : état des savoirs, Philippe Cabin et Jean-François Dortier (coord.), 2005 (2e édition actualisée).

Les Organisations : état des savoirs, Philippe Cabin et Bruno Choc (coord.), 2005 (2e édition actualisée).

La Religion. Unité et diversité, Laurent Testot et Jean-François Dortier (coord.), 2005.

Une histoire des sciences humaines, Jean-François Dortier (dir.), 2006.

Si vous désirez être informé(e) des parutions de Sciences Humaines Éditions
et de la revue mensuelle Sciences Humaines :
Sciences Humaines, 38, rue Rantheaume,
BP 256, 89004 Auxerre Cedex.
Tél. : 03 86 72 07 00/Fax : 03 86 52 53 26.
www.scienceshumaines.com

Achevé d'imprimer en mars 2006
Imprimé en Belgique par Walleyn Graphics
Dépot légal 1er trimestre 2006